重启古典诗学

Poetica classica retractata

刘小枫 著

华夏出版社

中国人民大学文学院
"古典文明研究"项目

目 录

- *1* 前记
- *1* 为什么应该建设中国的古典学
- *10* 寓意叙事中的宗教争战
- *16* "诗学"与"国学"
- *53* "我们共和国的掌门人"
- *63* 海德格尔与索福克勒斯
- *189* 立言与读解：灵魂的品位
- *228* 尼采的微言大义
- *288* 市民悲剧博取谁的眼泪
- *307* 重新绷紧琴弦的两端
- *316* 司马迁属什么"家"
- *326* 古典诗学书目三十种
- *340* 天不丧斯文 ［访谈录］

前 记

十年前，笔者转向古典学问时随即面临一个问题：中西方的古典学问博大精深，但在如今的学科建制中却找不到地盘，甚至找不到一个恰切的学科名称。古典学问不按如今的文、史、哲划分学科，如今西方的"古典学系"所授之学远未涵括西方的古典学问。如何为古典学问确立一个恰当的名称，使之在现代的大学体制中有一个落脚处，非常艰难——当时我想到的名称即"古典诗学"，但随之感到这个名称也需要大费周章地说明：它不是中文系的一个二级学科，更不是中文系二级学科古代文学下的一个专业方向，而是……

晚近十年，笔者试图从多方面说明何谓"古典诗学"，文章不论长短、不论文体，在此结集，便于学界同仁指教。

刘小枫
2009 年 7 月识于
云南元江羊岔坳

为什么应该建设中国的古典学

　　［题记］本文为笔者在《开放时代》杂志社与云南大学人类学研究所合办的"古典西学在中国"学术研讨会（2008年11月）上的发言，原刊《开放时代》2009年第一期。这里的文本综合了笔者在中国文化论坛基金会举办的"文教改革三十年"学术研讨会（2008年7月）上的部分发言内容。

　　前不久，教育部搞了一次例行大学评估，各大学纷纷抢在评估前搞装修——教育部的评估检查的是教学"质量"、设施（所谓硬件），没谁去检查我们的检查者的文教观念。
　　有必要检查我们当今的文教观念吗？当然有必要——就在"大学评估"展开的同时，已经有大学校长公开提出批评甚至表示抵制，体现出一个大学校长的本色。文教制度涉及一个国家的政治品质的优劣，任何一个文明国家都必须保养每个时代都会有的少数优秀少年、青年，使他们成为国家的栋梁——如今叫"承重墙"。文教观念不对，承重墙建设就会出问题，甚至使我们的国家不再有承重墙。

改革开放三十年,我国的变革成就举世瞩目——然而,闭门自省,我们自己心里清楚,三十年改革取得的并非都是成绩,也有败绩——文教改革就是其一。

文教改革三十年应该区分前十五年和后十五年,两个十五年品质差异极大,所谓"八十年代"与"九十年代"的差异:前十五年怪现象不多,后十五年不仅怪现象铺天盖地,而且败象丛生——严格来讲,文教改革三十年,主要是后十五年的变革,而且明显越改越糟。有目共睹的是所谓教育产业化——我们的理由可能是:当时国家太穷,无力支撑大学的发展——可是,民国时期同样很穷,但在这一我国现代文教制度的初建期,虽然全盘西化已经铺开,大学的实用化和职业技术化程度却远不如现在——为什么那个时候的本科生比得上如今的博士生?中国学问的自信心为什么比如今还踏实?对比我们的"文教改革三十年",退步还是进步?如果退步,问题出在哪里?为什么没有留学的蒙文通、熊十力的学术生命力,比留洋博士冯友兰更强?

正是在这一背景下,近年来我们不断听到设"国学"为一级学科的呼声。有人说,这种呼吁与我国的"和平崛起"同步。其实,即便不考虑"和平崛起"的政治异象,开科设教从来就是文明国家文教制度的基要问题。我国大学的文科一级学科建制早已屡遭诟病,如今的确到了必须通盘重新考虑大学文科建制的时候。

"国学"这个名称古已有之,但古今有别——现代意义上的"国学"提法出现于清末,兴于"五四"新文化运动前后。与这一名称差不多同时出现的还有"汉学"(同文馆中设"汉学馆")、"中学"等，明显意在与"西学"对举，保守我国文教制度不致因西学入华而支离破碎，应对中国政制面临的"三千年未有之大变局"。

凡此提法无不是迫于突然而至的中西之争来考虑中国文教传统的危机问题。我们都知道，所谓"国学"或"中学"指中国传统学术的总和，但与此相对的"西学"概念，却并非西方传统学术的总和——我们所谓的"西学"实际指西方自文艺复兴以来形成的现代学术传统，并不包括西方的古典学术。这里隐含着一个重大问题：西方学术就总体而言包含着古今分离或古今之争，就"国学"指中国学术不绝若线的传统而言，"国学"与"西学"对举，恰恰表明我们欠缺对西方学术中所包含的古今离异或古今之争这一重大问题的理解——"五四"新文化运动正是在这一盲目意识下展开对传统中国学术的讨伐。

不妨举两个例子。章太炎先后撰《国故论衡》(1910) 和讲授《国学概论》，"国学"被等同于"国故"，意味着整个中国传统学术成了"国故"，与此相对应的"西学"仅仅是西方"现代"的学术，而现代同时意味着"进步"。在这一学术观念格局中，"国学"的正当性本身就需要不断申辩。

另一个例子是：众所周知，我们的大学要么是西方传教士兴办的，要么是国人学着西方人兴办的，大学的主体无不是理工农医诸科乃至政法、经济、社会学、政治学等实用学科，就此而言，中国的大学就是西方现代大学的移植，我国古代（晚清以前）从来没有过什么"大学"。我们的大学发展到今天，晚清洋务派的理想才最终实现——科学院院士或工程院院士成了大学校长的当然资格。那么，中国学术传统的传承在哪里？文明传统以语文及其经典作品为基础，我国的中学生一律要学语文（中文）课，但中学语文讲授的我国历代经典作品仍然非常有限，现代语文占据了相当份额——升大学后，学生分赴各理工农医诸科乃至政法、经济、社会学、政治学等实用学科，不再会有机会、也不再有义务习读历代经典作品。

文教是大学的核心要件，但在如今的大学中，文教所占的份额实际相当小，就此而言，文教显而易见已经不再是现代大学教育的主体，甚至连基础也不是。文教以古典语文为基础，古典语文不是当下正在说的"言语"，而是历史上已经成文的经典。在我国的大学中，中国语文学系（中文系）的规模远不如西方语文学系（英语系）——如果再加上俄、法、德、日、西、意语系，任何一个大学的外语学院的规模都远远超过中文学院，但这些西方国家的语文至多不过五六百年上下的历史，而且我们的外语系偏重的并非文学性的语文，而是实用性的语言，从而是实用性学科，不然就不会出现哪个国家强势或有生意可做，就开设哪个语种的现象。

现代大学的建设首先考虑的是实用、实利，显而易见的结果是：我们的大学开科设教的视界最终受现代国族竞争实际利益的牵制——鉴于晚清以来我国屡遭外国列强欺诈掠夺，办大学必须从国家的经济、军事建设的实际需要出发，因此，开设种种实用技术学科无可非议。问题在于，传统文教是否也要变成实用、实利学科，也要接受技术科学原则的指导——事实上，晚近二十年来，我们已经建立起完备的技术科学指导人文学科的原则和制度。

因此我们必须问："国学"在哪里？西方的古典学术在哪里？

如今"国学"散见于文、史、哲三系，由于划分文史哲本来就是现代西方学术的产物，"国学"散见于文、史、哲三系无异于被现代西方学术观念切割得七零八落（中文系八个二级学科中仅"中国古代文学"和"文献学"涉及古典文教，哲学系八个二级学科中仅"中国哲学"专门涉及中国古典文明）。加之，如今文、史、哲三系无不以现－当代"西学"为体，中国文学、中国史学、中国哲学的研究和教学，无不以西方现代的各种时髦理论为导向和基础——"国学"在历史系所占份额最大，但历史学接受西方现代理论的洗礼恰恰最彻底（晚近十年几乎全盘人类学化就是证明）——即便想要保护中国伦理传统的当代儒学，也几乎无不依傍西方的种种现代论说。出现这种尴尬局面的原因之一，乃是我们对西方的古典学问非常陌生，没有建立起古典的视野，从而不清楚西方现代科学的底线。

晚清以降，中国文教制度面临的基本处境即是"西学"入华后道术分崩离析的局面，新中国如何与传统中国保持血脉关系，一直是中国现代学人没法避开的问题——洋务运动时期，卫道士们拒绝实用技术科学，其结果是国家被列强切割；如今，以实用技术科学统领文教，其结果是自我了断自家文明传统。由于我们高等教育的学科建制中迄今没有专门研究（传承）我国传统文明的一级学科，晚清学人第一次真正面对西方文明时的关切和抱负迄今没有立足之地。如果不透过中西之争看到古今之争，进而把古今之争视为现代文教制度问题的关键,"中学为体"最终只是一句空话,变成实际上的"西学为体,西学为用"——如果现代"西学"本身问题多多,我们与国际接轨必然是接种病菌,这恰是我们当今文教制度改革走向末路的根本原因。

现代社会的发展需要大量实用技术人才,高等教育的实用取向无可非议,但如果以教育品质的败坏为代价,那么,这一代价就高得无以复加了。一个国家的招牌大学也以培养各行各业的高级白领为最高荣誉,国家的品质如何便可想而知——遗憾的是,晚近十多年来,我们亲眼目睹大学文科的实用取向有增无减。

为了葆有教育的教养品质,高等教育的实用取向必须得到平衡——倘若如此,似乎唯有采取两种方式:要么把实用技术学科从大学中切割出来,根据国家需要或按市场需要多办高等职业技术学院,不按市场需要而是按国家计划少办精办博雅性质的大学;要么在大学中建立通识教育(素质教育)制度,让所有专业的大学生都接受两年素质教育。施行前一种方式的机会恐怕早已一去不复返,施行后一种方式的机会则迫在眉睫。然而,葆养大学的教养品质必须依靠文科,否则通识教育(素质教育)制度难以推行(大量师资就无源无本),但如今的文科即便脱去实用取向,也依然是现代品质的,因为,如今大学文科的基础并非古典文明,而是现代化的漩涡。

倘若要平衡现代化大学不可避免的实用技术取向必须凭靠设立通识教育(素质教育)制度,那么,我们首先需要改革的是大学文科:既然现有文科各一级学科无不是现代取向的,则唯有在大学中为古典学术划出独立地盘才可望达成古—今平衡——我们无可全盘否弃实用技术学科，而是以教养教育来与之达成平衡，以葆教育品质不致败坏。同样，我们无需全盘否弃文科的现代取向，而是以古典教育来与之达成平衡，以葆文科品质不致败坏。尼采在十九世纪末已经看到，如果要遏制现代大学教育品质的败坏，必须好好经营古典学。古典学在现代文教制度中的重大意义首先在于：起到"不合时宜的伟大作用"，即以"抵制现时代"的方式"作用于现时代"，从而有益于未来的时代（参见《不合时宜的沉思》第二篇，前言）。

晚清以来，中国传统文教面临重新命名的问题，如今，中国传统文教面临再次重新命名的问题：我们应该建立中国的古典学，以取代"五四"以来流行的"国学"。"国学"这个名称其实很难对外沟通：日本、韩国高校都有扎实的研究中国传统学术的学人族，日本称"支那学"，韩国称"中国学"，西方则称"汉学"——如果以"古典学"来命名中国的传统学术，不仅可避免名称上沟通的困难，更重要的是，由此我们得以从中西之争回到古今之争。在我国少数高等院校建设一级学科的古典学，不说是当务之急，至少也是被耽误了近百年的拖欠"工程"。"五四"新文化运动以来，我们所说的西方文明，实际指的是现代西方文化——近代西方民族国家兴起后冒出来的若干强势国家所代表的"技术文明"，但这些现代国家的经典作家无不受古希腊—罗马文明经典的滋养。迄今为止，这些国家的招牌大学中的古典学系仍然实际起着共同的文明纽带作用。不仅如此，当今的强势西方民族国家有意无意高标自己才是西方文明大传统的担纲者，国家在政治上的强势与该国大学中古典学的强势往往同步（请看十九世纪的英国、德国和如今美国的例子）。西方的古典学教育从人文中学开始——西方名牌高中以开设古典学课程为指标（必须有古希腊语和古典拉丁语课程），我国名牌高中以升学率而非以偏重中国古典语文课程为指标，相比之下，谈何文明传承。

如此说来，我们应该再次学习西方、模仿西方大学中的古典学系来建立我们的古典学？决非如此！

尼采主张绷紧古今之间张力，通过展开古典教育使现代文教制度中的现代因素得到平衡，因为，"与人类千百年来的生活方式相比，我们现代人生活在一个相当不道德的时代：习俗的势力已惊人衰落，道德感又变得如此精细和高高在上，以至于它们可以说在某种程度上已经随风消逝"（《朝霞》，第9条）。可是，西方学界百年来尖起耳朵听的是尼采关于"超人"的说辞，而非关于古典教育的教诲。事实上，在西方高等教育界，作为西方古典学术的古希腊—罗马文教传统大多龟缩在古典学系，不仅变成"故纸"研究，而且在经过现代学术的人类学和语言学"洗礼"后，按尼采的说法已经变得"忘祖忘宗"——"我们的古典教师是如此狂妄无知，他们认为自己已经完全了解古代，并把这种狂妄无知传给自己的学生，同时还传给他们一种轻蔑，让他们觉得，这样一种了解对人类的幸福毫无帮助，只对那些可怜的、痴呆的、不可救药的老书虫很有用"（《朝霞》，第195条）。的确，如今最有活力的西方古典学在美国，然而，美国的古典学活力恰恰不在古典学系，而在打破文史哲学科划分、以传授历代经典为学业的本科建制的博雅学院（College of Liberal Arts）和通识教育制度，这意味着，古典学必须走出现代学术为其划定的狭窄地域，成为现代大学文科的基础性学科,从而使古典教育获得现实活力——办古典学本科,主要不是为古典学硕士、博士提供人才,而是为大学中现代取向的各人文、社会科学学科提供优秀人才。

因此,如果建设中国的"古典学"(Classical Studies)走与西方主流大学的古典学专业接轨的路,我们就会走上一条错路。我们应该立足中国古典文明传统,自立以传授中西方古典文明为学业的本科建制。就我们的教育体制而言,就是要建立作为一级学科的古典文明学系(简称"古典学系"),因为,如尼采所说,古典学的使命就是葆养古典文明。在这一学科建制中,中国古典文明与古希腊—罗马文明、犹太—基督教文明和印度文明同为二级学科,尽管可以有所侧重。

发展有中国特色的中西合璧的古典学,方可望以此开科设教来完成晚清以来中国学界的有识之士想做而一直没有做成的教育大业——营构坚实的高等教育的文明基础,使得我国的担纲性人才培养不致荒废:立足本土培养"兼通中西之学,于古今沿革、中外得失皆了然于胸中"(皮锡瑞语)的新时代栋梁之才。如今,中国的"崛起"使得我们面临的仅仅是又一次拈阄:外汇储备增加不等于文明恢复元气,过去三十年的成功不担保未来三十年一定成功。每个时代都不会缺少才俊,但从来不会遍地是才俊。如何使得为数不多的"江山才俊"不至于都成了高级白领,而是成为"于古今沿革、中外得失皆了然于胸中"的文明担纲者,乃是建设中国的古典文明学系的根本意义所在。

寓意叙事中的宗教争战

读完谷裕博士的《隐匿的神学：启蒙前后的德语文学》（华东师范大学出版社，2008），我才真切体会到，自己从前在学习德语文学的途中走过多长弯路。

三十年前（1978年）报考大学时，我填报的专业志愿是"法国语言文学"——当时想，既然有可能读大学，就得好好珍惜机会，学习不太有条件自学的小语种。但德语也是小语种，为什么没报德语专业？

那个时候，当听说可以考大学，简直做梦都不敢相信——如今我们把"文革"结束的时间标志定在1976年，其实，至少在77年底突然得知恢复高考之前，我自己的生活感觉仍然是"文革"式的。这年秋天，我从下乡插队的川东深山回到城里，在重庆市立图书馆当职员，每天的工作是给进馆的每本新书端端正正盖上馆藏章。以前听人说，在图书馆工作可以读书，这时才知道，完全是瞎说——每天得给上百本书盖章，完全是计量劳动，哪有时间看书……直到78年春天，这个市立图书馆的图书搬运工仍然是两位所谓"历史反革命"——较年轻的一位留学过苏联,年长的一位已经六十出头,早年留学法国,获得法学博士学位。尽管我非常崇拜他,想跟他学法文,却不能拜这位王姓老先生为师,否则就成了与……勾结。

话说回来,76年确实是个历史"时刻",因为,那个时候我们一帮同龄朋友开始狂热地读西方古典小说。我读过的小说中,法国小说家给我的印象最深:雨果、梅里美、司汤达、乔治桑、莫泊桑(李青崖译本)、巴尔扎克、罗曼·罗兰……德语文学家仅读过歌德和海涅,都喜欢不上,于是以为德国只有哲学,没什么文学家,尤其小说不行。由于想学写小说,我想当然地以为,应该学法文,因此填报了法语专业。

恢复高考的喜讯突然降临,几乎没怎么好好准备,就匆匆上了考场,结果成绩平平,虽上了录取线,但外语学院的法语专业被成绩考得好的考生占满了——当年应届毕业的高中生投入高考,当然比咱们下乡知青有优势。幸运的是,德语专业没招满,我被调配到德语专业。

在外语学院读书,我——不仅我——还有我们一帮同学都非常仰慕在大学的外国语言文学系读书的同行,比如北京大学的德语专业、南京大学的德语专业、武汉大学的德语专业等等,因为,大学里的外语系以修"语言文学"为业,我们的专业则仅仅修"语言",自觉低人家一大截。毕竟,据说人家除了学语言,还要(甚至主要)学文学——读原文的小说、诗歌、戏剧,多幸福!我们这些专业外语学院的,不过仅仅学会说外国话,学得再好至多不过嘴皮子快,对了悟人生和善于言辞都不会有任何长进。

文学作品才养人,大学不是技术学校,如果仅仅为了学说外国话,两年时间也就够了——三四年级学什么呢?外报阅读、科技德语、商务会话……这些还需要花时间在大学里学?想想看,倘若你在中文系学的不过是晚报阅读、科技汉语、商务会话……那成了什么鬼大学生?

尽管是专业外语学院,七十年代的我们——不仅我们这些学生,还有我们的老师都热爱文学,没有德语文学教材,我们的老师自己选编德语文学读本,全是古典文学……于是,我才知道,德国除了歌德和海涅,还有莱辛、诺瓦利斯、克莱斯特……于是,我才知道,过去我以为德语文学家除了歌德和海涅没别人,不过是因为,相对从事法语、英语、俄语古典文学翻译的前辈来说,我国从事德语古典文学翻译的前辈要少得多——于是,我切身感到,前辈的翻译对我们年青一代的学习兴趣取向的影响真不可小视。

刚上三年级时,袁可嘉、董衡巽、郑克鲁三位先生主编的四卷八册《外国现代派作品选》的第一卷面世(上海文艺出版社,1980,初版五万册;第二卷,1981,初版四万册),如今的大学生没法感受甚至理解当时我们这些在校生所感受到的震撼——要知道,对于还没有彻底脱离"文革"感觉的我们来说,西方现代派文学作品是绝对腐败,甚至反动的东西。那个时候,研究西方现代派文学甚至会惹上没必要的麻烦——《外国现代派作品选》第三卷出版时(1984),已经改为"内部发行",印数限制在两万。

禁忌的东西反而容易对我们这些年轻人产生很大吸引力——那个时候,正因为现代派作品是禁忌,我们便不假思索地热爱这些东西……就这样,本来我们的德语文学界正准备好好做一番德语古典文学的研究和翻译，结果，二十多年过去了，这个领域几乎依然荒芜，至少没太大长进，仍然是歌德……海涅……

西方现代派的文学感觉是怎么来的？现代派作品读多了，除了心情越来越糟，难免会生发出这样的问题——如果回溯上去，启蒙运动就是一个再怎么强调也不为过的重大历史时刻。就在《外国现代派作品选》陆续出版（卷四于1985年面世）的那些日子，我们在校园里听见了"新启蒙"的呼唤——如今的在校生同样很难理解，发出如此呼唤需要很大勇气。可是我觉得，什么是"启蒙"我们都还没有搞清楚，搞"新"的启蒙难免稀里糊涂。所以，那个时候，我宁可让自己多关注十九世纪前后的反启蒙文学。

因此，当读到谷裕博士《隐匿的神学》这本书稿时，我的心情非常复杂，各种感觉交织在一起。书稿第一部分扼要分析了启蒙运动前后德语文学的"文化语境"，但书稿的重点甚至学问功夫的重点在第二部分：解读六位德语古典作家的要著……坦白说，其中四位作家我都不熟悉：莫里茨的德文原版书买过却没读过，冯塔纳的小说读过但没读出感觉，瓦肯罗德和伊默曼的文集则从来没听说过。要是我上大学时就能读到这样的书——甚至如果有幸的话，还能在课堂上听到老师带读德文原著，用中文讲解，那该多好！（千万别像如今那样，要求我们的老师用德语讲解，那样的话，听的和讲的都肯定稀里糊涂）

心情复杂的原因还有宗教问题：在我的感觉中，启蒙文化的矛头针对的是基督教，但启蒙后的文学又大多带有基督教色彩……我搞不懂，要是那个时候能读到这本书，我相信自己会少几年困惑,因为,这本书的研究重点在基督教与文学的关系,尤其德国新教与文学的关系。我由此了解到,所谓基督教文化在西方其实差别不小,不了解基督教的教派特色与近现代文化的复杂关系,恐怕很难深入了解近现代欧洲文学的嬗变细节。近十余年来,我国学界的宗教研究虽然有了很大长进,但仍然受到学科划分的拘限:宗教专业在哲学系,文学研究则是中文系(如果幸运的话还有外语系)的事情,要把两个专业结合起来做研究,开题报告就很可能会受到质疑:你究竟做的是宗教研究还是文学研究?德国有个叫波默(Jakob Böhme,1575 - 1624)的思想家很有名,这位所谓"神秘派"大师对德语思想和文学的影响据说相当深远,但他写的东西很难按我们如今的专业划分来分类,西方哲学专业说他属于宗教专业,宗教专业说他属于文学专业,文学专业说他属于哲学专业,结果是没有哪个专业研究波默……谷裕博士的这项研究竟然还能立项,八成是审题者一时走了神。

  迄今我仍然没有搞清楚西方的启蒙运动究竟怎么回事,即便从文学角度来看也如此。几年前,有位眼尖的德国学者注意到,施特劳斯有篇讲稿题为"启示与理性",其中有个不起眼的注释,把海德格尔的《存在与时间》57 节与十九世纪瑞士德语作家麦耶的中篇小说《对佩斯卡拉的诱惑》相提并论。通过对这个注释的识读,这位德国学者凸显了启蒙的根本问题:哲学与宗教的关系[1]——让我惊异的是,竟然连德语文学

---

[1] 参见迈尔,《古今之争中的核心问题》,华夏出版社,2004,页 239 - 246。

史也不大提到的叙事作品，也受到关注启蒙问题的思想大家施特劳斯的关注！这种关注意味着什么呢……无论如何，这部《隐匿的神学》研究的恰恰是文学，尤其是小说，从而让我有机会进一步观察启蒙文化的历史遗留问题。

小说创作为什么偏偏在西方十八、十九世纪的启蒙后时代突然一下子多起来？这与启蒙运动带来的震撼究竟有什么关系？通过阅读当时的寓意叙事，尤其小说，我能够得到的东西的确更为切实。当然，理解寓意叙事作品恰恰很难，因为，寓意叙事在西方源远流长，好些历史上的大哲人也惯用小说形式搞精神斗争，倘若启蒙之后有谁用寓意叙事来反启示宗教，绝非一大发明，而是传承古希腊的伟大风范（荷马—柏拉图）——至少启蒙后的德语小说创作直接受到过柏拉图作品的影响。说到底，读谷裕博士这本书，感觉复杂的原因更在于：掩卷之余忍不住要想，启蒙后的德语文学中是否爆发过一场基督教与异教的精神争战……有人通过写小说站在异教立场反基督教，有人通过写小说支持基督教反异教，精神之战打得惊心动魄。

值得感谢谷裕博士非常用心地解读作品，即便在如今的大学里，据说连德语语言文学专业里也没有多少学生有热情读古典作品（有热情教古典文学的教师同样地少），毕竟还有我们这些从七十年代过来的热心读者。当然，从这本书中我学到的东西和我仍然感到困惑的东西一样多，但无论学到的还是仍然困惑的，都事关一个老问题：启蒙究竟怎么回事，在启蒙后的语境中是否能够透彻理解启蒙……毕竟，如今的大学状况正是启蒙精神的直接成果。

"诗学"与"国学"

——亚里士多德《诗学》的译名争议

在我国的亚里士多德研究中,《诗学》一向是显学:早在1936年,即有傅东华译本(《诗学》,上海:商务印书馆)刊行于世。六十年代以来,每十年就有一个新译本问世(晚近甚至有两个译本):姚一苇译本(《诗学笺注》,台北:国立编译馆,1966);胡耀恒译本(台北:《中外文学》,1976);罗念生译本(人民文学出版社,1982,重印于《罗念生全集》卷一,上海人民出版社,2004);崔延强译本(《论诗》,见《亚里士多德全集》卷九,中国人民大学出版社,1994);陈中梅译本(北京:商务印书馆,1996);王士仪译本(《创作学译疏》,台北:联经出版事业公司,2003);刘效鹏译本(《诗学》,台北:五南图书公司,2008)。

除崔延强译本外,上述译本各有不同程度的注释,最为突出或者说与众不同的是王士仪先生译本。这个译本长达四百多页,采用希—汉对照,不仅有希腊语原文训释,还有义理疏解,凭靠的文献交待得清清楚楚,显得言之有据,也为研究者提供了方便。最为显眼的是，王士仪译本将亚里士多德这部著名讲稿的书名译为《创作学》，更改了学界已采用半个多世纪的"诗学"译法。不过，五年后面世的刘效鹏译本仍然采用《诗学》这个译名，看来，学界人士并不愿意接受王译本倡议的改名。

《诗学》改名的理由

改《诗学》为《创作学》，王士仪先生并非始作俑者，亦非孤掌难鸣。罗念生先生还在世时，据说旅法学者左景权先生就曾托人带给罗念生先生一信，对亚里士多德的 περὶ ποιητικῆς 这个书名被译作《诗学》"不以为然"，因为"近代西语 poetic，poétique 只是音译，等于未译"。① 左景权先生反对把书名译作《诗学》的理由有二：首先，希腊语的 ποιεῖν 与 poetry 或 poésie 的含义"有实质变化，按字面去译，反不如《创作论》为佳"；其次，亚里士多德在书中"所论只限于大块文章，谋篇布局精心剪裁的，是否诗体还在其次"。②

如果左景权先生真的是古典学家，这些说法是否确实出自左先生手笔，让人犯疑。因为，第一条理由将 poetry 或 poésie 视为古希腊语动词不定式 ποιεῖν［做、作］的对译，显然不对，应该是 ποίησις，尽管这个名词派生自动词 ποιεῖν，语义却并不等

---

① 引自刘以焕，《古希腊语言文字语法简说》，上海人民出版社，2006，页307。
② 同上。

于 ποιεῖν。第二条理由也是错的，因为，倘若"所论只限于大块文章……是否诗体还在其次"的说法成立，等于罔顾明摆着的文本事实，亚氏在讲稿中主要讨论的是有体之诗（ποίησις），而非"大块文章"（λόγος）。

左先生的这封私信后来刊发在一家学刊上，他的看法得到刘以焕先生热烈认同。在1994年发表的专文（今收入氏著《古希腊语言文字语法简说》，前揭）中，刘以焕先生为左先生的第一条理由作了如下补充：ποιητική 来自 ποιεῖν［意为"做、创造"］，言下之意，poetry 或 poésie 的含义显然不是"做、创造"；反过来说，"诗学"一词"在汉语文中指写诗论诗的学问，而所写所论的诗，大多是篇幅不长的古体或近体诗"，与亚里士多德所论不合。"若将亚氏的 περὶ ποιητικῆς 翻译为《诗学》，不仅不确切，而且会产生误导。"因此，刘以焕先生主张，"不能迁就原来的约定俗成，应将其订正，移译为《创作论》为是"。至于何谓"创作"，刘以焕先生则明确说："一指创造文艺作品，二指文艺作品本身"（页305–308）。

王士仪译本的书名译作《创作学》倒不一定是受上述两位启发，因为，王先生自己的大著《论亚里士多德〈创作学〉》早在1990年就已经出版（台北：里仁书局）。可以想见的是，王先生改《诗学》为《创作学》的理由，可能与左、刘两位先生的看法不谋而合。

刘以焕先生明确提出的两条理由看起来是相互矛盾的：一方面，刘先生似乎主张，不当以后世之词义（比如 poetry 或 poésie）绳古之词义（比如 ποιεῖν［做、创造］）；另一方面，他主张用汉语的"创作"来翻译ποιεῖν，又恰恰是在以后世之词义绳古之词义。我国古人习用单字而非双字，"创"和"作"在古汉语中是两个字，连属用法出现较晚。"创"的本义为"始造、首创"（《广雅·释诂》："创……始也。"），所谓"前人所无，而后人创之"；所谓"知者创物，巧者述之"；然后有"撰写"之意，所谓"草创"意为"起草文稿"。"作"这个字有二十几个义项，本义是"兴起、发生"（《说文》："作，起也。"），所谓"圣人作而万物睹"；所谓"天下大事，必作于细"；所谓"周秦之际，诸子并作"——然后有"建造、制作"之意（《尔雅·释言》："作、造，为也。"），所谓"乃作大邑成周于土中"，所谓"作车以行陆，作舟以行水"。即便出现"创作"连属用法，意思仍首先是"制造、建造"：所谓"创作巨石炮来献"，所谓"创作兵车阵图刀楯之属，皆有法"等等。"创作"连属用于"写作"或所谓"创作文艺作品"，故书中并不多见，倒是盛行于今世。①

进一步看，两条理由又并无矛盾，因为说到底，第一条理由同样是以后世之词义绳古之词义：因ποιητική的词干来自ποιεῖν（刘以焕先生解为"做、创造"）而主张应译为"创作"，无异于先把ποιεῖν译作"创作"，再来翻译ποιητική。刘先生关于汉语的"诗学"一词的说法同样如此，因为，这个语

---

① 据《四库全书》检索结果，"创作"连属用法见于约一百八十部故书，凡二百一十例，稀见用于所谓"文艺创作"者。《汉语大辞典》未能提供明代以前的例句（［明］李东阳，《麓堂诗话》："及观其所自作，则堆叠饾饤，殊乏兴调。亦信乎创作之难也。"王夫之，《姜斋诗话》："盖创作犹鱼之初漾于洲堵"）。

词"在汉语文中指写诗论诗的学问"是现代才有的,我国古代并没有这样的"诗学"。有关写诗论诗的学问——尤其关于"大多是篇幅不长的古体或近体诗"的学问,见于"诗品""诗话""诗说"(含"词话")——"诗话者,辨句法,备古今,纪盛德,录异事,正讹误也"(《彦周诗话》)。① 如果说我国古代有"诗学",显然唯有《诗》学可以当之。亚里士多德的《诗学》与我国古代的《诗》学是否可以相提并论,这个问题倒是值得提出来讨论,但我国的《诗》学显然绝非有关写诗论诗的"创作学"。

"诗术"抑或"创作术"

应该说,亚里士多德这部讲稿的书名被译作"诗学",并无大错。即便有不妥帖之处,也比"创作学"正确。因为,如果说"诗学"译名有何不妥,仅在于"学"字尚未贴紧原文。实际上,περὶ ποιητικῆς [论诗的] 作为书名还省略了τέχνης [技艺] (ποιητική是形容词,比较拉丁文 De arte poetica)。在古代目录中,亚里士多德这部讲稿的名称是 Πραγματεία τέχνης ποιητικῆς [诗术论](亚里士多德的讲稿唯有这部以 Πραγματεία [论述] 名篇,可能因为这部讲稿未完成)。

---

① 章实斋《文史通义》有"诗教"篇和"诗话"篇,没有"诗学"篇;一代鸿儒陈天倪(1879-1968)的学问统绪中亦分列《诗》学(《诗经别论》)和"诗话"(《诗论》),参见陈天倪,《尊闻室賸稿》,中华书局,1997,页757以下。

如此省略写法在古典故书中并不少见（比如柏拉图，《高尔吉亚》502c：τέχνη ῥητορική［修辞术］，以及见于《修辞学》多处的 τοῖς περὶ ποιητικῆς 用法：1372a1，1404a38，1404b7，1405a5，1419b5）。① 古之"术"就其"学问"含义而言，与"学"同义。虽然技术上有令人惊异的发展，古医术与如今的医学在品质上是一致的；"道术"庶几相当于如今的学术，品质却大为不同了。

改"诗学"为"创作学"的提法，质疑的恰恰不是"学"，而是"诗"。因此，问题关键在于：τέχνη ποιητική［诗术］可以译作"创作术"吗？或者"作诗"应该改为"创作"吗？

让我们先问这样一个问题：希腊语 ποιεῖν 这个语词的义项在词典中有近十项："做、制造、生产、生效、使成为、视为、作诗、取得"（参见罗念生、水建馥编，《古希腊语汉语词典》），其中包含"作诗"（而非"创作"），为什么偏偏要取"做"、"创造"之义？倘若既可以取"做"或"创造"之义，也可以取"作诗"之义，那么，取何种含义就不当是我们今人说了算数，要看古人亚里士多德自己取的什么"义"。解释古典故书原文字词的含义，必须符合原文的实际含义，要掌握某部古典故书的字、词、句的含义，当对勘同一时期的文本中相同字、词、句的用法，此乃研习古典学问的基本通则，中西方概莫能外。以 ποιεῖν 的词义在词典中有"做、创造"之义，就断言亚里士多德的 ποιητική 当译作"创作"，理由

---

① 参见 D. W. Lucas, *Aristotle Poetics*, Oxford 1968，页 xii - xiv 与页 53。

并不成立。

亚里士多德这部现存讲稿的书名恰好是讲稿起始的两个语词,于是,有人怀疑这个书名是后人所加,如我们《论语》中的篇名(《庄子》内篇篇名三字连属,皆有意义,概括要旨,被认为是庄子自题,外、杂篇大多取其篇首句二字或三字以名篇,则被视为编述者追题)。的确,περὶ ποιητικῆς 这个书名与《政治学》和《伦理学》等书名不同,让人觉得书名有可能为后世编者所追题。但《政治学》1341b39 提到:"在《论诗术》中(ἐν τοῖς περὶ ποιητικῆς)将解释净化",因此,这个书名也并非没有可能是亚氏自题——《修辞术》的书名实际上也是开首词:"修辞术是辩证术的对应部分。" (Ἡ ῥητορική ἐστιν ἀντίστροφος τῇ διαλεκτικῇ) (1354a1)

不错,ποιητική 的词干来自于 ποιεῖν,这个动词的基本含义是"制作"(荷马,《伊利亚特》卷一,608;卷七,435;赫西俄德,《神谱》,行 161),也就是凭靠(ἀπό 或 ἐκ)某种质料制作出某种东西(希罗多德,《原史》卷五,62;色诺芬,《远征记》卷五,3,9;卷三,3,9;卷四,5,14),但这仅是一般含义,具体含义得看谁在"制作"。举例来说,用于神的制作就是"创造"甚至"创世",比如:"住在奥林波斯的永生者们 ποίησαν [造了] 第一个即逝人类的种族"(赫西俄德,《劳作与时日》,行 109-110)。用于人的行为就是"行事",行事有好有坏(εὖ 或 κακῶς),其成品可以是质料性的 ποιήματα [成品、诗作],也可以是行为上的 [作为],同样有好坏(ἀγαθά 或 κακά)之分。ποιεῖν πόλεμον [发动战争] (Isaeus 11,48)显然没法译成"创作战争",ποιεῖν εἰρήνην [带来和平]

（阿里斯托芬，《和平》，行 1199）也不便译为"做和平"。①因此，说 ποιεῖν 的本义是"做、创作"，几乎没有意义，具体含义得看这个词语被用在什么语境中。

与此相应，动词 ποιεῖν 衍生出的名词 ποιητής [制作者] 也可以有多种含义，"诗人"仅是 ποιητής 的用法之一。如果用在神或似神者身上，ποιητής 就是"创始者"或"创世者"，比如：ὁ ποιητὴς καὶ πατὴρ τοῦδε τοῦ παντός [万物的创始者和万物之父]（柏拉图，《蒂迈欧》28c，29e - 30a；ποιητὴς καὶ πατήρ [创始者和父] 的叠词用法，亦参廊下派大师厄琵克忒特 Diss I，9，7）；如果用在立法者身上，就是 ποιητὴς νόμων [制礼作乐者]（托名柏拉图，《释词》[Definition] 415b）。希伯莱文教传统中并没有古希腊意义上的"诗人"，但在希伯莱圣经《七十子译本》中却有 ποιητής 这个词，犹太译经师们用来指称"信守律法者"（1 Makk. 2，67；英译本译作 who observe/keep the law；中文天主教版译作："遵行法律的人"）。可见，名词 ποιητής 衍生自动词 ποιεῖν，这没有疑问，但含义与动词一样，要看用在什么文脉才能确定其实际含义。正因为这个语词既可以指创生万物的神，也可以指"诗人"，柏拉图才让民主时代的诗人阿伽通说，"爱神是有智慧的诗人"（ποιητὴς ὁ θεὸς σοφός）（实际含义是，这位民主时代的诗人把自己比作爱神），意思是"一个

---

① 参见 H. G. Liddell/R. Scott, *A Greek - English Lexicon*（《希英大辞典》），Oxford 1953；Gerhard Friedrich 主编, *Theologisches Wörterbuch zum Neuen Testament*（《新约神学释词》），词条 ποιέω, ποίημα, ποίησις, ποιητής, 卷六, Stuttgart 1959, 页 456 以下，尤其页 464；Pierre Chantraine, *Dictionnaire étymologique de la langue grecque*（《古希腊语词源词典》），Paris 1999。

人即便以前对缪斯一窍不通,一经爱神碰触,马上就成为诗人(ποιητὴς γίγνεται)"。阿伽通用来证明这一点的例子是:"爱神是位高超的诗人(ποιητὴς ἀγαθός),凡属乐方面的诗作,样样精通(ἐν κεφαλαίῳ πᾶσαν ποίησιν τὴν κατὰ μουσικήν)"(《会饮》196e1-5)。在古希腊,μουσικήν[乐]要么指单纯的音乐[器乐],要么指以音乐为体的诗——这里所谓的μουσικήν即指以音乐为体的诗,用我国古人的话来说:"诗为乐心,声为乐体……乐辞曰诗,咏声为歌,声来被辞,繁辞难节"(《文心雕龙·乐府》)。

同样,尽管名词ποίησις[诗作]衍生自动词ποιεῖν,其基本含义是"制作、制成品",但具体含义及其译法仍然要看文脉,如果是神的制成品就当译作"造物"或"受造物"。柏拉图笔下的阿伽通就把爱神抬高为创世神,一切生物的创造者:"谁会反对说,所有生命之物的创造(τήν γε τῶν ζῴων ποίησιν πάντων)不是出自爱神的智慧。"(《会饮》197a1-2)在阿伽通的爱欲颂中,爱若斯作为诗人并不创作诗篇,而是创造出作诗的诗人。

但ποίησις这个语词在古典希腊文中的确多用于"诗",以有别于ποιεῖν的其他结果(比如πρᾶξις或ἐργασία)。关于动词ποιεῖν与名词ποίησις和ποιητής的关系,柏拉图《会饮》中的第俄提玛在教诲苏格拉底时的一段说法最为著名,用来解决我们的问题非常恰切。

[205b8-c9]制作[这行当]其实五花八门(ποίησίς ἐστί τι πολύ),因为,凡什么东西从(本来)没有

到有（ἐκ τοῦ μὴ ὄντος εἰς τὸ ὄν），其原因就是由于制作（ποίησις）。所以，凡依赖技艺制作出成品（αἱ ὑπὸ πάσαις ταῖς τέχναις ἐργασίαι ποιήσεις）都是创制，所有这方面的工匠大师都称为行家（ποιηταί）。

可是，你当然知道，人们并不称所有技艺方面的行家为诗人（οὐ καλοῦνται ποιηταί），而是叫别的什么名称。从所有搞制作的中（ἀπὸ δὲ πάσης τῆς ποιήσεως），我们仅仅拈出涉及乐和韵律（περὶ τὴν μουσικὴν καὶ τὰ μέτρα）的那一部分，然后用这名称来称所有搞制作的。因为，仅仅这一部分才叫诗（ποίησις γὰρ τοῦτο μόνον καλεῖται），精通这一部分制作行当的人才称为诗人（οἱ ἔχοντες τοῦτο τὸ μόριον τῆς ποιήσεως ποιηταί）。

从起头的"行家"（英译 maker 或法译 fabricant 或德译 Arbeiter）到结尾的"诗人"，原文都是同一个词。第俄提玛的说法是，从一般含义的"制作"中提取出特定意义的"诗作"，而且明确说到"我们仅仅拈出涉及乐和韵律的那一部分"，因此，最后的 ποιηταί 必须被译作"诗人"（西文译本通作 poet – poète – Dichter）。与第俄提玛在这里的辨析同义词中的差异相反，主张改"诗学"为"创作学"的理由恰恰是让特定含义的 ποιηταί［诗人］回到一般含义上的"技艺方面的行家"。

诗与纪事之辩

既然如今所谓"创作"泛指创作"文艺作品",进一步的问题便在于,τέχνη ποιητική究竟专指有音律(音步)的诗,抑或泛指所有类型的写作?如果是所有类型的写作的统称,τέχνη ποιητική译作"创作学"未尝不可,如果主要指有音律(音步)的诗,译作"创作学"就是错的。前面我们已经看到,柏拉图笔下的第俄提玛的说法证明,ποίησις指有音律(音步)的诗。接下来看,亚里士多德在《论诗术》中的说法是否与此相符。

> [1451b1–5] 因为,纪事家与诗人的差别,不在于言述时用抑或不用韵文——即便希罗多德的著述兴许也可能被改成诗行,恐怕仍旧是某种纪事,依还是不依诗行没什么差别。毋宁说,两者的差别在于,一言述曾经发生的事,一言述可以期待会发生的事。

亚里士多德很少提到纪事家和纪事作品(《修辞学》1360a36 在提到 αἱ περὶ τὰς πράξεις ἱστορίαι [涉及人的行为的纪事]时,说这些书"对于了解政治事务"有助益),但在《论诗术》中,亚里士多德却多次暗中提到希罗多德(1459a24–29 显然指涉《原史》,《修辞学》1409a27 在说到一种文体时,提到《原史》开篇第一句)。在这里,亚里士多德明确提到希罗多德，以此说明纪事作品与诗作的差别。ἢ ἔμμετρα ἢ ἄμετρα ［用抑或不用韵文］的说法，显然不能理解为，纪事作品与诗作没有形式上的差别，毋宁说，这种说法的前提恰恰是：纪事作品不是韵文，诗是韵文——"希罗多德的著述兴许也可能被改成诗行"这话用的是虚拟式，换言之，希罗多德的书实际上是用非韵文的形式写下的。只不过，亚里士多德在这里要强调，韵文与否并不决定作品内容，那是可以附加的表面上的东西（比较 1447b18）。比如，恩培多克勒是个自然学家，但他表达自己的静观所得时却用诗体。亚里士多德在这里试图用新的实质性界定来取代当时普遍采用的形式性界定来定义"诗"，反过来恰好可以断定：在古希腊的习惯用法中，ποιητής 特指作韵文的诗人，而非泛指所有"搞写作"的人。进一步说，在试图用"模仿"这一实质性界定取代习传的形式性界定（韵文）来定义"诗"的同时，亚里士多德又提出了非常著名的关于诗人与纪事家（ἱστορικός）的差别的看法。如果这一看法没有取消纪事是非韵文的形式特征，那么，我们也不能说"模仿"这一实质性界定就取消了诗的韵文特征。

古代希腊没有中国很古的时候就有的"史官"，古希腊的历史最早见于叙事诗，与神话和传说交织在一起。希罗多德被视为西方史家第一人，他的著名传世之作开篇第一句说："这里展示的是哈利卡尔纳索斯人希罗多德的探究"（Ἡροδότου Ἁλικαρνησσέος ἱστορίης ἀπόδεξις ἥδε）。如今的书名 *Histories* 就来自这开篇第一句中的 ἱστορίη ［探究］。这个语词源于 ἵστωρ ［目击者或裁决法官］，意思是法官为了形成自己的判决询问见证人，由此衍生出的所谓 ἱστορικός 本来与探究相关。因此，希罗多德的这部传世之作的书名一向被译作《历史》，其实是错的，如今的英译名已经改为 Inquiries，恰切的中译名当是《原史》（取"原"的"推究、考究、研究"之义；《荀子·儒效》："俄而原仁义，分是非。"《汉书·刘向传》："原其所以然者，谗邪并进也。"比较"原毁"、"原道"、"原儒"等用法）。在希罗多德那里，ἱστορίη 的含义首先指打听、探问——向那些据自己的生活习惯懂得不少事情的人们打听、探问他们所了解的事情，由此引申为探询、考察，以便找出事情的原委（参《原史》卷二，19，13）。不过，到了亚里士多德的时候，希罗多德和修昔底德已经很有名。由于希罗多德写下《原史》的缘故，ἱστορικός 的意思已经与"纪事"相关，不再是"探究者"这个原义，但也不是完全没关系，因为，希罗多德毕竟受到自然哲人的影响。无论如何，ἱστορίαι 以前译作"历史"（希罗多德、珀律比俄斯、塔西佗都以这个语词名篇），恐怕不妥，最好用"纪事"来对译。"纪"通"记"，所谓"记述"古作"纪述"；所谓"纪事之文，非法象之言也"（《论衡·正说》）；所谓"世之论文者有二，曰载道，曰纪事。纪事之文当本之司马迁、班固"（［明］宋濂，《文原》）；所谓"古之帝王建鸿德者，须鸿笔之臣，褒颂纪载"（《论衡·须颂》）。作为一种史书文体，"纪"乃帝王生平事迹，也符合希罗多德的书和后来诸多罗马纪事家的作品。

荷马时代没有"诗人"之称，而是"游吟歌手"（ἀοιδός），赫西俄德和品达之后，ποιητής 这个语词才用来称呼

"乐诗人"。① 《希英大辞典》在 ποιητής 词条下给出的义项有：制作者、工匠、发明者、画匠、制乐者、诗人、讲辞作者，提供例句最多的是"诗人"。希罗多德有一句著名说法：正是 ποιητής ［诗人］荷马和赫西俄德把希腊人信奉的诸神的家世交给希腊人（《原史》卷二，53）。希罗多德还提到，"正是那些作诗的希腊人"［τούτοισι τῶν Ἑλλήνων οἱ ἐν ποιήσι γενόμενοι］从埃及人那里学到如何根据一个人的生日推知其命运和性情的方法（《原史》卷二，82，4-5）。希罗多德才是善于写"大块文章"的大师，"谋篇布局精心剪裁"绝妙无比，但他不是诗人。古希腊人说，πεποίηκεν Ὅμηρος［荷马写下诗行］（柏拉图，《王制》441c），或者"梭伦 ποιήσαντι τὴν ἐλεγείαν［曾经作过一首诉歌］"（亚里士多德，《雅典政制》，5，2），但不会说善写文章的希罗多德或者修昔底德 πεποίηκεν［作过诗］。

"创作"是广义上的"写作"，但古希腊人的"作诗"与其他形式的"创作"比如纪事不仅有明确分别，甚至还有竞争关系——亚里士多德在《修辞学》卷二 11 说到争强好胜的人时，对举的是那些"受到诗人或文章作家（ὑπὸ ποιητῶν ἢ ὑπὸ λογογράφων）赞颂或褒扬的人"（《修辞学》1388b21-22），这里的所谓文章作家包含纪事家。在古希腊思想史上，诗与纪事之辩具有重大意义，尽管所谓诗与纪事之辩并非真的有过一场论争，实际上是后起的纪事家出来攻击从前的诗人，颇像如今所谓争夺话语权。为了突

---

① 参见 Franz Passow 编，*Hand-Wörterbuch der Griechischen Sprache*（《古希腊语词典》），1852/2004，II/1，页 978。

显自己的写作,修昔底德在《战争志》开始不久就宣称,自己"既不像诗人那样……也不像文章作家那样"(οὔτε ὡς ποιηταὶ ... οὔτε ὡς λογογράφοι)(《战争志》1,21),让自己与从前的诗人和文章作家(这里指纪事家)区别开来。可见,修昔底德同样把诗人与纪事家作为两类不同的人来对举:λογογράφοι [纪事家] 用无韵的文体书写过去,ποιηταὶ [诗人] 则用韵文(诗体)书写过去。修昔底德显然属于纪事家(λογογράφοι),而非诗人,他宣称自己写的东西要比诗人编织的故事"更可信"(μᾶλλον πιστεύων)(《战争志》卷一,21),还点了荷马的名,对传统所谓"荷马提供了最好的见证"(τεκμηριοῖ δὲ μάλιστα Ὅμηρος)的说法不以为然(《战争志》卷一,3;亦参卷一,9)。修昔底德没有说自己是哪类γράφος[作家],仅仅让自己既与荷马一类诗人(不消说,还有赫西俄德,《战争志》卷三 96 提到"诗人赫西俄德"[Ἡσίοδος ὁ ποιητής])区别开来,又与赫卡泰俄斯(Hekataios,此人作品中的故事成分比希罗多德的作品更甚)和希罗多德一类纪事家区别开来。

 修昔底德对荷马的攻击表明:时代变了,传统政教的基础已经非常脆弱。修昔底德有意识地要面对新的民主政治的时代处境,与此相应的是新的写作形式:代替传统ποιητής[诗人]的是λογογράφος或λογοποιός[文章作家]。其实,这两个语词几乎是同义词,涵盖的文体比较广泛,既可以指散文作家(希罗多德,《原史》卷二,143,1),也可以指编造故事的人(希罗多德称伊索是λογοποιός)。在雅典民主兴盛期,智术师们教育出来的善写辩辞和文章的写手也被称为λογογράφος [文章作家]。柏拉图笔下的斐德若羡慕地说，吕西阿斯才约摸三十出头，已经堪称"如今搞写作的人中最厉害的"（δεινότατος ὢ τῶν νῦν γράφειν）（《斐德若》228a1）。也许可以说，作家越来越多，是民主政制的特征之一，倘若如此，λογογράφος译作如今"搞创作的"兴许倒比较恰当。

诗与纪事之争

既然修昔底德对荷马的攻击在前，亚里士多德在《论诗术》中为"诗人"所做的辩护就可以看做是对修昔底德的回答：

> [1451b5] 诗作比纪事更富哲学意味、更为严肃（καὶ φιλοσοφώτερον καὶ σπουδαιότερον ποίησις ἱστορίας ἐστίν）。因为，诗作更多言述普遍的东西，纪事则言述个别的东西。从一般出发，什么样的人按看似如此或必然如此说什么样的话、做什么样的事，作诗所求 [b10] 的就是这些，尽管也给 [这个什么样的人] 起个名，至于个别的事情，则指阿尔喀比亚德曾经所做或所遭遇的什么。（刘小枫译文）

亚里士多德并非诗人，而是哲人。哲人出来为诗人辩护，就古希腊文教史而言，意义非同寻常。这段话解释为何诗作比纪事更高，用的是哲学的理据——"更富哲学意味、更为严肃"。所谓"普遍的东西"(τὰ καθόλου)和"个别的东西"(τὰ καθ' ἕκαστον)在亚里士多德那里是一对哲学概念:普遍的东西是理智的对象,个别的东西是感觉的对象(参见《论灵魂》417b22 – 23),从而后者在认知层次上比前者要低。这里所说的"普遍的东西"指人的性情,所谓"从一般出发,什么样的人按看似如此或必然如此说什么样的话、做什么样的事",意味着诗作的目的在于,通过编织故事来展示人的性情的"普遍性"。《论诗术》随后(1454a33 – 36)更明确地说到,性情是肃剧摹仿的真正对象,因为,除非通过言或行(λέγειν ἢ πράττειν)构成的故事,我们没法看见一个人的性情。性情本身是看不见的,要把不可见的性情变成可见的,就得编织故事。故事是性情的摹像,性情是故事的出发点。依据性情的一般来编织故事,就是所谓诗言述"可以期待会发生的事情"(οἷα ἂν γένοιτο),而非像纪事那样言述"曾经发生的事情"(τὰ γενόμενα)。

可是,希罗多德和修昔底德的纪事作品也探究人的性情与曾经发生的事情的关系。倘若如此,诗作与纪事的差别究竟何在,诗作又何以高于纪事?

在《尼各马可伦理学》的开场白中我们可以读到:一般来讲,年轻人"欠缺"掌握自己的能力,总是受感情支配,乐于追求个别的东西(διώκειν ἕκαστα),只有少数年轻人能"按逻各斯(κατὰ λόγον)来对待和践行自己的追求"(1095a4 – 9)。联系到《论诗术》中"纪事则言述个别的东西"的说法,我们看到,这无异于说,纪事不是"按逻各斯"来写作。亚里士多德在这里以阿尔喀比亚德这个历史人物为例来说明纪事作品的特质，为什么偏偏是这个例子？据我看，这很有可能是在暗指修昔底德的《战争志》，因为，阿尔喀比亚德是《战争志》中的一个重要人物。① 阿尔喀比亚德的性情特别突出，以此作为个例，修昔底德也想说明一般，从而，纪事作品也带有哲学意味，或者说也力求从个别上升到一般（上升到哲学）。可以问的是，既然如此，让阿尔喀比亚德进入戏剧诗，岂不正好是活生生的典型？然而，正因为阿尔喀比亚德是个非常突显自己性情的曾经行动过的人，反倒不适合诗作所要追求的"普遍性"。诗作呈现"什么样的人说什么样的话、做出什么样的事情"，为的是表达性情之一般，而非性情之个别。纪事记叙真实的某个人（比如阿尔喀比亚德）实际的所作所为，也力图引出某种普遍的道理，因此，纪事作品并非就没有"哲学意味"（亚里士多德说诗作"更富哲学意味"，用的是形容词比较级）。但纪事通过曾经有过的个别来展示一般（从个别到一般），诗作则从一般出发来编织个别，与具体个人的偶然性情有别。就展示一般而言，诗作编织的个别故事比纪事依据的个别事件更少受到限制，因为这个个别是按"普遍性"编织出来的。纪事作品中展露的人物性情恰恰因为太特别、太实在，观者不会想到与自己有什么相干。戏剧中出现的人物性情虽然也是个别的，却既"看似如此"又"必然如此"，从而让人感到自己也可能就是如此这般性情。

在《论诗术》中，亚里士多德用肃剧诗人来反驳或回应修

---

① 修昔底德笔下的阿尔喀比亚德，参见 Steven Forde, *The Ambition to Rule: Alcibiades and the Politics of Imperialism in Thucydides*, Cornell Uni. Press 1989（中译本，《统治的抱负》，华夏出版社，2010）。

昔底德对诗人提出的挑战，肃剧诗人似乎取代了荷马的位置。然而，凡读过《论诗术》的读者都知道，在《论诗术》中，作为叙事诗人的荷马与肃剧诗人们的关系被亚里士多德黏得很紧。这意味着，通过阐述肃剧诗人的写作方式，亚里士多德为诗人传统辩护，回应了修昔底德在民主时代所挑起的诗与纪事的竞争：修昔底德以纪事原则挑战荷马，亚里士多德以戏剧诗人的原则挑战纪事原则，从而显得是在维护雅典的诗教传统。

一百多年后，纪事家珀律比俄斯（Πολυβίος，公元前200/205–前120年）站在修昔底德一边回击亚里士多德——在《罗马志》卷二中，珀律比俄斯对比纪事和肃剧，明确批评古希腊肃剧诗人（卷二，56，10–12）。他强烈要求，"纪事书"（διὰ τῆς ἱστορίας）不应该学戏剧诗人，用夸张的图景让自己的读者感到毛骨悚然，不应"像肃剧诗人那样"（καθάπερ οἱ τραγῳδιογράφοι），"去设想人物可能会说的话"（τοὺς ἐνδεχομένους λόγους ζητεῖν），去计算对所发生的事件来说仅仅是可能的偶然结果，而是应该记载"真正发生过的事情"（κατ᾽ ἀλήθειαν αὐτῶν），以及人们真正说过的话。"肃剧与纪事的目的并不相同，而是完全相反"（τὸ γὰρ τέλος ἱστορίας καὶ τραγῳδίας οὐ ταὐτόν, ἀλλὰ τοὐναντίον），因为，肃剧诗人的目的是，用自己笔下的人物嘴里说出来的逼真的话语让观众感到惊怵或灵魂着迷（ἐκπλῆξαι καὶ ψυχαγωγῆσαι）（比较《论诗术》1450a33），纪事家的任务则从来都是，用事实的真相和他的讲述来"教导和说服热爱学习的人"（διδάξαι καὶ πεῖσαι τοὺς φιλομαθοῦντας）。肃剧展现的是"兴许会发生的事情"（ἡγεῖται），"即使它不真实"（κἂν ᾖ ψεῦδος），纪事则要提供真相（ἐν δὲ τούτοις τἀληθὲς）

(珀律比俄斯对肃剧诗人的批评还见于卷二 17.6 和卷三 48.8)。

这些说法表明,珀律比俄斯熟悉亚里士多德在《论诗术》中贬低纪事时所说过的那些话,从他用 τεϱατεία 来指称"肃剧式的纪事家"(卷二,58.12,59.3;卷三,58.9;卷十五,34.1)来看,当时还有不少纪事家在模仿肃剧诗人。不难看到,珀律比俄斯同意亚里士多德对诗与纪事的性质所作的区分,但他不同意亚里士多德的结论:肃剧比纪事更有哲学意味、更严肃。

与修昔底德一样,珀律比俄斯不仅让纪事家与诗人区别开来,而且与其他类型的用非韵文写作的人区别开来。不同的是,由于要与希罗多德划清界限,修昔底德似乎刻意避免用 ἱστοϱία 或 ἱστοϱεῖν [探究],把写作纪事作品的人称为 ὁ συγγϱαφεύς,与荷马式的 ὁ ποιητής [诗人] 分庭抗礼。古代的文法学家和目录家提到修昔底德的《战争志》的书名时都是 Θουκυδίδης ξυνέγϱαψε [修昔底德的志],称修昔底德为 ὁ συγγϱάφευς [编修者],实际上,这个词与 ἱστοϱιογϱάφος [纪事作家] 没什么差别。珀律比俄斯则并不避讳用 ἱστοϱιογϱάφος [纪事作家] 这个称呼,而且与富于辞藻、讲究文体的文章作家区别开来(《罗马志》卷十二,28:τῆς τῶν ἱστοϱιογϱάφων καὶ λογογϱάφων [纪事作家与文章作家])。毕竟,在珀律比俄斯的时代,泛希腊地区的城邦政制已经名存实亡。与修昔底德的写作不同,珀律比俄斯已经不是基于城邦政制、为了城邦政制而纪事,而是为了新的大帝国政制而纪事

——也许正因为如此，珀律比俄斯很少依傍希腊的古典作家。①

如果说，亚里士多德在《论诗术》中的确回应了修昔底德挑起的诗与纪事的优劣之战，那末，亚里士多德与修昔底德一样，都基于城邦政制。在亚里士多德之后，超越城邦来思考的哲学（廊下派和伊壁鸠鲁派）才逐渐开始走红，这与城邦政制衰落、亚历山大帝国崛起以及随后罗马形成帝国态势相关。亚里士多德虽然在马其顿长大，但他所受的教育以及思想和学问，都仍然是城邦政制式的。我们看到，亚里士多德在《论诗术》这部讲稿中的举例，以荷马和肃剧诗人为主，没有论析各种抒情诗（包括合唱凯歌）、诉歌等等，而荷马叙事诗和肃剧诗恰好是雅典曾经有过的最值得重视的两种政制形式（王政和民主政制）的表征——荷马叙事诗属于王政（或贵族政制，柏拉图笔下的苏格拉底在《王制》445d3－5 说过，这是一种政体形相的两个叫法）。总之，《论诗术》明显关乎古希腊的城邦"诗教"，绝非讨论一般意义上的"文艺创作"——如今不少学者喜欢从现代所谓"戏剧学"的角度来绎释《论诗术》，不仅非常吃力，而且最终一无所获。

诗与政制

倘若《论诗术》中的讨论与雅典政制紧密相关，从而显

---

① 参见 F. J. Walbank 的 *A Historical Commentary on Polybios*（三卷本，Oxford 1957－1979）中对卷二 56, 10－12 的笺释。

得试图通过传承荷马叙事诗和肃剧诗来表达哲学，亚里士多德的"诗学"就当被看做城邦学的一部分——用我们的表述来讲，《诗》学属于"国学"。在我国古代，最早所谓"诗人"指《诗》的作者（《楚辞·九辩》："窃慕诗人之遗风兮，愿托志乎素餐"；《文心雕龙·情采》："昔诗人什篇，为情而造文"）。汉语的"国"字古义，不仅指"国"，也指城邑、部落、国都、王侯封地、有独特制度的地域甚至家乡，与古希腊语的"城邦"一词庶几相合（与现代意义的"国家"不合）。如今所谓"国学"，含义首先对应的是"西学"，而"国学"古义则首先是与城邦政制一体的教化："乐师掌国学之政，以教国子小舞"［谓以年幼少时教之舞］（《周礼·春官·乐师》）。"国"之政体规定、形塑"学"，"学"依托于"国"之政体［礼］：所谓"教诲于国学也，严以有礼，扶善遏过"（韩愈，《窦公墓志铭》）。明人朱朝瑛《读诗略记》说到《周礼》中所谓"国学"时，把"学"与"国"的关系界定为"学政"：

> 辟雍，即虞庠也，周之郊学，其国学谓之"成均"。《周礼》成均之法，掌于大司乐，以建国之学政，而合国之子弟。所属之职，皆以教国子为事者。此即有虞典乐教胄之意，盖以乐之入人也深、化人也易。故辟雍亦设有钟鼓，凡造士之地，皆为奏乐之所焉。《庄子》曰"文王有辟雍之乐"是也。自汉以来，郡国遣士受业，必诣太常，古意犹存，而学政浸衰矣。周家成均之外，又有三代之学，大抵皆与成均合建者。

"高祖受命，议创国学"——汉代所建立的"国学"制度从低延伸到高（可类比为如今的从中小学延伸到大学），端赖于经学的确立。众所周知，博士制度的"国学"，实际内容为经学（"三礼唯郑注立于国学"），《诗》学则是如此"国学"的源头和统纲："经学四教，以《诗》为宗。孔子先作《诗》，故《诗》统群经。孔子教人亦重《诗》"（廖平，《知圣篇》，7）。倘若如此，我国古代的"诗学"就是城邦学（国学）的基础。一般来讲，说《春秋》经及其三传体现了我们"城邦学"的要核比较恰当，因为《春秋》隐含政法微言。我们如今比较难以理解的是，《诗》与政法有何相干？廖平则告诉我们，《诗》与《春秋》乃虚实不同：

> 《诗》者，志［即"志在《春秋》"之"志"］也。获麟以前，意原在《诗》，足包《春秋》、《书》、《礼》、《乐》，故欲治经，必从《诗》始。《纬》云："志在《春秋》，行在《孝经》。"行事中庸，志意神化，《春秋》与《诗》，对本行事也。其又云："志者，则以对《孝经》言之"，实则《诗》与《春秋》虚实不同。（廖平，《知圣篇》，7）

廖平对"诗言志"的"志"作了"城邦学"的解释，我们可以放心的是，这种解释不是来自柏拉图，而是来自汉代经学家——《春秋经》和《孝经》都涉及我们祖宗的宗法传统，如果说这是我们的"城邦学"，当没有什么问题。但廖平强调：《诗》学不仅是我们"城邦学"的源头，而且是进入"城邦学"的门径：

> 《诗》乃志之本，盖《春秋》名分之书，不能任意轩轾；《诗》则言无方物，可以便文起义［《尚书》、《春秋》如今人之文，《诗》、《易》如今人之诗。体例不同，宗旨自别］。(廖平，《知圣篇》，7)

春秋三传中，《公羊传》的品格最具"城邦学"性质，在廖平看来，《诗》学与《公羊》学有隐深的内在关联。

> 《公羊》"主人习其读而不知其罪"，此本《诗》说，即后世所谓"言者无罪，闻者足戒"。故凡纬说、子书非常可骇之论，皆《易》、《诗》专说。故欲明《诗》、《易》，须先立此旨。(廖平，《知圣篇》，7)

我们的"城邦学"自有其关切的题旨，但与柏拉图的《王制》（*Politeia*）对观，我们会发现，关切的问题颇有一致之处：王者应该是什么样的人。廖平并没有读过柏拉图，却不仅高调指出《春秋公羊》学与《诗》学的血脉关系，而且点明了《春秋公羊》学与《庄子》的内在关联，连接点便是王者问题。

> 《纬》云："孔子受命为黑统，即玄鸟、玄王"；《庄子》所谓玄圣、素王之说，从《商颂》而寓之。《文王》篇"本支百世"，即王鲁；"商之孙子"，即素王。故屡言

> 受命、天命，此素王根本也。孟子以周公、仲尼继帝王之后，荀子以周公、仲尼为大儒。此从《鲁》、《殷》二《颂》而出者也。三统之说，本于三《颂》，凡一切旧说，皆当以此统之。（廖平，《知圣篇》，7）

王者问题之后，"城邦学"的应有之题是政制问题，这明显是《春秋》经及其三传的主题。但廖平告诉我们，这一论题的源头仍然在《诗》：

> 董子王鲁制，寓于《鲁颂》。周公及["世及"之"及"]。武王制礼作乐，故以王寓之。以其说解《诗》，则有徵信；董、何以说《春秋》，则不免附会矣。纬书时周，不可说《春秋》，而《诗》以鲁后周，即此意。《诗》明云："其命维新"，是经意直以《周颂》为继周之新周，非果述姬周也。（廖平，《知圣篇》，7）

"武王制礼作乐，故以王寓之"——这让我们联想到孔子的著名说法："述而不作，信而好古。""作"固然有"撰写"的含义（所谓"作《易》者其有忧患乎"），但也有"劳作"的意思（所谓"日出而作，日入而息"），甚至"动作"的意思（所谓"体有不快，起作一禽之戏"）。从而，汉语"作"字的用法同样需要视文脉而定。比如，这里"述而不作"的"作"，意思就并非"撰写"。因为，这里所谓"述"指"传旧"、"循旧"，也就是承继旧制礼乐（所谓"循于旧章"），与此相应，"作"指"新制作礼乐"，或者说"创制"礼乐。总之,这里所谓"述"和"作"的对象都是典章制度之类的礼乐,绝非如今所谓"创作"文学作品,而是"作非圣人不能,而述则贤者可及"。因此,"述而不作"的意思是,"孔子无位,不敢作礼乐,而但可述之也"。宋儒王昭禹《周礼详解》(卷二十)有言:

> 夫乐者,圣人之所乐也,可以善民心,其感人也深,其移风易俗,故先王著其教焉。中正则雅,淫哇则郑。凡建国禁其淫过凶慢之声者,所以尚中正也。淫声则不正,过声则不中,凶声则不善,慢声则不肃。凡此皆大司乐之所禁也。颜渊问为邦,孔子告以放郑声者,亦以此也。

宋儒卫湜《礼记集说》在解释"述而不作"时用到"创作"两字连属,明显指"创制"礼乐:

> 古者谓圣人,虽缘人情制为五礼,然皆稽考前古,事循厥始,不敢创作也。或损或益,乘时之宜,然亦弗敢忘乎其初也。

清儒《日讲礼记解义》解释"述而不作"时用到"创作"两字连属,同样如此:

> 凡器与文,总莫非情之所寓。故惟知礼乐之情者,为能因情立文而创作于前。识礼乐之文者,为能考文会情而传述于后。盖作者生而知其情,是之谓圣;述者学而识其

文，是之谓明。明圣之称非可袭取，正以其能述作之谓。

"城邦学"谈论政制离不了比较，礼乐规定了我们的城邦学的品质，也为我们城邦学的政制比较奠立了基准——古希腊城邦学的政制比较有两个维度：各种政体的比较，尤其王政—僭政—民主政制的比较，因为，经僭政开路，民主政制已经成为雅典城邦的现实；再就是本邦政制与外邦政制的比较。无论何种比较，在古希腊城邦学中，何为比较的基准，明显陷入混战状态，这是民主政制带来的必然结果。在我们的"城邦学"中，同样可以看到这两个维度的政制比较：王霸之辨和夷夏之辨。与古希腊城邦学不同，我们城邦学的政制比较的基准要明确且稳固得多：毫不动摇地以礼为基准。

> 凡民之生也，必以正平，所以失之者，必以喜乐哀怒。节怒莫若乐，节乐莫若礼，守礼莫若敬。外敬而内静者，必反其性。(《管子·心术下》)

正因为我们的古代"城邦"没有出现民主政制，即便出现了实际上的礼崩乐坏的政治状况，礼乐的政制正当性也没有被动摇。也正因为如此，在特定的处境中，夷夏之辨会成为突出的问题。这些情形我们都清楚，但廖平提醒我们，政制比较这一论题的源头仍然在《诗》。

> 先儒改周之文，从殷之质，亦从此出。"鲁、商"二字即"文质"，"文、质"即中外、华洋之替字。中国古

无质家，所谓质，皆指海外。一文一质，谓中外互相取法。为今之天下言之，非古所有。绌杞之例，亦本于《诗》，《春秋》杞不称公，《三颂》绌杞不言，是其本意。（廖平，《知圣篇》，7）

清末民初的廖平要求我们反复考虑一个看起来很好理解，其实非常难以理解的传统经学问题：为什么孔子特别重视诗教，为什么孔子花很大精力删诗。我们的古典文字有个好处，无需在字面上去倒腾，可以直接看原文——我们看廖子怎么说：

今凡周亡、孔子王，一切骇人听闻之说，皆以归附于《诗》。治经者知此意，然后以读别经，则迎刃而解。他经不复言此，而意已明，方可以收言语、政事、文章之效。《诗》为志，则《书》为行；《春秋》为志，则《孝经》为行。实则《春秋》与《书》同为行，《春秋》、《尚书》皆分《诗》之一体。《周》、《召》伯道，分为《春秋》；《王》、《郑》、《齐》王道，分为《尚书》。特以较《孝经》，则《春秋》为志，而《孝经》为行耳。今本此义，作为义疏，不拘三家之书，以孔子之微言为主。使学者读《诗》，明本志，而后孟子"以意逆志"之效明。孔子重《诗》之教，显以此为经学之总归，六经之管辖，与《论语》同也。（廖平，《知圣篇》，7）

《诗》学作为我们的"城邦学"的门径，不仅见于与其他各经的关系，也不仅见于《诗》的义疏四家，因为，既然

"收言语、政事、文章之效",那么,后世发为议论的子书、记载政事的史书和发乎心志的文章和诗篇,也都当归宗《诗》学——用今天的话说,《诗》学是"国学"的基础和源头,中国古典诗学的骨骼。忘却我们的《诗》学,仅知道有"创作学",仅仅表明我们已经彻底进入了民主政制时代。

民主时代的"述"与"作"

古希腊同样有自己的诗教传统,如已经看到的那样,如此传统随着民主政制的兴起而式微。不过,攻击荷马并非纪事作家修昔底德起的头,首先冲击诗教传统的是自然哲人,然后是智术师派。就拆毁传统政制伦理而言,古希腊的自然哲人起了带头作用,尽管好些自然哲人用韵文写作——荷马诗作本是雅典政教的基础,修昔底德说荷马诗作不可信(《战争志》1.10.3),严格说来是在追随自然哲人。著名自然哲人克塞诺梵尼和赫拉克利特攻击诗人编造虚谎故事,指责"诗人多假话"(Xenophanes, frs. 1, 11 – 12, 14 – 16, 22, 34; Heraclitus, A22 – 23, frs. 40, 42, 56 – 57, 104);赫拉克利特甚至主张,应该清除荷马的影响,还说赫西俄德不过是"众人的教师"[διδάσκαλος δὲ πλείστων Ἡσίοδος](《辑语》, 57)而已。希罗多德与自然哲人的关系和修昔底德与智术师们的关系,说明纪事作家的写作绝非单纯的记载。显而易见的是,《原史》和《战争志》虽然记叙的是雅典城邦经历的战争,却都重述了整个希腊的"历史"(参见《战争志》卷一,10 – 20;《原史》的重述占半本多篇幅)。难道希罗多德和修昔底德掌握了荷马没有掌握的"史料"?显然不是。重述"历史"凭靠的并非是"史料",而是精神原则。这个原则就是所谓"真实"——珀律比俄斯批评肃剧诗人讲述的不是真实,不仅与修昔底德对荷马的批评相同,也与柏拉图笔下的苏格拉底在《王制》中对荷马的批评相同。由此来看,亚里士多德在《论诗术》中抬高诗教贬抑纪事,意义至深至远。因为,用"述而不作"来衡量,自然哲人、纪事作家(希罗多德、修昔底德)和柏拉图都是"作"而不"述"——亚里士多德的《论诗术》恰恰是在教授如何"作"诗的技艺。唯有肃剧诗人是"作"还是"述",不易断言,因为,虽然埃斯库罗斯自称其诗作不过是荷马桌上的面包屑,三位肃剧诗人的差异实在太大。

我们的诗教传统并非由孔子建立,而是循于周制。《周礼》"大师教六诗","以六德为之本,以六律为之音"。明儒柯尚迁《周礼全经释原卷八》说:

> 周公祖述虞庭,命夔典乐之教,于是诏大师教六诗。是时未有训诂传注之可说,不过曰此为风、此为雅颂、此为比兴、此为赋而已,使学者循六义而歌之,玩味其辞意,以涵泳其性情,莫切焉。

孔子的"述而不作"是在礼崩乐坏的政制局面中说的。如今孔子被视为世界性的大哲之一,倘若孔子可被称为"哲学家",那末,显而易见的是,与古希腊大哲们挑战传统诗教不同,孔子的"述而不作"体现了夫子持守传统诗教的姿态。

按清人陆陇其的理解，孔子这样说有"防异端之意"：

> 夫子之时，其实不容更作，但述如夫子，即谓之作，亦无不可；必谓之述者，是其谦处，而防异端之意，亦在其内。（《四书讲义困勉录·卷十》）

何为"异端"？对礼教来说，哲学就是"异端"。倘若孔子有哲人品性，"述而不作"便无异于隐藏了自己的如此品性，以防泛滥成灾。其实，无须等到离我们更近的清人，元人陈天祥在《四书辨疑》中已经说过：

> 夫子自谓"述而不作"，继之以"信而好古"，此"作"字正为异端妄作，非谓圣人之创作也。盖"述"谓明其理之所有，"作"谓创其理之所无。循天人之际、自然之理，以明夫三纲五常、固有之道，若六经之言者，通谓之"述"。出天理所有、人伦纲常之外，若杨墨之言者，通谓之"作"。盖有不知而"作"之者，我无是也。

"杨墨之言者，通谓之'作'"——倘若如此，在礼崩乐坏的处境中，孔子对哲人起而"创作"不是已经有所预见吗？

话说回来，即便孔子身处的时代礼崩乐坏，毕竟还不是一个民主政制的时代。让我们来对观一下柏拉图笔下的苏格拉底的处境。在《卡尔米德》中，柏拉图记叙了苏格拉底刚从战场上回来就与几个雅典老熟人和新朋友的一场谈话，当时，苏格拉底想要了解一下"今儿哲学会有怎样的状况以及青年人的状况"(περὶ φιλοσοφίας ὅπως ἔχοι τὰ νῦν, περί τε τῶν νέων)(153d4 – 5)。可见，在苏格拉底身处的民主政制时代，哲学已经进入"市场"，尤其对年轻人颇有影响。柏拉图的此"作"不仅对我们理解这里的问题颇有启发，也对理解ποιεῖν的含义有启发。按柏拉图的记叙，苏格拉底与年轻人卡尔米德讨论到"节制"(σωφροσύνη)这一传统德性时，卡尔米德引到荷马的诗句（161a3），然后说，关于何谓"节制"，眼下在雅典已经流传着新观点："节制据说就是做自己的事"(σωφροσύνη τὸ εἴη τὰ ἑαυτοῦ πράττειν)（161b5）。言下之意，荷马古诗已经不足为训。苏格拉底马上指出，一定是受到新派哲学家一类"聪明人"(του τῶν σοφῶν)的影响，卡尔米德才会这样子说（161c1）。苏格拉底心里清楚，卡尔米德的说法来自他的老辈子、智术师克里提阿。当时，克里提阿就在现场，卡尔米德故意持克里提阿的观点与苏格拉底对阵，使得克里提阿在一旁觉得自己"简直就像一个诗人面对糟蹋了自己诗作的演员"(ὥσπερ ποιητής ὑποκριτῇ κακῶς διατιθέντι τὰ ἑαυτοῦ ποιήματα)（162d2–3），对卡尔米德非常生气。卡尔米德故意败北，为的是抛出克里提阿，让苏格拉底和克里提阿两位老辈子直接对阵——柏拉图在这里用到"诗人与演员"(ποιητής ὑποκριτῇ)，所谓"诗人"显然指民主时代的肃剧诗人。

果然，苏格拉底接下来就与克里提阿交上了火，继续谈论何谓"节制"。让人费解的是，两人的对话却围绕着ποιεῖν的含义展开。苏格拉底问克里提阿，是否同意"所有工匠都制作某种东西"(τοὺς δημιουργούς πάντας ποιεῖν τι)（162e8）。克里提阿表示同意，但随后又表示，"制作与做事"（τὸ ποιεῖν καὶ τὸ πράττειν）"不是一回事"（οὐ ταὐτὸν），进而声称，按赫西俄德的看法，"劳作与制作并非一回事"（οὐδέ γε τὸ ἐργάζεσθαι καὶ τὸ ποιεῖν）（163b2－3）。在这里，克里提阿看似依傍古诗人赫西俄德，其实，通过他的类似于如今解构主义的拿手好戏——"语词拆析"（περὶ ὀνομάτων διαιροῦντος）解构了古诗人：话题本来是具体的美德，克里提阿却玩弄三个语义近似或语义部分重叠的语词（ποιεῖν－πράττειν－ἐργάζεσθαι），借此贬低ποιεῖν。

苏格拉底和柏拉图面临的处境与孔子不同，倒与我们如今的处境相似：语义哲学已经取代了传统诗教。在这样的处境中，智术兴盛、"作"家蜂起一点不奇怪。面对这样的局面，倘若要坚持"述而不作"，实在非常困难。柏拉图尝试的是在"作"方面下功夫：模仿诗人荷马的叙事、化用肃剧诗人的形式，形塑出民主政治时代的英雄人物苏格拉底——我们可以注意到，柏拉图笔下的苏格拉底在指责古代诗人时与自然哲人和修昔底德不同，他没有指责赫西俄德和荷马一类诗人编造假故事，而是说他们编的故事并不"美好"（《王制》377d3－e1），似乎编美好的假故事还是必要的。最为重要的是，柏拉图没有褫夺"诗人"这个名号，而是通过"作"（编织故事）致力于自己成为诗人，让阅读者在诗作构造出来的世界中反观自己的灵魂之相。在柏拉图笔下，甚至连苏格拉底本人最终也成了诗人（参见《斐多》的开场和终场）。通过自己的"作"，柏拉图使得"诗"重新获得教化的主导权，成为后民主时代有效抵制智术式哲学教化的中坚。

柏拉图的苏格拉底在《王制》最后说道：

我们大概也要许可诗的拥护者——他们自己并非诗人，而是热爱诗的人们（τοῖς προστάταις αὐτῆς, ὅσοι μὴ ποιητικοί, φιλοποιηταί），不用韵文的方式［ἄνευ μέτρου］申述理由，说明诗不仅令人愉快，而且有益于种种政制和人的生活（πρὸς τὰς πολιτείας καὶ τὸν βίον τὸν ἀνθρώπινόν）。(607d6-9)

在《论诗术》中，亚里士多德就体现为一个"热爱诗的人"。他以非韵文的形式申述理由，说明肃剧诗如何不仅令人愉快，而且有益于雅典政制的健康和在其中生活的人们。阐发 ποιητική 与其词干 ποιεῖν ［做］的原始语义关系，可以看做是亚里士多德所申述的理由之一。在《论诗术》第三章结尾处，亚里士多德提到，多里斯人声称，他们是肃剧和谐剧的首创者，亚氏援引多利斯人的用词为证：他们把"做"［τὸ ποιεῖν］称为 δρᾶν，雅典人则称为 πράττειν ［践行］（1448b1-2；比较《卡尔米德》中的克里提阿以 ἐργάζεσθαι 贬低 ποιεῖν 和 πράττειν）。亚里士多德用 ποιεῖν ［做］的原初含义来揭示荷马叙事诗和肃剧诗的品质，意在突显这两类诗作的伦理含义。叙事诗和戏剧诗有一个共同特征：展示某个人的具体行动［做人］，尽管展示的方式不同。叙事诗通过第三者叙述的方式来展现某个人的做人，戏剧诗则通过演员的表演直接展示某个人的做人。① 在这里，亚里士多德利用的是动词 ποιεῖν 的"做"的含义，而非

---

① 参见戴维斯，《〈诗学〉微》，刊于《经典与解释15：诗学解诂》，华夏出版社，2006，页3-7。

"创作"的含义：无论"做"什么，起初都必须模仿——做人和做事概莫能外。从而，学做好［人］（或好事）还是学做坏［人］（或坏事）便成了基本问题。《论诗术》的主体是讲"肃剧诗"，尽管谐剧更明显地体现了诗与纪事的区别（1451b12），肃剧却被视为诗的典范，这是为什么呢？传统的叙事诗摹仿英雄，但在民主时代，英雄不再是人们愿意或能够模仿的对象。民主时代的戏剧诗要么摹仿不那么好的人（比如谐剧，参见1448a18，1449a32），要么摹仿品格含糊的人：虽是好人却有过错，或者有过错但并非坏人（比如肃剧）。亚里士多德推崇肃剧，很有可能是因为，肃剧能够更好地展示民主政治时代中人的德性及其面临的困境。

就亚里士多德这部讲稿的现有中译书名而言，崔延强本的译名《论诗》最贴紧原文。这个译名是苗力田先生拟定的，理由是：凡希腊语原文标题冠有 peri 者，都统一译作"论"，以 ka 结尾的书名才译为"学"。① 这种译法坚持按"诗"来理解 $ποιητική$，堪称正解；不足之处在于，《论诗》译法没有注意到原文的省略，漏掉"技艺"。原文的省略是原文的习惯，在任何情况下，中译还是补全为好，因此，恰切的译法当是"论诗术"。何况，"技艺"这个语词在这里非常重要。《尼各马可伦理学》开篇就说：

> 每种技艺和探究，同样地，人的每种实践和选择，都

---

① 参见《亚里士多德全集》卷九，后记，中国人民大学出版社，1994，页689。

以某种好为目的。所以有人就说，所有事物都以好为目的——但是应当看到，目的之中也有区别。它有时是实现活动本身，有时是活动以外的产品（1094a）。

亚里士多德以全称语式把"技艺"界定为人的有目的的实践行为——"以某种好为目的"的"做"，从而，技艺是人的有所追求的道德"实践能力"（δύναμις），这种能力体现为某种类型的ἐπιστήμη［知识］。如果所有技艺行为都指向某种目的（好），这种行为本身必然包含选择：这样做或做这样而非那样做或做那样，否则，不可能实现追求某种好这一目的。亚氏接下来举的例子有医术（为了人身的健康）、造船术（为了航行的安稳）、战术（为了战胜敌人）等等——诗术为了什么好？为了城邦的共同生活更好、更高贵。诗术之"术"要实现这一目的，首先得拥有关于人的性情的知识——人的行动有好有坏、有对有错、有正义有不正义、有高有底，凡此无不受制于人的性情。于是，诗术必然以性情学为基础。诗术之"术"旨在教化，教化从属于城邦政制，于是，诗术最终归属于政治术——亚里士多德在《政治学》最后一卷中讨论教育时，诗乐被视为重点：既是培育好城邦民的教育方式，也是城邦民受教育的目标。

反观我们的诗教传统，却无需诗术与性情学（《伦理学》）和政治术（《政治学》）的如此分割和关联。一句"乐者，天地之命，中和之纪，人情之所不能免也"（《礼记·乐记》），言简意赅，三者都涵盖其中。但我们不可忘记，亚里士多德生活在后民主时代；如果我们面临与亚里士多德同样的后民主处境，又当如何就很难说了。不管怎样，如果我们接受把"诗学"改为"创作学"的建议，不仅《论诗术》这部讲稿主要讨论荷马叙事诗和民主时期的肃剧诗的文本事实被抹去，亚里士多德在民主之后的时代解释具有政制作用的"诗"的良苦用心，也随之一并被抹去。

"我们共和国的掌门人"

在毕希纳的剧作《丹东之死》中，法国大革命的变节分子有这么一句台词：

> 罗马人如果愿意蹲在墙角煮萝卜吃，这是他们的事——我们共和国的掌门人应该是快乐欢畅的伊壁鸠鲁和臀部丰满的维纳斯，而不是道貌岸然的马拉和沙里叶。

伊壁鸠鲁被法国大革命的革命变节分子委派为现代"共和国"的第一"掌门人"，其实是西方思想史上的一场思想政变的结果：霍布斯推翻古希腊的理想主义政治传统对政制的治权，回复到伊壁鸠鲁传统，从而开创了现代政治原则，霍布斯本人也因此获得现代政治思想之父的光荣称号。

传统政治哲学假定，人天生就是政治或社会动物。霍布斯既拒绝了这一假定，就加入了伊壁鸠鲁的传统。他接受了伊壁鸠鲁传统的观点，即人天生或者本来是非政治的、甚至是非社会的动物,还接受了它的前提,亦即善根本而言等同于快乐。①

这番话让我多少有点儿明白,为什么毕希纳要把伊壁鸠鲁的"快乐欢畅"与维纳斯的"臀部丰满"对举。而且,说过这番话后,施特劳斯随即引述了大思想家伯克对搞法国大革命的分子们的如下评论:

> 鲁莽草率原本并非此类无神论者的品格。勿宁说他们有的是相反的品格:他们原本像是老伊壁鸠鲁派,毫无进取之心。但是晚近以来,他们变得积极主动、狡猾诡谲、野蛮狂暴而富于煽动性。

从伯克的眼光来看,法国大革命家(我们还可以添上"及其后裔"),骨子里都是"伊壁鸠鲁分子",这个称号虽然因此便有了古代与现代之分,两者仅仅在性向上有所不同——大革命时期的变节分子不过把革命分子未明言的东西道明了而已(有如后来的"新左派"革命家马尔库塞)。于是,我想通了一个很久没有想明白的问题:伊壁鸠鲁在国朝学界为何早就闻名,我们对所谓伊壁鸠鲁传统并不太陌生——至少有好些个西哲专家研究过这一传统,伊壁鸠鲁的完美解释者卢克莱修的

---

① 施特劳斯,《自然权利与历史》,彭刚译,北京:三联书店,2003,页172。

著作《物性论》在二十多年前就有了汉译本①——由于伊壁鸠鲁的著作散佚过多，不大成体统，卢克莱修的《物性论》通常被看做伊壁鸠鲁哲学完美、系统的表达。看来，原因并非就简单地是：按阶级斗争式的思想史，伊壁鸠鲁的政治成分被划为朴素唯物主义者。

伊壁鸠鲁的名字在思想史上几乎等于"享乐主义"，按理说，与政治没有什么直接关系；再说，伊壁鸠鲁所注重的生命快乐虽然基于感觉，毕竟还是精神性的，并非现代或现代之后基于技术进步的享乐——生的快乐别名"幸福"，对伊壁鸠鲁来说，"幸福"不等于物质生活上的安逸，而是"不喜亦不惧"的泰然，或者说一种精神愉悦——从而让我想起国学大师钱穆心目中的中国第一高人陶潜。

伊壁鸠鲁临终前给自己的学生写过一封信，信中用了这样的语式表达自己的人生观："我们把握着同时也过完了生命的 μακαρία ήμέρα［幸福时光］"。从文字上看，这话十分暧昧，两个动词（"把握"和"过完了"）用的都是分词形式，而且处于平行关系，使得句子的意思不清楚："把握"着的生命怎么又是"过完了"的生命呢？明明是自己到了临终之时，何以主语为"我们"？作为收信人的学生离自己的临终日不是还早着吗？

这信是私信，而非公开信，也非那些假借私信形式而写的公开信（如柏拉图、卢梭之流喜欢干的那样）——在这样的信中，伊壁鸠鲁吐露的是自己最切身的感受，因而不讲究公开

---

① 《物性论》，方书春译，商务印书馆，1981；亦参罗晓颖编/译，《菜园哲人伊壁鸠鲁》，华夏出版社，2010。

的修辞；他一生中最亲近的人是自己的朋友和学生，或者说精神上的"同性恋"，而非自己的血亲——政治上所谓的"他者"更不在其视域内，因而话的主语用的是"我们"。如此生活的私密和亲密就是伊壁鸠鲁的"生命的幸福时光"，所谓"把握"和"过完了"似乎可以理解为："幸福的时日也是大限的时日"，过幸福的生活与终结自己的生活就是一回事，端看"我们"如何把握。

无论怎样理解伊壁鸠鲁的"快乐"感觉，伊壁鸠鲁的学说毕竟基于个人的"欲望"感觉或者说"身体"感觉。如果在"欲望"感觉之上还要来建立一套政治伦理（或曰政治哲学），怎么可能——如果可能又会怎样呢？再说，伊壁鸠鲁也是古希腊哲学中人，按大的划分当归属传统一边，依傍伊壁鸠鲁何以就会成了反古希腊的政治思想传统而创造性地转化出现代政治原则？

在《王制》（原译《理想国》）卷四中，柏拉图讨论到灵魂中的三种成分：欲望、血气、理智——血气（ϑυμός，郭、张本译作"激情"）的位置最模糊，也最耐人寻味。血气既像是理智的助手，又像是欲望的帮衬，游移于欲望与理智之间（439b – 441b）。也许，说血气的理智或血气的欲望，都可能。忒拉绪马霍斯是个有血气的智术师，但其政治观点却包含了可以称为伊壁鸠鲁主义的东西——在引证过忒拉绪马霍斯的政治观点后不久，施特劳斯马上就谈到柏拉图政治哲学与伊壁鸠鲁主义之间的紧张关系，恐非偶然（《自然权利与历史》，前揭，页110 – 114）。[①] 如

[①] 亦参刘小枫编，《驯服欲望：施特劳斯笔下的色诺芬撰述》，贺志刚、程志敏译，华夏出版社，2002。

果说，血气要么基于理智，要么基于欲望，那么，基于欲望的血气大概就是伯克所谓变得"积极主动、狡猾诡谲、野蛮狂暴而富于煽动性"的伊壁鸠鲁主义的心性基质——正如毕希纳敏锐地看到的那样，罗伯斯庇尔的革命道德激愤与丹东的自然欲望的权利其实是一体两面。

伊壁鸠鲁（Ἐπίκουρος，公元前341－前270年）出生在Samos岛，父母是雅典人——据说父亲还是个教师。在三兄弟中，伊壁鸠鲁从小聪颖过人，喜欢哲学，曾跟从一位名叫Pamphilos的柏拉图门人学哲学。因儿子对这位柏拉图信徒的授课不满，父亲便送儿子进了一位名叫Nausipahnes的哲人主持的德谟克里特学派的学园，在那里，伊壁鸠鲁感到这样的教诲特切合自己的心性：生命的最高境界是 $ἀκαταπληξία$［别让自己害怕］。依据这一信条，伊壁鸠鲁后来建立了自己的伦理原则 $ἀταραξία$［别让自己心神不定］——套用陶渊明的句子："不喜亦不惧。"

德谟克里特是沉思自然的哲人，开创了思想史上著名的"原子论"派——由于马克思、恩格斯忒喜欢他，称赞他为"经验的自然科学家和希腊人中第一个百科全书式的学者"（《马克思、恩格斯全集》卷三，页146），其成分被划为"朴素唯物主义"，因而在国朝学界早就耳熟能详。如果伊壁鸠鲁的生命原则让霍布斯得以开创出现代政治原则，我们如今要找现代政治哲学的渊源不就得通过伊壁鸠鲁找到苏格拉底前的自然哲人身上去？——二十世纪的哲学之王海德格尔一再说，如果要彻底医治现代政治—伦理的痼疾就得回复苏格拉底前的自然理解，这又是怎么回事？

十八岁那年伊壁鸠鲁去到雅典时，喜剧诗人米南德（Menander）名气正旺，雅典民主政制已经气息奄奄、日薄西山。起初，伊壁鸠鲁一边听柏拉图学园掌门人色诺克拉底（Xenokrates）的课，一边利用课余时间自己开办哲学讲习班——他应该没有见过亚里士多德，因为，亚历山大大帝死后，亚里士多德就离开了雅典。

后来（公元前310年），伊壁鸠鲁离开雅典，回到城邦的一个乡下（"归田园"）办起自己的学园，与柏拉图学园对着干——还收女弟子，比如后来传扬其幸福论的忒米斯塔（θέμιστα）。跟伊壁鸠鲁学习的，不少是从大城市来的孩子，这些孩子与伊壁鸠鲁的关系形同父子。在这个乡下学园，伊壁鸠鲁身体力行践行一种与自然合一的生活方式（"归田园居"），其写作多是带亲切私密性的书信，很有魅力，从中我们看到，伊壁鸠鲁并非整天与人谈"物性"，而是谈非常清淡的事情。① 翻开眼下的两本汉译古希腊哲学文献，我们看到的仅是伊壁鸠鲁写下的那些所谓带原子论色彩的自然哲学观点，让人觉得，伊壁鸠鲁实在索然无味。其实，倘若我们不从所谓

---

① 伊壁鸠鲁身后留下的作品主要是些书信和以箴言形式写成的四十条论题，题为Κύριαι δόξαι（主要学说命题，拉丁文名为：Ratae sententiae）。关于伊壁鸠鲁的古代文献，见第欧根尼·拉尔修，《名哲言行录》，马永翔等译，吉林人民出版社，2003，页627 - 701；现代文献参见罗斑，《希腊思想和科学精神的起源》，陈修斋译，广西师范大学出版社，2003，页332 - 353；J. M. Rist, *Epicurus, An Introduction*, Cambridge 1972；R. Müller, *Die Epikureische Gesellschaftstheorie*, Berlin 1972；Elizabeth Asmis, *Epicurus' Scientific Method*, Cornell Uni. Press 1984。文选参见Hans - Wolfgang Kranz 编，*Epikur: Briefe, Sprüche, Werkfragmente*，古希腊语—德语对照本，Stuttgart 1980；中文文献参见罗晓颖编，《菜园哲人伊壁鸠鲁》，华夏出版社，2010。

本体论或认识论一类现代形而上学的体系原则入手来认识伊壁鸠鲁，而是注意伊壁鸠鲁的生活和写作方式，情形可能就不同了。

伊壁鸠鲁死后，被其学派的门徒尊为神，其人生观据说在所谓"伊壁鸠鲁学派"中维持了差不多五百年，竟然没有一丁点儿改变，不能不让人刮目相看——我们应该知道，伊壁鸠鲁学说要在罗马的政治伦理处境中站稳脚跟并不容易，因为，其伦理原则与罗马的政治伦理很难吻合。

伊壁鸠鲁从柏拉图学园转向德谟克里特派的学园求学，在那里找到了切合自己心性的思想基础，从思想史上讲，便传承了苏格拉底之前的自然学说——"在伊壁鸠鲁的学说中，没有一个重要观点不是在恩培多克勒或德谟克里特那里已经碰到过的"（罗斑语）。在柏拉图的《会饮》中，有个代表苏格拉底之前的自然学说的医生叫厄里克西马库斯，他在那个"会饮"场合一开始是"酒司令"——这个位置暗指的是雅典民主政治文化的主将，后来"酒司令"的位置被民主政治家阿尔喀比亚德僭取。轮到厄里克西马库斯赞颂"爱若斯"时，这位"酒司令"依据自己拥有的技艺（医术）从"生理/自然"的观点（或者说恩培多克勒的观点）来赞颂"爱欲"——有情人被界定为身体（要么是健康的身体，要么是病态的身体），情伴则被界定为生理性的"胀"和"泄"——其实也等于被界定为身体，因为，胀泄都发生在身体上（"胀"的希腊文词根与"怀孕"相同，"泄"让人联想到生产）。按照这样的自然理解，欲求与被欲求对象之间的差异及其对立被取消了：说身体统合欲求与被欲求者，无异于说爱欲等于身体爱身体。从思想史方面来看，由于身体统合了人自身与人的对象世界，身体自然便成了"本体论的"基础（海德格尔的"亲在"不过是其精致的形而上学式表达）。在此身体基础上，厄里克西马库斯医生在颂辞中提出了基于医术的技艺系统对生活世界的最高治权①——我们记得，伊壁鸠鲁的哲学实践其实就有如（或干脆说是）一套具有医疗性质的思想技艺。

对于厄里克西马库斯医生的人生医疗观，《会饮》中的诗人阿里斯托芬和哲人苏格拉底要么挖苦、要么修理——海德格尔在批判现代技术统治的形而上学根源时，无视这些挖苦和修理及其思想史意蕴，重新高标赫拉克利特—恩培多克勒—德谟克里特的自然哲学大旗，颇为让人费解。

医术（治疗术——伊壁鸠鲁哲学堪称"灵魂治疗术"）可能成为政治原则的基础吗？

在希腊的古典时期，已经有知识人（比如厄里克西马库斯医生这样的前苏格拉底自然哲人的学生）这样企望过，不然的话，柏拉图笔下的苏格拉底不会在讨论"法"的智术时扯到医术与正义的冲突、扯到医生、好医生、国家医生之类的对比（参见《王制》405a - 406e）——无论医术在技术上获得多大进步或在哲学上得到何种形而上学的提高，医术是否能为人类政治生活的好坏提供尺度，在柏拉图那里已然是个问题。

这个问题的要害是：医术（或灵魂治疗术）守护的是非

---

① 参见 Leo Strauss, *On Plato's Symposium*, Uni. Of Chicago Press 2001, 页 110 - 113。

常私人性的个体身体,以抵制死亡对身体的威胁;换言之,医术(或灵魂治疗术)基于(或出于)人对死亡的恐惧(霍布斯政治哲学的出发点正是这恐惧本身)——想当初,阿波罗的私生子阿斯克勒皮奥斯学得医术成了有史以来第一位医师后,便用自己的技术让人不死,还把死人救活,宙斯得知后,惊骇不已,深知人如果被免除死亡后果将不堪设想,便出霹雳击打阿斯克勒皮奥斯……[1]倘若医术原则成为政治原则的基础,政治的正义便受自保的人性及其死亡恐惧的支配,这样的政治伦理会是怎样的呢?

传扬伊壁鸠鲁学说的思想者代不乏人,而且大都天分极高:罗马时期有天才诗人卢克莱修,随后便是现代性第一次大浪潮中的霍布斯(及其后继者斯宾诺莎);在现代性的第二次大浪潮中,卢梭最重要的著作《论人类不平等的起源》试图以《物性论》第5章中对人类命运的描述为样板重写人类"历史"(参见《自然权利与历史》,前揭,页270),到了十九世纪(也就是现代性的第三次大浪潮时),尼采又再提请人们温习伊壁鸠鲁(和卢克莱修,参见尼采,《快乐的知识》,条375-376)[2]——当今的后现代思想家虽然尚未直接给予伊壁鸠鲁足够的关注,但他们所高扬的"生肌原则"以及对斯宾诺莎的礼赞,表明后现代"主义"者不过是在创造性地发扬、转化伊壁鸠鲁。

---

[1] 参见阿波罗多洛斯,《希腊神话》,周作人译,中国对外翻译公司,1999,卷三,第十章3-4节。
[2] 参见 Laurence Lampert, *Nietzsche and Modern Times*, Yale Uni. Press 1993, 页423-428。

进入二十一世纪据说等于进入了现代之后——从思想史来看,也可以说等于进入了伊壁鸠鲁作为"我们共和国的掌门人"的纪元——在这样的时代,难道我们不应该把"掌门人"的脸相看清楚一些?

可是,倘若不重新捡出或挑起柏拉图式哲学与伊壁鸠鲁式哲学的古老论争,我们可能看清楚"我们共和国的掌门人"的脸相?在唯物思想史观指引下,"具有朴素唯物主义思想"的卢克莱修的《物性论》早已译成汉语,但学界中人读这书的恐怕不多,读进去了的恐怕还数不出来——问题仍然是:如何读。《伊壁鸠鲁的政治哲学》一书作者 James H. Nichols 在施特劳斯的《卢克莱修简注》一文启发下,经布鲁姆具体指导,做了一次对《物性论》的"贴近阅读"。通过了解这次"贴近阅读",我们中间有心的读者兴许会产生自己亲自去阅读的兴趣——毕竟,伊壁鸠鲁已经是"我们共和国"的"掌门人"。

海德格尔与索福克勒斯

1935年,海德格尔开设了一个学期"形而上学导论"课,讲课稿直到1953年才整理出版。① 这次讲课标志着海德格尔思想的重大转折,其中所表达的基本思路在海德格尔随后的讲课和著述中得到充分展开——比如,其中所尝试的"亲在"解释学(这是我的命名)便初次展示了后来海德格尔广泛施展的对古希腊诗人和现代德语诗人的解读方式,对后现代派一路的经典解读方式产生了深远影响。

海德格尔所展示的解读方式,具体体现在《形而上学导论》中对索福克勒斯《安提戈涅》第一肃立歌长达十六页的解释。这一解释使得索福克勒斯的这部在文学史上具有经典地位的肃剧诗进入了"第一哲学",从而在思想史上也显得不同

---

① 该书初版于1953年(Tübingen),本文引用的是第六版(1998);参考熊伟、王庆节中译本,商务印书馆,1996,以下仅随文注页码。

凡响。① 我们值得问：海德格尔讲授"形而上学导论"为何要用如此篇幅来解释一部古希腊肃剧中的肃立歌？这一解释行动的历史含义何在？

通过探究海德格尔的这一解释行为及其历史渊源——荷尔德林的《安提戈涅》翻译和注疏，我尝试搞清楚海德格尔提倡的"亲在"解释学的基本方式和意图，与此同时，也免不了要探讨《安提戈涅》第一肃立歌的思想史意蕴。

肃剧诗人在《形而上学导论》中的位置

1872年，尼采发表了给自己的教职惹来麻烦的《肃剧从音乐精神中诞生》，其中所讲的最重要的一件事情就是：苏格拉底的理性精神毁灭了以索福克勒斯为代表的肃剧精神——或者说得直白些：哲学毁灭了诗。

作为古典语文学家，尼采当然清楚，历史上的苏格拉底不

---

① 黑格尔晚年在《美学讲演录》和《宗教哲学讲演录》中对他称之为"悲剧的绝对典范"的《安提戈涅》作了如下著名评论："永恒的义"（die ewige Gerechtigkeit）的出现，是两种片面的伦理力量的冲突所要求的。参见黑格尔，《美学》，朱光潜译，商务印书馆，1979，或陈洪文、水建馥编，《古希腊三大悲剧家研究》，中国社会科学出版社，1986，页144-151；黑格尔，《宗教哲学》，魏庆征译，中卷，中国社会出版社，1997，页548。虽然并非仅限于美学或者悲剧理论，而是基于"政治的神学"，黑格尔对《安提戈涅》的解释毕竟过于简要，而且是在"宗教哲学"、"美学"之类的所谓次级哲学中出现的。结合《安提戈涅》文本讨论哲人（黑格尔、海德格尔、利科尔、德里达等）对索福克勒斯这部悲剧的解释，参 Th. C. W. Oudemans/ A. P. M. H. Lardinois, *Tragic Ambiguity: Anthropology, Philosophy and Sophocles'Antigone*, Leiden 1987, 页204-236。

著文字、杳然无文迹，为他树立高大历史形象的是柏拉图。说苏格拉底毁灭了肃剧精神，无异于说柏拉图毁灭了肃剧精神——或者说得学究些：柏拉图（主义）哲学毁灭了诗。按尼采的看法，柏拉图主义是西方精神走向虚无主义的根源，要克服虚无主义，就得尝试恢复沉醉的古希腊肃剧精神（诗）。

1953 年，海德格尔正式出版 1935 年的讲课稿题为《形而上学导论》(Einführung in die Metaphysik)。过去，形而上学的大方之家也写"导论"——比如，康德就有《任何一种能够作为科学出现的未来形而上学导论》，① 有的虽无"导论"之名，其实也相当于"形而上学"导论（黑格尔的《逻辑学》）——这些书说的不外乎上下四方无极的"在"（本体）。相比之下，海德格尔的《形而上学导论》看起来委实不像"形而上学"的"导论"。

一开始的简短"前言"是十八年后的追述，作者告诉我们，他对眼下这个十多年前的讲稿做了重新分段、润色，还提醒读者应该"体会此课的全景"。按照作者本人的如此提示，我们首先就得留意全书的分段安排乃至各章节的篇幅。

《形而上学导论》全书分四章，共 157 页（按德文版计算），但篇幅并非平均分配，第四章非常显眼地占全书一半还多一点篇幅（87 页）。

第一章题为"形而上学的基本问题"（Die Grundfrage der Metaphysik），约 39 页，算全书篇幅次长的一章，主要说的是西方形而上学的时代处境——这或许就是作者要我们留意

---

① 参见康德，《未来形而上学导论》，庞景仁译，商务印书馆，1982。

"体会"的"此课的全景":美苏两个现代超级大国崛起,与此相应的是科学主义霸权的确立和马克思主义势力的增长,结果是"大地的沉沦"……海德格尔由此引出尼采的诊断:"在"作为形而上学的沉思对象,如今不是迷雾一团,就是一团迷误——如今即便要把握尼采的这句话,也已经难乎其难。在这里,海德格尔把形而上学与政制变革联系起来:似乎形而上学问题决定了现代政制的形态。反过来说,政制问题的根本在于形而上学。因此,在这一章最后,海德格尔提出了西方的"命运"或者说西方世界的"危机"这个概念,其含义是:源于柏拉图主义的西方传统形而上学将精神理解为智慧,不仅是决定性的误解,也是西方世界政治危机的根源——这话听起来很像尼采的声音——正是在这里,海德格尔引述了自己当年的"校长就职演说"。言下之意,当年的"校长行动"旨在从改革大学教育入手,行挽救西方精神颓败的拨乱反正之举,从根本上为西方政制的现代走向纠偏。

第二章题为"追溯'在'这个词的语法和语源",仅17页,通过追究"在"这个语词的古希腊词源,海德格尔开始提出如何扭转传统形而上学的方案。说到"在"这个"语词"的古希腊语源时,海德格尔主要提到赫拉克利特的残篇,尤其讲解了这位前苏格拉底哲人的名句:"战争是万物之父",还提到柏拉图的《蒂迈欧》。第三章篇幅最短,不到14页,题为"追问'在'的本质问题",显然是第二章的延伸——在这一章里,海德格尔将解析"在"的古希腊词源推展到解析现代西方语言,尤其德语的"在"的语义。顺着这条思路,我们不难体会到,海德格尔赋予了德语思想独立担当历史使命的角色。海德格尔用德语思考和写作，如此论述所显露出来的个体抱负昭然若揭。

接下来是全书篇幅最长的第四章，题为 Die Beschränkung des Seins（中译本译作"对在的限制"）。在这个题目下，海德格尔分出四个子题，前面有两页多的引子。全书唯有这章下分子题，整体结构看起来有如书中之书，似乎前面三章都仅仅是引言而已。不过，第四章八十多页的篇幅也并非平均分配。

第一子题"在与生成"，仅两页，引出了另一位前苏格拉底哲人帕默尼德，并通过解释帕默尼德的"教诲诗"，将他与赫拉克利特相提并论，从而与第二章的论题勾连起来——"生成"这个概念虽然是赫拉克利特提出的，但帕默尼德说的是同样的东西。海德格尔说，柏拉图主义走错路，根源就在于把赫拉克利特说的与帕默尼德说的看做不同的东西。

第二子题"在与表象"也不太长，十三页多一点，讲解古希腊人理解的所谓"表象"（Schein）与真理的关系。在这里，海德格尔转向了古希腊的诗人，分别讲解了品达的《奥林匹亚凯歌》第九首（9∶100）和索福克勒斯的《俄狄浦斯王》，随之再承接前一子题（"在与生成"），进一步解释帕默尼德残篇，似乎力图通过古希腊的诗人来接近和理解前苏格拉底哲人。苏格拉底之前的哲人和苏格拉底之前的诗人从前被看作不同的两类人，现在被海德格尔粘在了一起。海德格尔似乎想告诉我们，这两类人（哲人和诗人）其实是同一类人，要搞懂帕默尼德、赫拉克利特，还得依赖、或者说先搞懂索福克勒斯、品达。换言之，海德格尔在这里展示出一条进入赫拉克利特残篇的解释（理解）路线：通过索福克勒斯来理解→品达→帕默尼德→赫拉克利特——通过古诗人来解释（理解）古哲学。

结束这一子题时，海德格尔将合唱抒情诗人品达与箴言诗人赫拉克利特相提并论（比较前一子题将帕默尼德与赫拉克利特相提并论）。言下之意，从品达到索福克勒斯的诗作，"在"这一形而上学的终极沉思对象的古希腊语词源还没有变味——海德格尔似乎从尼采的教诲（柏拉图主义败坏了肃剧精神）中领悟到，柏拉图主义最终败坏的是苏格拉底之前的哲人对"在"的理解。

接下来的第三子题为"在与思"（Sein und Denken），此节不仅是第四章、也是全书篇幅最长的一节，共62页，占全书三分之一强。海德格尔用这样多篇幅要说什么呢？扼要地讲，经过前面的铺垫，海德格尔试图站在苏格拉底之前的哲人（和诗人）的"在"的理解这片土地上，推倒从柏拉图到康德—黑格尔—胡塞尔的整个西方形而上学的"主义"大厦。

海德格尔提出这样的问题：什么是思？从柏拉图主义到黑格尔主义的整个西方形而上学传统都把"思"理解成逻辑（不妨比较胡塞尔对哲学的理解）。但如果回到古希腊先贤的源头（通过分析逻各斯的词源，尤其赫拉克利特论逻各斯与自然的关系），按海德格尔的精心谋篇和悉心解释，逻各斯（思）并非与逻辑相关，而是与自然相关。结论可想而知：自柏拉图以来，整个西方形而上学传统误解或者说背离了自己的精神源头，对"在"的误解就发生在索福克勒斯之后的苏格拉底—柏拉图时期。

随后的第四子题为"在与应当"(Sein und Sollen),篇幅也不长,仅9页。从子题的题目来看,此节要说的是形而上学(Sein)与实践哲学(Sollen)的关系——这也是"形而上学导论"的题中之义。然而,海德格尔在这一子题中首先攻击康德伦理学,然后指出,康德哲学的错误来自柏拉图,最后提到尼采毕生关心的虚无主义问题。这一节与全书第一章明显相呼应,其关联含义是:当今世界的大地沉沦、科学主义霸权和马克思主义势力都与康德伦理学相关,因为,美苏两个超级大国具有形而上学的同质性,都是西方近代形而上学结下的怪胎(康德—黑格尔—马克思哲学的后果)。言下之意,如今的哲学教授们一边批判现代性、一边膜拜康德,是再滑稽不过的事情。尽管如此,要找历史的真正罪人,海德格尔说,还得找到柏拉图头上。

从全书内在结构着眼,可以看到这样的思想线索:美国和苏联这两个现代利维坦是世界沉沦的表征,如此沉沦与西方形而上学传统有关,因此当理解尼采对西方形而上学传统的批判(第一章);现代性的生活实践原则(伦理)由康德奠基,如此奠基依赖于柏拉图主义的形而上学(第四章第4节),要彻底批判柏拉图所开创的形而上学开端(第四章第3节),就得回到柏拉图—苏格拉底之前;然而,回归路程艰难曲折,得通过苏格拉底之前的诗人如品达、索福克勒斯(第四章第1-2节),才有可能理解西方源头真正的形而上学。

结束全书时,海德格尔意味深长地引用了诗人荷尔德林的几行诗句(值得想起马基雅维利《君主论》的结尾)。

从前面勾勒的论述线索来看,为什么第四章第3节篇幅最长,也就大致可以理解了。海德格尔并非仅仅要指出西方精神厄运的根源就了事,而是力图完成尼采没有完成的使命:终结黑格尔—康德—柏拉图主义的西方形而上学"传统",重新开启西方形而上学的真正宝藏。说到底,第四章第 3 节有如一场与柏拉图形而上学展开的肉搏战。

在这场肉搏战中,谁充当了海德格尔攻击西方形而上学"传统"的尖兵?

在第四章第 3 节中,海德格尔用了近三分之一(20 页)篇幅来解释(其中 16 页用来逐段解释)索福克勒斯《安提戈涅》中的第一肃立歌,并在结束时将这段解释所得与赫拉克利特和帕默尼德对"在"的理解联系起来。① 《形而上学导论》讲解了好些高古的诗人(赫拉克利特、帕默尼德、恩培多克勒、品达、索福克勒斯),唯《安提戈涅》第一肃立歌的解释篇幅最长,最细致、深入、具体,甚至可见系统,堪称全书关节、重点或要害所在。

"形而上学导论"变成了对古"诗"的解释——这就是为什么说,这部《形而上学导论》不像"形而上学的导论",它

---

① 海德格尔解释索福克勒斯的《安提戈涅》有两次,第一次在 1935 年的"形而上学导论"课中,第二次解释在 1942 年所开的"荷尔德林的颂歌 Ister"课中(见《海德格尔全集》,53 卷,Frankfurt 1983)。两次解释明显不同,差异源于海德格尔在批判西方形而上学传统的思考历程中的思想变化。按 Geiman 的研究,随着"技术"批判思考的深入,海德格尔的第二次《安提戈涅》解释有根本性的改变。参见 Clare Pearson Geiman, *Heidegger's Antigones*, 见 Richard Polt/Gregory Fried 编, *Heidegger's Introduction to Metaphysics*, Yale Uni. Press 2001, 页 161 – 182。在笔者看来,需要关注的是海德格尔的《安提戈涅》解释与其形而上学批判的基本关系及其思想史含义,或者说海德格尔的《安提戈涅》解释的形而上学前设,而非跟随海德格尔的形而上学批判本身的思想行程跑。

所要"引导"的并非传统意义上的"形而上学",而是反抗西方形而上学传统,其用意刚好与康德的《未来形而上学导论》相反。

含混的"人颂"与民主政治

直到今天,西方还不时上演索福克勒斯的《安提戈涅》——汉语演出首演于 1982 年(依据罗念生先生的翻译,其子罗锦麟执导)。要充分理解海德格尔在《形而上学导论》中精心逐段解释《安提戈涅》第一肃立歌的用意,我们先得熟悉这首肃立歌。要熟悉这首肃立歌,我们最好先大致了解一下《安提戈涅》这部剧作的总体面貌,然后再顺着剧作的展开进入第一肃立歌所在的文本位置。

《安提戈涅》的剧情是在俄狄浦斯杀父娶母这一古希腊著名传说上嫁接出来的故事:俄狄浦斯的两个儿子波吕涅刻斯和厄忒俄克勒斯为争夺继位厮杀双亡,克瑞翁(俄狄浦斯的妻子/母亲的兄弟)当王执政。新王克瑞翁宣布,波吕涅刻斯是敌人,死后应暴尸荒野,厄忒俄克勒斯则是"共和国"的捍卫者,为自由的新生而死,理当厚葬。然而,波吕涅刻斯和厄忒俄克勒斯的胞妹安提戈涅却认为,新王的法令抵触神律,她不能容忍自己的兄长波吕涅刻斯暴尸荒野遭禽兽噬食,决意掩埋尸体。于是,安提戈涅陷入两难处境:若依传统宗法埋葬自己的兄长波吕涅克斯,安提戈涅就会因忤逆国法被处死;若依从国法不埋葬自己的兄长,安提戈涅则会因忤逆神律遭天谴——安提戈涅做或不做都陷入忤逆之罪。

　　荷马诗作已经提到俄狄浦斯杀父娶母的事情，虽然非常简略，具体情节不得而知，但足以证明关于俄狄浦斯的忒拜传说相当古老。品达的《奥林匹亚凯歌》之六叙述到俄狄浦斯的儿子争夺王位的厮杀，虽然没提到安葬波吕涅刻斯的事情，同样足以证明，俄狄浦斯子女们的故事在民间也早已绘声绘色，即便品达妙笔生花，也绝非一无所本。肃剧诗人并不无中生有或从无到有"创作"某个题材，而是多以古代传说为题材。诗人之所以为诗人的试金石，在依据传说编构具体情节上见功夫。品达的神话诗记叙过的七雄对七雄的故事，在埃斯库罗斯的名剧《七雄攻忒拜》中变得更为具体、生动。不过，在索福克勒斯之前所有涉及俄狄浦斯三代的忒拜传说的成文诗作中，都没有出现过安提戈涅（仅有一些涉及安提戈涅的妹妹伊斯墨涅的民间原始材料）——埃斯库罗斯的《七雄攻忒拜》结尾部分的哀歌体咏唱中，出现了安提戈涅，但一般认为，这部分并非出自埃斯库罗斯手笔，而是后来重演《七雄攻忒拜》时根据索福克勒斯的《安提戈涅》添加的。由此看来，索福克勒斯笔下的安提戈涅故事八成是他的演绎——"安提戈涅"这个名字的希腊文的字面含义是"反-出生"，与荷马笔下的奥德修斯一样，名字就带有寓意。

　　索福克勒斯编织《安提戈涅》的故事用意何在？

　　《安提戈涅》这部剧作行动简单，但戏剧人物的连接方式错综纠结，在索福克勒斯的传世剧作中也显得颇为特别。就戏剧结构而言，单一戏剧形象是肃剧的写作原则，索福克勒斯自己的其他剧作也大多是单一戏剧形象。但《安提戈涅》却打破了这一套式，剧作名称是"安提戈涅"，中心形象却显得是克瑞翁。安提戈涅在剧情发展到四分之三时就因赴死而出场（行943，全剧1353行），克瑞翁的戏却贯穿始终，若非克瑞翁从头到尾在场，整场戏就显得断了情节线索。可以说，这部剧作实际具有双重戏剧主角：安提戈涅和克瑞翁。安提戈涅的戏在剧中其实不多，但角色明显非常重要，克瑞翁戏很多，但明显不是这部肃剧中的"英雄"——结构与角色的如此交错配置，未见于索福克勒斯的其他传世剧作。因此，与其把双重戏剧主角视为索福克勒斯在戏剧作法上的突破，不如理解为索福克勒斯所要表达的戏剧主题：这场戏剧冲突既是两个有血亲关系的人（舅舅与外甥女）的直面冲突，又是国法与不成文习惯法的直面冲突，同样重要的是，这场冲突是男人与女人的冲突。冲突双方都既赢了也输了：安提戈涅因克瑞翁的国法而死，克瑞翁则因安提戈涅的死而家破子（儿子和妻子）亡。对此，黑格尔作出的著名解释是：这是两种片面的伦理力量的冲突——"家庭亲情、对弟兄的义务"与"国家的公共法律"的冲突。这一解释使得我们只能把眼泪平分给安提戈涅和克瑞翁。然而，黑格尔的解释背后却隐藏着形而上学的辩证法原则：出现对立面的矛盾冲突是必然的，随后出现更高的综合也是必然的。

索福克勒斯写下《安提戈涅》为的是展现黑格尔的形而上学原则？

不得埋葬敌人的尸体，也不准亲属祭祀，只能让飞禽走兽来吃食，其实也是古老的政治伦理（参见荷马的《伊利亚特》开篇）。但在索福克勒斯笔下，这一古传伦理变成了人为的立法——在写于《安提戈涅》之前的《埃阿斯》的结尾部分，索福克勒斯已经涉及这一古传伦理：埃阿斯死后，墨涅拉厄斯下令任何人不得收殓尸体（行 1047 – 1048）。墨涅拉厄斯的一长段戏白清楚说明了为何要下这样的命令的理由（《埃阿斯》，行 1052 – 1090）：埃阿斯是敌人，死了就应该曝尸，任由飞鸟果腹，任何人都没有权利掩埋尸体（《埃阿斯》，行 1062 – 1065）。墨涅拉厄斯还强调，自己颁布的禁令就是法律，法律必须有威严，因为"在城邦之中，法律如果离开了敬畏，就不可能给这个城邦带来繁荣"（《埃阿斯》，行 1074 – 1075，沈默译文）。在这里我们看到，不得埋葬敌尸这一古传伦理已经被索福克勒斯用来体现城邦统治者的立法——雅典城邦从王政走向民主政制，是以一系列法制改革来实现的；可以说，人为的立法是民主政制的成因，也是民主政制的体现（参见亚里士多德，《雅典政制》6.1：梭伦"制定各项法律（νόμους ἔθηκε），勾销种种债务"）。因此，《安提戈涅》中的克瑞翁颁布同类法令，可以看做是民主政制的体现。

由此来看，索福克勒斯关注的问题很可能是：民主政制的人为立法的限度究竟何在。在《安提戈涅》中我们可以看到，墨涅拉厄斯式的法令遭到强硬挑战：来自亲情原则的挑战——《安提戈涅》的剧情显得是从《埃阿斯》的结尾衍生出来的，或者说，《安提戈涅》的故事被编织出来，为的就是考验人为立法的威严：安提戈涅这个名字的原文既可以理解为"反抗出生"，也可以理解为"针锋相对的出生"。然而，在索福克勒斯笔下，"家庭亲情、对弟兄的义务"与"国家的公共法律"是两种片面的伦理力量吗？倘若如此，我们就很难解释整部《安提戈涅》的结构：这部剧作的真正主角是克瑞翁。尽管克瑞翁不是这部肃剧中的"英雄"，但也绝非坏君王。他显得相当有理性，坚持自己的"国家理由"——可是，克瑞翁这个新王的法令一经颁布便遭遇抵抗，而且步步升级：从歌队（忒拜老人们）、卫兵（普通人）、到安提戈涅（外甥女）、再到自己的亲生儿子海蒙。可以说，《安提戈涅》的情节推动力就是抵抗法令：法令显得片面，抵抗却显得颇为全面。戏开场时（前台戏），天还没亮但快要亮，安提戈涅把妹妹伊斯墨涅找来商议掩埋兄长的事情（行 1-99）。两姐妹一见面，强烈的血缘感情就自然而然流露出来。但一涉及是否掩埋兄长，姐妹俩马上产生分歧甚至冲突。诗人索福克勒斯让我们看到：新王的政令撕裂了血缘感情——伊斯墨涅对违抗法令心有余悸，安提戈涅决定独自担当，履行妹妹的义务，用尘土掩埋兄长。安提戈涅的决定显得完全是自投法治罗网，明知故犯，决意要让克瑞翁这个新王过不去——戏就这样开场了。在剧情的发展过程中，安提戈涅的戏剧性格没有变化，始终坚定、执著。与此不同，随着剧情的发展，对克瑞翁的法令充满恐惧的伊斯墨涅看到姐姐的困境，胞妹之爱又使得她抑制不住重新与姐姐站一起。她最后质问克瑞翁："你竟然要杀自己儿子的未婚妻。"（行 568）

面对安提戈涅的挑战，克瑞翁的态度起初非常强硬，先知忒瑞西阿斯出场时，他还在抵抗，直到自己的儿子海蒙（安提戈涅的恋人）得知父亲要处死安提戈涅，决意以死反抗父命，克瑞翁才不得已放弃自己的原则——与伊斯墨涅相似，海蒙起初也惧怕父亲颁布的法令，但后来却认为自己的父亲根本就丧失了理性（行726），于是也立场鲜明地与安提戈涅站到一起。克瑞翁把安提戈涅关在囚洞中，并未真的想要处死她，但安提戈涅却毅然决然自我了断。海蒙闻讯随即自杀，其母（克瑞翁的妻子）闻讯也跟着自杀，王室一家最后仅剩下神经近乎崩溃的国王，有如一具行尸……克瑞翁起初为何态度强硬？因为他有自己的政治信念，然而，索福克勒斯却让这样的政治信念陷入自然亲情的网罗，最终作茧自缚。说到底，从剧作的情节和结构来看，《安提戈涅》并非如黑格尔所说的那样，让国家理由与亲情伦理显得都是片面的，而是在展现民主政治崇尚的人为立法的困境——索福克勒斯身处民主政制鼎盛期，他可能更关注种种人为的制度创新，而非片面伦理的*辩证冲突*。

现在我们来看位于第一戏段（行162-331）之后的第一肃立歌。

前台戏一开始就展示了新的立法如何导致姐妹俩亲情瓦解，随后，忒拜老人组成的合唱歌队唱着进场歌（行100-161）进场，进一步铺展姐妹俩亲情瓦解的戏剧情景：外敌的威胁一旦解除，国内政治争纷跟着就来了——政治问题不仅在于共同体之间的相互敌对，更多在于共同体内部的相互敌对。第一戏段一开场，便是新王克瑞翁发表的一通有如就职演说的长篇讲辞（行162-210，近五十行），在宣告自己当王的同时，克瑞翁宣告：不准安葬国家的敌人波吕涅刻斯。这位新王的政治抱负或理想似乎是：通过最低限度的律令来建立政治秩序，有如我们今天所说的建立一个法治的社会，或者实现技术化的统治。

诗人让笔下的忒拜老人组成的歌队马上表示异议（行

211-222），从而表明新的政令与习传伦理相抵触（与《埃阿斯》行1091以下相同）……这时，卫兵前来报告，发生了神奇的事情：波吕涅刻斯的尸体已被掩埋，看上去还举行过应有的仪式。克瑞翁大怒，把这件事定性为蓄意挑战国法的政治事件，要严肃查办。歌队也感到大惑不解，觉得国内没谁会有这么大的胆子，于是想"这事会不会是神力所为"（行236-278）。

克瑞翁新立的国法基于维护城邦利益，尽管显得是一种全新的政治价值，仍然具有自足的政治正当性。安提戈涅依据习传伦理掩埋波吕涅刻斯，则无异于质疑了民主政治的立法——克瑞翁不顾及传统习俗，在神法之外人为立法。不过，眼下的疑问是：掩埋波吕涅刻斯的事究竟是谁干的，谁有这么大的胆子，竟然不怕死——作为观众，我们知道是安提戈涅干的，因为她在前台戏中已经誓言要掩埋哥哥的尸身，但在剧中，究竟是谁干的却是个谜。这一疑问首先引出的进一步疑问是：竟然有人胆大妄为！正是在这一语境中，歌队唱起了被后人称为"人颂"的第一肃立歌（行332-375）——让人费解的是，第一肃立歌通过揭示 Dinanthropus sapiens［有心智的人］来提出谁如此"胆大妄为"这一主题。

肃立歌起头两句是修辞性的起兴：

［第一曲节］①

---

① 依据 Th. C. W. Oudemans / A. P. M. H. Lardinois, *Tragic Ambiguity: Anthropology, Philosophy and Sophocles' Antigone*（前揭）中的"第一肃立歌"释义（页120-131）和 Mark Griffith, *Sophocles: Antigone*（《安提戈涅笺注》, Cambridge Uni. Press 1999）并参考罗念生先生译本迻译。

[332] 神奇的东西何其多，
没有什么比人更神奇；

一般来讲，修辞性起兴仅仅为的是引发观众关注诗人接下来要说的内容，此乃古希腊抒情诗的习传手法（比较萨福，《残篇》16；品达，《奥林匹亚凯歌》1，1）。但这里两次用到的 δεινός［神奇的］这个形容词本身，已经引人关注，因为这个形容词具有多义性：令人惊骇的、令人敬畏的、让人惊诧的、令人可怕的……这里的含义很难确定。不仅中文难以确定，西方语文同样很难，即便我们读了索福克勒斯接下来让歌队咏唱的内容，仍然难以确定这个语词的意涵。可以确定的仅是，索福克勒斯在这里用这个形容词表达了对人的惊叹：人的意志潜能简直不可限量，神奇无比。因此，我们先权且选用"神奇的"译法。当守卫尸体的卫兵前来报告尸体被人掩埋时，已经率先用到这个形容词：卫兵说，自己遇到了一桩 τὰ δεινά［神奇的事情］（行243），这里同样可以理解为"让人骇然"或"令人感到可怕的事情"。随后歌队说，"这事会不会是神力所为"（μή τι καὶ θεήλατον，行278），使得我们可以先权且选用"神奇的"含义。

这指的是安提戈涅的胆大妄为让人感到神奇或者惊讶或者可怕吗？看似如此。不过，克瑞翁的立法行为同样算得上胆大妄为，在歌队或普通人看来，同样是一桩 τὰ δεινά［神奇的事情］——守卫尸体的卫兵在合唱歌队唱起肃立歌之前，第二次用到这个形容词，就是用在克瑞翁身上（行323）。在肃立歌之前，卫兵两次用到这个语词，分别用在安提戈涅和克瑞翁身上，如果不是诗人无意为之，就很可能表明，诗人让安提戈涅和克瑞翁分享了这个语词。这样一来，肃立歌起兴的δεινός这个形容词究竟指安提戈涅的"胆大妄为"还是指克瑞翁的"胆大妄为"，就让人难以琢磨了。

雅典观众听到歌队唱起"神奇的东西何其多"时，很可能还会想起埃斯库罗斯的《祭酒人》中第一肃立歌的起兴句："大地养育了许多神奇的东西……"［πολλὰ μὲν γᾶ τρέφει δεινά］（行585）埃斯库罗斯笔下的歌队咏唱的是：女人一旦爱起来会意志决绝、不顾一切（比较欧里庇得斯，《美狄亚》第二肃立歌的起兴，行627 - 634）——似乎女人一旦爱起来既可以说是"神奇"、也可以说是"可怕"。无论"神奇"还是"可怕"，总之说的是女人的"胆大妄为"。因此，如果要说索福克勒斯这里的用词首先是让观众想到安提戈涅，也顺理成章。毕竟，显而易见的是，随着民主政治的发展，女人在政治事务中的作用越来越重要，或者说，女人参政是民主政治成熟的标志——古希腊戏剧从肃剧到谐剧的发展，可以清楚地看到这一点。在《安提戈涅》中，诗人索福克勒斯让我们看到，挑战国王法令的竟然是一位年轻女子，的确让人感到既"神奇"又"可怕"（比较行376 - 383），尽管在我们今天看来，这既不"神奇"又不"可怕"。

埃斯库罗斯的《祭酒人》中的歌队咏唱的是大地上有"许多神奇的东西"，索福克勒斯的肃立歌唱的是"神奇的东西何其多，没有什么比人更神奇"——索福克勒斯明确用到"人"这个语词，而且第二次用的是形容词比较级δεινότερον［更神奇］（行333），从而可以说，歌队的意思已经不仅是安提戈涅和克瑞翁的"胆大妄为"让人既感到"神奇"又感到"可怕",而且上升到对"人"的哲学思考。

果然,接下来肃立歌分三段递进述说"人"这一族类如何"更神奇/更厉害",从头到尾没有提到安提戈涅或克瑞翁的名字。

首先咏唱的是人类征服自然环境的能力(行334起):人的δεινός [神奇/厉害] 首先体现于征服人类生活于其中的大自然——大海、土地和天空。虽然大海变幻莫测,人却能不畏风险,敢于航行;虽然大地"默然恒在"、"不知疲倦",通过长年累月耕作,人也能把大地折腾得疲惫不堪,累累伤痕。

> 这家伙非要
> [335] 顶着冬日的南风
> 跨越茫茫大海,在层层浪壑中
> 驾驭翻腾四涌的波涛;神们中
> 最为年长的大地呵,
> 默然恒在、坚韧不疲,这家伙偏要翻来覆去消磨,
> [340] 年复一年犁头来回,
> 用马类逶迤翻耕。

这一段读起来让人觉得诗人似乎在揭示人类自身中蕴藏着的无限能力,听起来还带有启蒙音韵——置身现代启蒙运动洪流中的荷尔德林在给弟弟的一封信中(1795年4月13日),曾经归纳过"费希特哲学的一个主要特点",如果与肃立歌的

这一段对照，不难看出两者在思想韵律上的一致：

> 人心中蕴涵着一种通往无限的追求，一种行为，它使任何限制、任何静止的状态都根本无法持久地在人身上成为可能，而是力图使人变得更为开阔、更自由、更没有依赖性。（《书信选》，页 115 – 116；《全集》，卷 4，页 188）①

"顶着冬日的南风"和"驾驭翻腾四涌的波涛"凸显出人的胆大（或勇敢）：竟然敢于跨过大海去到海的另一面；"翻来覆去消磨"的宾语为"大地"，围绕这个宾语有三个修饰语词："神们中最年长者"——"默然恒在的"——"坚韧不倦的"。在诗人笔下，大地显得非常不情愿听任人为了人的好处来折腾自己；仅仅为了温饱，人类完全没必要如此"翻来覆去消磨大地"——按赫西俄德《劳作与时日》中的说法：人类当初根本无需太多劳作，劳作一整天就可以轻松得到一整年的食粮（行 42 – 46）。

这一曲节实际上还高度概括了人类的技术文明成就：征服

---

① 荷尔德林著作的标准本为 Friedrich Hölderlin, *Sämtliche Werke und Briefe*, 四卷本，Berlin 1970；笔者所用为 1995 第二版，简称《全集》（以下仅注明卷数和页码）。晚近有包含历史文献的十二卷本全集：Friedrich Hölderlin, *Sämtliche Werke, Briefe und Dokumente in zeitlicher Folge*, Leseecke 编，D. E. Sattler 笺注，Darmstadt 2004。荷尔德林作品的汉译有，戴晖译，《荷尔德林文集》，商务印书馆，1999（简称《文集》）；张红艳译，《烟雨故园路：荷尔德林书信选》，经济日报出版社，2001（简称《书信选》）；另有篇幅不大的顾正祥译注，《荷尔德林诗选》（北京大学出版社，1994）。

大海和陆地（如今征服太空）必须得人发明的器具。难以断言的是，歌队要强调的是人发明了船和犁一类器具，还是要强调人挑战自然时的大胆和坚定。一开始就提到航海，为整首肃立歌定下了含糊的基调：一方面像在肯定人敢于冒险和有技术性操控能力，另一方面，又像是在指责人鲁莽、没有约束，人的贪欲超出了人的自然需求（比较贺拉斯，*Odes*，1.3.9以下）。

[第一对衬曲节]
[342] 诱捕快活无忧的
鸟儿类，驱赶
野栖的猛兽裔，
[345] 捞捉大海里的水下游儿族，
用的是精心密织的网罗，
人呵心思真周密；甚至
想出法子制伏栖息
[350] 山野的林中兽，给鬃毛蓬松的
马套上驯服之轭，
还有不肯就范的犟牛。

承接前一曲节，歌队的咏唱转向人征服自然界中的动物；虽然鸟儿在天上飞、鱼儿在水底游，人却能通过发明鸟笼、渔网、羁绳之类器具捕获它们；即便凶悍的动物，也敌不过人的聪明才智之"轭"。这里实际上提到两类动物：供人吃食的动物和被驯化后供人指使的动物。不仅如此，在第一曲节，

"人"类的征服范围在大海和大地的平面,这里说到天上的飞鸟和海底的游鱼,表明人的征服范围伸展到天上和海里(说到鱼儿时用的是"大海里的水下"造物,"大海里"和"水下"是叠词修辞手法,与开头的"海面"形成对比)。让人费解的是歌队在这里说用(驯服的)马耕地,因为人类耕地一般用骡子或牛,很少用马儿,何况下文(350行)才说到驯服马。要么,这里说的并非用马儿耕地,而是泛指驯服马类,要么,歌队说"用马类"耕地意带讽味:人贬低了马这一高贵的畜类。

歌队说,"人"类征服供人吃食的动物时所用的工具是"精心密织的网罗"——"网罗"实际上针对三类动物(不仅捕鸟用网罗,猎兽也用网罗,打鱼更少不了"网"),似乎对各类动物一网打尽。说到征服被驯化后供人指使的动物时,诗人用的是所谓"法子"($\mu\eta\chi\alpha\nu\alpha\tilde{\iota}\varsigma = \dot{\eta}\ \mu\alpha\chi\alpha\nu\dot{\eta}$),这个语词(= 拉丁语 machina)就是如今所谓"机器"的词源,其字面含义是"用篱笆、围栏",似乎削弱了人的支配和控制能力,但"法子"在这里也可以指驯养马和牛的驯具(轭、缰绳、嚼子之类),包含驯化术的意思,实际上表明了人的支配能力。

不过,"制伏"支配的宾语究竟指哪类动物并不清楚。"栖息山野的林中兽"指不同于马和牛的单独一类动物吗?形容词"栖息山野的"与"山林中的"显得矛盾,因为后者可用于几乎所有可驯养的家禽动物,比如牛、猪和马,以及羊和山羊之类(比较荷马,《奥德赛》卷九,155;《俄狄浦斯王》1100;柏拉图,《法义》677b)。不过,行 350 以后似乎区分了这两个动词所支配的宾语为不同类的动物："制伏"狂野的动物（走兽），驯化温顺的马牛羊。歌队似乎要说的是，人征服动物的目的在于：减少动物的野性，驯化动物为人服务。"制伏"和"套上驯服之轭"两个动词表明，人征服动物不外乎采取两种方式：要么捕杀、要么驯服——对不容易驯服的动物就捕杀，对可以驯服的动物就驯服，尽管对后一类动物，人要成为统治者也还是需要大动脑筋（从"精心密织的网罗"到发明驯具的"法子"）。

人对人的统治岂不同样如此？对不驯服的就捕杀（克瑞翁要捕杀安提戈涅，威胁要处死卫兵），对可以驯服的就用"网"（法律）来驯服——"精心密织的网罗"这个复合形容词的前半部分 δίκτυον [猎网] 就是后来的拉丁语 dictator [专政官] 的词源。这并非随意联想，因为，"人呵心思真周密；甚至想出法子制伏（περιφραδὴς ἀνήρ· κρατεῖ δὲ μηχαναῖς）……"这个句子显得颇为惹眼：动词"制伏"的希腊文原文的字面含义是通常所谓"统治、强制"，一看就带有强烈的"支配、操纵"的政治义涵，与前面说到人与大自然的关系时用的动词完全不同，甚至与用于人无法驯服的动物的动词（行 343：ἄγει）也不同，倒是与剧中克瑞翁的用法相同（行 61 – 64，173，485，679 – 680）。给马"套上驯服之轭"（ὀχμάζεται ἀμφιλόφῳ ζυγῷ）的动词 ὀχμάζεται 本义为"抓紧、捆紧"，引申为"驯服"，也就是用器具把某物牢牢套住，尤其指套住马。但校勘家大多倾向认为，这里的动词本来是 ὑπαγάγετ' (= ὑπ-άγω [带到下面、征服；慢慢引导]，被动态含义通常为 [被欺骗])。倘若如此，"套上轭"便无异于解释了"制伏"带有的政治寓意,或者说表明了政治支配的整全方式:既要严法管制(套住)、又要循循善诱(蒙骗)。无论如何,两个动词的含义最终要表达的都是"驯服"——"驯服"民人从古至今都是政治的基本难题。

肃立歌接下来就说到人的政治生活。从开始的征服大海到这里的征服野性动物进而到驯服温性动物,人的征服对象在上升,征服能力和技巧在提高,最后是人对人的统治。

[第二曲节]
人教会自己语言和风一般快的
心思,以及有规有矩的
[355] 群性,无法耐受的
天寒地冻以及
雷暴的鞭打都能躲避,
[360] 真样样有办法;人绝不会没有出路,
即便面对的是未来,唯有哈得斯
无法逃避;
甚至无可奈何的病痛
也想得出办法对付。

所谓人"学会语言",与如今探究的所谓"语言起源"问题毫不相干。按照古希腊的习传说法,人的语言来自于θέσει [神的安排],而非靠人的φύσει [本性],索福克勒斯当然熟悉这一习传的说法。在这里,歌队用"自己学会"这一说法,似乎要强调的是,人为了自己的好处、通过自己的努力而发明了语言。这种说法固然会让人想起埃斯库罗斯《被缚的普罗米修斯》中普罗米修斯的说法,"我怎样使他们变聪明,使他们有理智"(行444,罗念生译文);但更值得联想到的还是民主时代的著名智术师普罗塔戈拉提出的"文明起源论"。① 语言与思想连在一起,有了语言就会产生出思想。"风一般快的心思"的比喻来自荷马(比较《伊利亚特》卷十五80 - 83:"有如一个人的思想捷驰","用敏捷的智慧偏偏想象";《奥德赛》卷七36:"他们的船只迅疾得有如羽翼或思绪"),但荷马的意思不是说有思想如何崇高、如何了不起,而是说"心思"一类的东西行走快捷、迅疾,从而像"风一般"。但在智术师那里,含义就不是这样了——雪莱在《被解放的普罗米修斯》中说:普罗米修斯给人带来语言,语言又产生出思想,从而,思想成为万物的尺度。

人"自己学会"的第三种(最后一种)非自然性的东西是"群性"——原文 ὀργάς (= ἡ ὀργή) 的意思是"冲动、脾气、情绪;激情、愤怒",相当于古汉语中的"情性",因为 ὀργή 本为人"自身上长出来的东西",通常指天生的禀赋(参见《埃阿斯》行639),但也可以指人通过学习获得的品质(参见《西蒙尼德辑语》7,11)。但在这里,"情性"带有形容词"有规有矩的"(ἀστυνόμους)界定,这个形容词是个复合词,由"城市、乡亲"(与异方人相对)[ἀστυ-] + "宗法"[νόμος]复合而成。因此,ὀργάς 当译作"群性",所谓"有规

---

① 详见刘小枫,《普罗米修斯之罪》,见刘小枫,《好智之罪:普罗米修斯神话考》,华夏出版社,即出。

有矩的群性",意为人类组成共同体生活的类似于本能的情性,也就是人的政治本能。亚里士多德在《政治学》中就说到,ἀστυνομία是人区别于其他动物的标志,这一标志与人类发明出语言相关:语言被发明出来为的是解释:什么是有益的、什么是有害的,什么是公义的、什么是不义的。只有人才有善恶感和正义与不正义感,有了这种感觉,人们才组织起家庭和城邦(卷一,1253a10 – 19)。

值得注意的倒是,按肃立歌的说法,这种本能形成于人支配自然之后,与当时的自由民主智识分子智术师的说法相同,而与柏拉图笔下的苏格拉底的说法相反:人的政治本能在人支配自然的能力形成之前就有了。按肃立歌的说法:人自己学会语言、理智和生活规矩,似乎为的是"逃避"自然状态,进而逃出自然状态——这意味着政治的起源来自人逃避自然状态的冲动。

第一曲节描绘的是人与自然的关系,第二曲节转向了人的政治方面,从学会语言、理性、立家、建立城邦到学会医术,人为自己设计出避难所(政治源于逃避),逃避所有对自己有害的东西,面对未来,人"方方面面有出路"。唯一无法对付的只是死亡——人与无所不能的神已经差不多,唯一的差别是:人会死、神不会死(比较现代政治原则基于逃避死亡)。在短短五行里,"逃避"一词出现了三次,"逃避"自然与人类政治文明的关系在这里得到揭示。

到这里我们才看到,人类的δεινός[厉害]何在,或者说"人"类凭靠什么而显得"更为神奇"——凭靠人自己学会的"语言和风一般快的心思",用哲学语言来概括,就是人的心智，因此这首肃立歌被后人称为"人智颂"。事实上，歌队这里所咏唱的的确可与现代西方哲学相互发明——语言与思想在现代西方哲学中被黏得很紧，其无需证明的前提便是：人的语言能力不是神赐予的，而是人"自己学成"的。① 不仅如此，人类的群体生活法则（法律）也是人自己给自己订立的，而非来自神的规定——"自己学成"的含义有如康德所高扬的人的理性"自律"（自主）或人"自己给自己立法"。幸好还有死亡能结束人无休无止的折腾，但倘若人"风一般快的心思"找到了不死的方法（比如今天的基因工程），人的"神奇/厉害"还会更为"神奇/厉害"。

[第二对衬曲节]
[365] 实在聪明哦，总有制器的
法子对付出乎意料的事情；
于是，人时而卑劣，时而高尚。
谁织成地上的法律
和发誓要履行的神们的义，
[370] 谁就会使城邦繁荣昌盛；但也会毁弃城邦，倘若谁
得意地胆大妄为。
我才不愿与这号人

---

① 现代的语言学诞生于18世纪的启蒙运动，参见 Ulrich Ricken, *Sprachetheorie als Aufklärung und Gegenaufklärung*, 见 Jochen Schmidt 编, *Aufklärung und Gegenaufklärung in der europäischen Literatur, Philosophie und Politik von der Antike bis zur Gegenwart*, Darmstadt 1989, 页316–339。

有交情，不愿与干这类
[375] 事情的人为伍。

肃立歌在最后这一曲节出现了转折：前面三个曲节明显是对人之成人的描述，说的是人的一般性，这里却突然转向人的实际生存，或者说突然转向剧情的具体语境，最后歌队甚至还表明了具体的政治态度。不仅如此，整个这一曲节的文意也显得非常含混。首先，前三行仍然承接第二曲节的文意，因此，"于是，人时而卑劣，时而高尚"一句显得颇为突兀，文意似有断裂。"谁就会使城邦繁荣昌盛；但也会毁弃城邦"与第二曲节最后的"真样样有办法；人绝不会没有出路"的句式呼应，两句之间都是分号，如此连接带有转折意味——"真样样有办法；人绝不会没有出路"的连接似乎意味着：人固然样样都行，但总有难以应付的时候。同样，"谁就会使城邦繁荣昌盛；但也会毁弃城邦"连接起语义完全相反的两句，似乎在具体说明"人时而卑劣，时而高尚"。前面说到"人"有时好、有时坏，在这里进一步说到"无论谁"（行370）和这类"（行374），肃立歌从一般的立场转到了更为具体的立场。然而，这一具体的立场显得含混：要是有人做了"大胆妄为"的事情，就会危害整个城邦，因此歌队要与这种人划清界限。"我才不愿与这号人有交情"表明了歌队的政治立场，但"这号人"指谁，并不清楚：可能指克瑞翁，但也可能不是，或不仅仅指他，因为，368-371这四行中出现的四个关键语词（"地上的法律"、"发誓要履行的神们的义"、"城邦"和"胆大妄为"）把克瑞翁和安提戈涅这对冲突的双方都涵括在内。"织成"（παρείρων）的本义是把丝线织进织体（比较色诺芬《会饮》6，2），支配的宾语为"地上的法律"（νόμους χϑονός），意思是把法律编织进人们的生活中，从而显得是在肯定克瑞翁的立法，否定安提戈涅的违法。但"地上的法律"和"发誓要履行的神们的义"连用，又表明歌队认为地上的"法律"与"发誓要履行的神们的义"（εῶν τ' ἔνορκον δίκαν）应该一致，从而似乎又在否定克瑞翁的行为，肯定安提戈涅。

"谁就会使城邦繁荣昌盛；但也会毁弃城邦"，原文仅两个语词：ὑψίπολις· ἄπολις，均为省略系词的表语句。这两个语词都是复合词，词干都是πολις［城邦］，不同的前缀使得两个语词构成反义词：ὑψίπολις的意思是"在城邦中有光辉形象"（类似的构词法参见品达《皮托凯歌》8，2：μεγιστόπολις；8，22：δικαιόπολις；《俄狄浦斯王》510：ἁδύπολις），隐含的前提是：让城邦繁荣昌盛。换言之，谁让城邦繁荣昌盛，谁就是ὑψίπολις。与此相反，ἄπολις意为使得城邦不复像城邦。但何种行为会使得城邦不复像城邦或会让城邦繁荣昌盛，在这里并不清楚。如果按克瑞翁在开场的演说中的说法，ἄπολις就是破坏城邦法律的人（行185）；克瑞翁的确认为，自己通过建立法律秩序（νόμοισι），就会使城邦繁荣昌盛（行191）。但如果按"发誓要履行的神们的义"来衡量，ἄπολις就不会是指安提戈涅，而是指克瑞翁。

无论如何，有人做了"大胆妄为"的事情，既可以指安提戈涅，也可以指克瑞翁。

荷尔德林与索福克勒斯

荷尔德林在研究古希腊文学时，对《安提戈涅》第一肃立歌印象特别深刻，不然，他不会两次翻译这首肃立歌。1799年（一说1801年），荷尔德林将肃立歌的第一句译作：Vieles Gewaltige gibts, doch nichts ist gewaltiger als der Mensch [强大的东西多又多，可没有什么比得过人强大]（见《全集》，卷三，页252）。1804年，荷尔德林的《安提戈涅》译本问世时，这句的译法为：*Ungeheuer* ist viel, doch nichts ungeheuerer, als der Mensch [骇然的东西多又多，可没有什么比人更骇然]（见《全集》，卷3，页410）。①

将 τὰ δεινὰ 的译法从"强大"改为"骇然"，仅仅是为了"语言生动"？会不会是对人类本性认识的修改？法国大革命也好、康德的启蒙哲学也好，都可以说体现了人的重新立法行为——或者说人类心智力的极致，说"大革命"或启蒙哲学体现了人性的"了不起"（马克思）或者"骇然可怕"（迈斯特 [de Maistre]、柯特斯 [Donoso Cotes]）都可以，端看你如何看待人性。

---

① 如今的《安提戈涅》德文研究版的译法与荷尔德林修改过的译法几乎没有差别：Vieles ist ungeheuer, nichts ungeheuerer als der Mensch。参见 Sophokles, *Antigone*, Wilhelm Willige 德译（希—德对照），Studienausgaben, Düsseldorf 1999, 页29；亦参 Sophokles, *Antigone*, Norbert Zink 德译（希—德对照），Stuttgart 1981, 页31。

在这里提到荷尔德林的索福克勒斯翻译,并非信笔而至。海德格尔在《形而上学导论》中解释《安提戈涅》第一肃立歌时虽然没有提到荷尔德林,但在先前解释《俄狄浦斯王》时,已经提到荷尔德林的索福克勒斯译注(参见中译本,页108)。此外,将肃立歌的文意与康德—费希特的形而上学对比,也并非随意比附,而是在带出一个解释学的具体语境:康德—费希特的启蒙哲学是海德格尔的肃立歌解释的前辈荷尔德林的解释语境。海德格尔对《安提戈涅》第一肃立歌的解释看起来在重复尼采《肃剧从音乐精神中诞生》说过的东西,其实不然。尼采虽然攻击苏格拉底—柏拉图,为肃剧精神张目,却既没有翻译,也没有注疏索福克勒斯。相反,有充分的文献证明,海德格尔的十六页《安提戈涅》第一肃立歌解释表明他在追随荷尔德林。

$τὰ\ δεινὰ$是整首肃立歌的关键语词,如何理解这个语词,决定了对整首肃立歌的理解。麻烦的是,$δεινός$[厉害]($τὰ\ δεινὰ$是这个形容词的名词化)这个语词本身就含混,既可是贬义、也可是褒义,而且含义还颇多:"骇然的/令人惊骇的"、"能干的/有能耐的"、"令人生畏的/可怕的/吓人的"、"神奇的"、"奇异的"、"机灵的"、"超出常规的"等等(比较$τὸ\ δέος$,"令人惊骇的"事情既可以是好事情,也可以是坏事情;$δεινός$的词根为$δεϝ$-[害怕],索福克勒斯在这里的用法因此多半是指:因事情做过了头而害怕受到神的惩罚)。① 人

---

① 参见 Mark Griffith, *Sophocles: Antigone*(《安提戈涅笺注》),前揭,页185;Marion Giebel, *Sophokles Antigone: Erläuterungen und Dokumente*(《安提戈涅:注疏与句解》),Stuttgart 1992,页10。Dain/Mazon 的英译本将 $τὰ\ δεινὰ$ 译作 wonders;Robert Fagles 译作 terrible wonders。

被肃立歌描画为 δεινότερον（δεινός 的比较级），由于这个词的语义本身含混，使得整首肃立歌的含义也变得含混起来：人 δεινότερον［更为厉害］到能上天入地，成为自然的主人，凭靠聪明才智可以事事得心应手，掌握未来，从善作恶由己，甚至跨越自己的界限挑战神法——从字面的确不容易确定这位肃剧诗人究竟在夸还是贬"人"。事实上，与好些动物相比，人在气力和体形方面都算不上"厉害"；面对种种自然力量，人本来明显软弱无力，但肃立歌似乎有意借人的生理弱势来衬托人的 δεινός：人的"可畏"就在于他能无所畏，总想使不可能成为可能，费尽心机要去做超出自身的自然的事情——法国大革命就是如此壮举，康德的主体性哲学同样如此。

如果从启蒙观点看，人类的如此 δεινός［厉害］当译作"强大"，以赞美人类的了不起；如果从反启蒙的立场看，人类的如此 δεινός 就当译作"骇然"（或"可怕"）——并非指人"强壮"得令人毛骨悚然，而是指"阴森"、"可畏"。在索福克勒斯含混的"人颂"面前，我们遇到一个解释学上的困难：应该从启蒙（或者反启蒙）的视域来理解索福克勒斯，抑或从索福克勒斯的视域来理解启蒙。

荷尔德林在世时，仅发表过诗体小说《许佩里翁》、索福克勒斯两部肃剧的德译—注疏和少量诗作，三十多岁患病后一直疾病缠身，不再动笔，死后也没有什么名气——二十世纪初，当时的学界泰斗狄尔泰（Wilhelm Dilthey）的著作《体验与诗》（1905）才使得人们的目光投向这颗高古的心灵。[①] 自

---

① 狄尔泰，《体验与诗》，胡其鼎译，北京：三联书店，2003，页 287–378。

此以后，研究荷尔德林成了学界显学，其"索福克勒斯注疏"也一并受到重视，被看做荷尔德林"最重要的理论著作"（Norbert von Hellingrath 语）。从接连不断问世的研究性专著来看，甚至古典语文学界也开始承认，荷尔德林翻译的古希腊文学作品（索福克勒斯和品达）理应具有历史地位——到了二十年代，先后有两个荷尔德林全集版陆续问世。① 很难设想，像海德格尔这样的思想家、学者，会不清楚学界当时的荷尔德林研究进展。②

在解读肃立歌之前，海德格尔将荷尔德林与黑格尔作了一番比较。据海德格尔说，其实，黑格尔和荷尔德林这两位好友

---

① Norbert v. Hellingrath 编、Friedrich Seebaβ/ Ludwig v. Pigenot 续编的六卷本历史考订版《全集》（Berlin 1922 – 1923）和 Franz Zinkernagel 编的五卷本《全集》（Leipzig 1914 – 1926）。

② 请注意下列专著的出版时间：Norbert v. Hellingrath, *Pindarübertragungen von Hölderlin*（《荷尔德林的品达翻译》），Jena 1911；Günther Zuntz, *Über Hölderlins Pindar – Übersetzung*（《论荷尔德林的品达翻译》），Marburg 1928；Friedrich Beiβner, *Hölderlins Übersetzungen aus dem Griechischen*（《荷尔德林的希腊语作品翻译》），Stuttgart 1933。

古典语文学界对荷尔德林与索福克勒斯的关系的经典论述，当推莱茵哈特的 *Hölderlin und Sophokles* 一文，见 Karl Reinhardt, *Tradition und Geist：Gesammelte Essays zur Dichtung*（《传统与精神：古诗论集》），Carl Becker 编，Göttingen 1960，中译见刘小枫/陈少明主编，《经典与解释19：索福克勒斯与雅典启蒙》，华夏出版社，2007。

1934 – 1935 冬季学期（开"形而上学导论"课之前的学期），海德格尔讲授过荷尔德林的诗（见《全集》卷39）——在以后的十多年里，海德格尔悉读荷尔德林，仅二战初期就两次授课解释荷尔德林的颂诗：1941 – 1942 冬季学期（《全集》卷52）、1942 年夏季学期（《全集》卷53）；著名文集《荷尔德林诗的解释》（中译见孙周兴译，商务印书馆，2000）初版于1944 年，海德格尔生前多次再版，两次扩充内容，定本含六篇讲演和文章，时间顺序为：1936 – 1939 – 1943 （两篇） – 1959 – 1968 （参见中译本，页 251 – 252），由此可见海德格尔与荷尔德林神交至少长达三十多年。

都已站在赫拉克利特的思路上，只不过 in ihrer Weise［以各自的方式］寻思的方向相反：黑格尔往前看，要为整个西方形而上学传统总其成（所谓最终完成形而上学），荷尔德林往回看——也就是说，要依据赫拉克利特思想为西方形而上学另寻起点（中译本页127，原文页96）。

康德哲学是形而上学的新开端，抛开康德到赫拉克利特那里重寻形而上学的开端，无异于否定启蒙哲学的新开端。可是，批判康德哲学早在康德哲学诞生之初就有了，[①] 到叔本华的时候，德语思想界对康德的批判可以说已经达到"桶底脱落"，以至于尼采觉得，除了还可以挖苦康德几句，批判康德已没什么可说的，剩下的问题是如何展开"未来哲学"。

既然如此，海德格尔为何还要重提批判康德的事情？

《存在与时间》也许是海德格尔在尼采精神引领下奔向"未来哲学"的尝试——几年后，海德格尔用《形而上学导论》表明，尼采所标志的对康德形而上学的了结深值怀疑——何况，尼采死后，新康德主义仍然如日中天。看来，重审荷尔德林、黑格尔、谢林以"各自的方式"反驳康德—费希特的哲学构想是必须重补的一课。因此，问题仍然是：如何了结康德哲学，如何为走出启蒙哲学的形而上学另寻起点。

在比较过荷尔德林和黑格尔与赫拉克利特的思想关系后，海德格尔马上说到尼采与赫拉克利特的关系，说明他早已经懂得尼采提示的重返希腊之路。可是，如今海德格尔觉得：尼采

---

① 参见利茨马（Jan Philipp Reemtsma），《自我之书》，莫光华译，华东师范大学出版社，2007。

虽然非常信赖赫拉克利特，但对赫拉克利特的理解颇成问题，成了"流行而不真实的说法的牺牲品"——这个说法就是：帕默尼德与赫拉克利特是对立的。结果，虽然尼采致力重新理解希腊思想的伟大开端，在形而上学问题的关键之处仍然走错了道。接下来海德格尔就明白断言：就重新理解希腊的方式而言，荷尔德林超过了尼采。

海德格尔这段话的意思不大可能是在说，后人（尼采）没有赶过前人（荷尔德林）。毋宁说，海德格尔在思考形而上学批判时，一开始追随尼采的思路；三十年代初，通过潜心研读荷尔德林，海德格尔感到，尼采不如荷尔德林想得彻底——至少，尼采与黑格尔一样，往前看，要替康德所开创的现代形而上学寻个终处（克服形而上学的"超人"），相反，荷尔德林毅然决然往回看，要为西方形而上学寻个新起点——《形而上学导论》全书以荷尔德林的诗作结，并非一种修辞，而是竖立新的路标。①

---

① 海德格尔从追随尼采转向追随荷尔德林经历了一个过程：在1934年开设的荷尔德林课中，海德格尔还把荷尔德林的"诗人"等同于尼采的"超人"，把荷尔德林对"历史的生存本质"的理解，等同于尼采有关狄俄尼索斯和阿波罗类型的说法（参见《海德格尔全集》卷39，页166，191，294）。《形而上学导论》中的这段话也许表明，海德格尔对自己与两位思想前辈的关系的看法有了根本改变。到了1941-1942年，海德格尔在讲授荷尔德林时自己就攻击起类似于他在1934年的荷尔德林—尼采比较：尼采的"权力意志的形而上学"压根儿不是植根于古希腊的思想，而是植根于他所批判的现代形而上学本身，荷尔德林才是真的"克服所有形而上学的先行者"（Die Unterscheidung Nietzsches und ihre Rolle in seiner Metaphysik des Willens zur Macht ist nicht griechisch, sondern wurzelt in der neuzeitlichen Metaphysik. Hölderlins Unterscheidung dagegen müssen wir verstehen lernen als den Vorboten der überwindung aller Metaphysik.）（《海德格尔全集》卷52，页143，亦参页78）。这里引人注目的是"克服所有形而上学"而非"一种形而上学"的说法——克服了"所有形而上学"的西方哲学会是一种什么哲学呢？

为什么借助荷尔德林而非尼采才能拾回赫拉克利特的真髓？搞清楚这一点，对于把握海德格尔解释索福克勒斯的肃立歌时的视域非常关键。

海德格尔的论述线索是这样的。

为了克服康德形而上学、同时也为了最终完成形而上学，黑格尔将赫拉克利特的逻各斯学说与基督教教义结合起来。在海德格尔看来，这种结合是对赫拉克利特的粗暴歪曲，而且早在基督教教义产生之初就有过了。为了革除逻各斯与基督福音的结合，必须重新理解赫拉克利特。重新理解赫拉克勒斯的关键在于，搞清楚为什么帕默尼德与赫拉克利特是一致而非对立的。

接下来，海德格尔再次试图解释帕默尼德的*教诲诗*，尤其其中关于人是什么和亲在的理解。这时，海德格尔便花费了十六页来解释《安提戈涅》第一肃立歌——经过这一长段解释，海德格尔才再回到帕默尼德和赫拉克利特，并作了如下总结：

> 逻各斯是起公开作用的采集，作为这个采集的在就是有自然的意义的合式，而逻各斯作为起公开作用的采集就成为历史的人的本质之必需品。为要懂得这样理解的逻各斯是怎样来规定语言的本质以及逻各斯是怎样变成言谈而取的名称，只需从此处跨前一步就行了。人的在按其起揭开历史作用的历史本质说来就是逻各斯，就是在者的在之采集与讯问，就是那个苍劲者的事件，在此事件中制胜者就通过强力行事而出来现象并被置于常驻。但从索福克勒斯的合唱诗《安提戈涅》中我们听说了：与显现于在中

同时出现了置身于言词中,语言中。(中译本,页171)

初看起来,海德格尔解释《安提戈涅》仅仅是为了透彻理解帕默尼德和赫拉克利特的一致。可是,海德格尔接下来再次提到前一节(四章2节)中解释过的索福克勒斯的肃剧《俄狄浦斯王》片段,然后接上本章(第四章)开头对柏拉图和亚里士多德的形而上学的批判。这样的论述线索表明:《安提戈涅》第一肃立歌不仅对理解前苏格拉底哲人至为关键,而且对于批判从柏拉图到康德的西方形而上学传统至为关键。

既然荷尔德林的"方式"如此重要,我们便得先了解荷尔德林翻译—注疏索福克勒斯的解释视域,才能深入理解海德格尔解释肃立歌的具体意图。

法国大革命的讯息传到德国时,正在图宾根大学神学院念书的荷尔德林兴奋不已。德国虽然没有发生大革命,在荷尔德林眼里,康德哲学的意义并不亚于法国大革命——在革命后的岁月里,费希特的形而上学成了康德形而上学的通俗版本——所谓"自由的理想主义"(或译"自由的唯心主义")。对荷尔德林这样的青年才俊来说,费希特有如我们今天所谓的学界"精神领袖"——毕竟,法国大革命爆发时,荷尔德林年仅十九岁。二十四岁那年,为了接近费希特哲学,荷尔德林干脆到耶拿租房住下来,"每天去听费希特的讲座,有时同他交谈"(狄尔泰,《体验与诗》,前揭,页307)。

后来,这位青年才俊与自己的大学同学黑格尔、谢林一样,对费希特的革命哲学产生了疑虑——不过,荷尔德林并没有怀疑康德哲学，仅仅怀疑费希特的形而上学把康德哲学搞歪了。从人的主体性出发，康德将思想定义为（逻辑思辨的）判断——所有判断都基于"我思"，从而预设了一个在思的先验主体。费希特对康德的这一先验哲学提出反驳，要用主体的行动（＝"绝对自我"）来代替纯粹的我思，以此推进康德形而上学的革命性。

1795年1月26日，荷尔德林写信给自己可以推心置腹的朋友黑格尔说，费希特的"绝对自我"其实等于斯宾诺莎的"实体"，①"它是一切，除此以外别无它物"：

> 对于这个绝对的我而言，不存在客体，否则的话，在它身上就不会存在一切的现实。但没有客体的意识是不可想象的。如果我自己是这一客体的话，那么，作为这样的东西必定是有限的。如果客体只存在于时间中，那就不是绝对的。如果在绝对的我中没有意识是可以想象的，那么，我作为绝对的我就没有意识，倘若（对我而言）我什么都不是，（对其自身来说）那个绝对的我就什么都不是。（《书信集》，页111–112）

从这段文字可以看出：1. 荷尔德林对康德—费希特形而上学狠下过一番功夫，能够在这种形而上学精神世界中"思辨"一番；2. 荷尔德林没有提到康德，换言之，没有将康德

---

① 通过雅可比，荷尔德林早就熟悉过斯宾诺莎的哲学，参见《评雅可比关于斯宾诺莎学说的信》，见《文集》，前揭，页184–186。

与费希特看成一回事。在随后不久给弟弟的信（1795年4月13日）中，荷尔德林向弟弟扼要讲述了费希特哲学的要义，然后说：

> 我一直在钻研这个问题，直到今年初冬，这事令我有点头痛，更何况因为我通过康德哲学习惯了在接受之前先予以检验。（《书信选》，前揭，页116）

荷尔德林甚至要用康德的哲学原则来检验费希特的哲学，可见，即便费希特的主体性哲学有问题，在荷尔德林眼里并不等于康德哲学有问题。差不多一年以后，荷尔德林还在给友人的信（1796年2月24日）中写道：

> 我打算研究康德和莱茵哈特（[译按]此人为康德哲学的鼓吹者），并希望在这项工作中把我的因徒劳努力而变得涣散和削弱的精神重新集中并强健起来。（《书信选》，前揭，页134）

法国大革命十周年（1799）的那个元旦日，荷尔德林给弟弟写了封长信（以下简称"元旦书简"）[①]——如果考虑到荷尔德林的写作生涯在1804年就终止了，这封信就不仅对理解荷尔德林思想的发展，也对把握其思想的最后位置十分

[①] 参见《书信选》，前揭，页164–167；《文集》，页409–413；《全集》，卷4，页336–341；译文依据《书信选》，据德文稍有改动。

重要。

信的话题是荷尔德林一直关怀的"启蒙"（="民族教育"）。围绕这个话题，荷尔德林谈了自己对思辨哲学、政治读物和诗的看法。

荷尔德林觉得，与其他民族相比，德国人的民族性格尤其需要改善——因为，德国人过于依恋乡土，鼠目寸光，缺乏活力和冲动。对于德国人的如此德性，荷尔德林认为，"新哲学"（die neue Philosophie）"更为有疗效"（heilsameren），因为，"新哲学极度主张旨趣的普遍性（Allgemeinheit des Interesses），揭示人胸中的无尽追求"；当然，新哲学并不完美，因为它"片面坚持人的天性极大的自我能动性"（die große Selbsttätigkeit der Menschennatur），但"作为这个时代的哲学，却是唯一可能的哲学"。从上下文看，这里所谓的"新哲学"，当指康德哲学所催生的包括费希特哲学在内的形而上学——在费希特等人推动下，这种形而上学在德国正逐渐成为普通知识人的意识："主体"、"客体"、"绝对自我"、"普遍性"一类语汇，开始成为民族语言的特征。荷尔德林相信，由于德意志人"更美好和生动的天性"一直在"那些变得垂死的、冷漠且没有意义的习俗和观念……埋没下正像一个被囚禁在幽深监牢之中的人在无声哀叹"，"新哲学"是必须的。

法国大革命已经十年了，荷尔德林仍然是个热诚的启蒙主义者。他在这封似乎是因法国大革命十周年有感而写的长信中接下来说：

> 康德是我们民族的摩西，他引导民众走出埃及的颓

弱，进入他的自由而孤寂的思辨荒漠（in die freie, einsame Wüste seiner Spekulation），并为他们带来圣山上充满活力的律法（das energische Gesetz vom heiligen Berge）。

这话引人注目，因为，它表明荷尔德林清楚康德这个哲人作为形而上学家与人民的关系——"他"与"他们"，而且比喻的关键词是革命性的"摩西"；从而，荷尔德林也清楚，启蒙的形而上学可能会把德意志人民引向康德这个形而上学家自己所喜好的"自由而孤寂的思辨荒漠"——尼采会问，把民众引到"思辨荒漠"去干什么？让整个民族成为形而上学家？但荷尔德林没有这么问，他觉得，对于改造国民性来说，这种引导未尝不是好事。既然启蒙被比喻为"出埃及"，启蒙形而上学被比喻为摩西在"圣山上"颁布的"充满活力的律法"，启蒙形而上学所具有的政治性质当然荷尔德林了然于心，正因为如此，他才在信中将"新哲学"与启蒙时代的"政治读物"（politische Lektüre）同等看待，并断言两者都"足以培育我们的民族"。

可是，"新哲学"对人性的理解毕竟是"片面的"。接下来，荷尔德林便抱怨对"诗"、对"美的艺术培育人的作用"的误解和轻视——言下之意，"诗"或"美的艺术"有与新哲学和政治读物同样的作用（启蒙），但能避免对人性的片面理解和启蒙。荷尔德林写道：诗看起来是"游戏"，似乎仅有消遣作用，其实不然。诗给人带来"安宁，不是空洞，而是生动的安宁，在此时，所有的力都是活跃的，只不过由于其内在的和谐，没有人认识到这些力是能动的（tätig）"。这里的意思是，诗的启蒙才是最终的启蒙，诗对人性的培育，才是全面的培育——因为，诗才能全面把握人性的和谐。

将启蒙仅仅看做张扬"理性"，即便从历史角度看，也是片面的——卢梭对早期启蒙运动的"理性"片面性提出过尖锐批判，对此，无论康德还是青年荷尔德林都印象深刻（参见 1795 年 9 月 2 日荷尔德林致友人的信）。康德恐怕不能被算作"片面的"理性主义者，不然的话，"第三批判"就不容易解释——荷尔德林当时还有一个崇拜对象：席勒，正是从康德的体系出发，席勒提出了自己的"审美教育"论说。片面发展启蒙哲学的理性方面的哲人是费希特，荷尔德林长期追随席勒，相比之下，与费希特的短暂热恋关系实在算不上什么——1794 年 4 月给友人的信中，荷尔德林记叙过自己读到席勒的《秀美与庄严》时如何激动（参见《书信集》，页 85 – 86）。①可以说，荷尔德林是由卢梭—康德发其端、席勒随之张扬的诗意的启蒙的热切追随者。

在"元旦书简"中，荷尔德林把诗看做救治德意志民族病的最佳良药，因为其功效和目的与理性形而上学和政治读物都不同——由于"哲学—政治的教育（die philosophisch – politische Bildung）本身蕴涵着不当之处"，民族在"经过政治 - 哲学疗程（nach der politisch – philosophischen Kur）后"，还得经过诗的疗程，因为，哲学—政治"虽然为了本质的、绝对必要的关系，为了义务与权利，把人联结在一起，但又能为

---

① 荷尔德林与席勒通信长达七年（1794 – 1801）之久，与费希特的通信未见一封。

人类和谐（die Menschenharmonie）做多少呢"？按荷尔德林的构想，诗应当是启蒙的最后阶段——康德形而上学把民族从传统习规中引出来，但思辨形而上学只会把人性引向"思辨荒漠"，唯有诗可以让"荒漠"变成栖居的绿洲大地。

荷尔德林并不反启蒙，当然也不反康德，而是像他崇敬的前辈席勒那样，要接着康德往下想、往下讲。"人类和谐"是席勒在《审美教育书简》中张扬的提法——青年荷尔德林热切追随席勒到这样的程度：甚至自己打算写类似的书简来宣扬启蒙。在给友人的信（1796年2月24日）中，荷尔德林写道：

> 我想在哲学书信中找到这样一个原则，它向我解释我们在其中思考并生存的那些分隔（Trennungen），并还能消除抵牾（Widerstreit），介于主体与客体之间，我们自身与世界之间，甚至理性与启示之间的抵牾——从理论上讲，在理智的直观中，定然无需我们的实践理性（praktische Vernunft）来帮忙。我们为此需要审美感（ästhetischen Sinn），我将把我的哲学书信称作《人类审美教育新书简》，我也会在其中从哲学谈到诗歌和宗教。（《书信集》，前揭，页136；《全集》卷4，页230；译文据德文稍有改动）

这一写作构想是席勒式的，问题来源甚至语汇则是康德式的。荷尔德林给自己立下了这样的志向：推进康德—席勒提出的"审美感"，推进方式是：作诗＝新的"思"。因为——荷尔德林在"元旦书简"中继续写道：

> 诗能够把人聚集起来，带着所有纷繁复杂的苦难、幸福、追求、希冀以及恐惧，带着他们所有的观点和谬误、全部的美德和理念，带着他们中的一切伟大和渺小，不断聚合成一个生动的、有千万个分支的、内在的整体，因为恰恰这个整体才是诗本身，有其因，必有其果。

即便与席勒《素朴的诗和感伤的诗》相比较，荷尔德林对"诗"的如此看法也显得有所不同。荷尔德林的如此诗感是哪里来的？

来自他在青少年时期就迷拜的古希腊——从传记材料中我们得知，荷尔德林在青少年时期就喜欢古希腊作品——早在二十岁（1790年）时，荷尔德林的诗作就已经援引古希腊的爱的观念入题。对古希腊文学的热爱随着荷尔德林的成长在他身上逐渐与启蒙理想融为一体，从写给黑格尔的信（1794年7月10日）中我们看到，康德和古希腊人是荷尔德林思想的两大支柱：

> 康德和希腊人的著作几乎是我唯一的读物。我打算先熟悉一下批判哲学的美学部分。（《书信选》，页93；《全集》卷4，页150）

在"元旦书简"中，我们读到，荷尔德林谈到德意志民族的天性时，不仅将德国人与现代的其他民族相比较，还与古希腊人比较。在说过自己对"诗"的理解后，荷尔德林突然带着万分感慨写道：

> 噢，希腊，你带着你的天才和虔敬去了何方？还有我，满怀善良的愿望，用行与思艰难地摸索这个世界上独一无二的人，因为我就像是长着平脚掌的鹅站在现代的水域（wie die Gänse mit platten Füßen im modernen Wasser）里，无力地向希腊的天空举起双翅。

黑格尔写了一堆形而上学著作来反驳康德形而上学——反驳也可以是为了发展，不妨称之为"内在的批判"。荷尔德林天性喜欢文学、喜欢诗，于是，他找到了"自己的方式"——通过写诗和翻译、注疏古希腊文学（索福克勒斯和品达）对康德的启蒙理想实施内在的批判：完成《许佩里翁》（1797）后，荷尔德林马上着手翻译索福克勒斯和品达。

荷尔德林翻译索福克勒斯的肃剧与翻译品达诗的残篇，有不同的目的。在荷尔德林看来，品达的诗体现了古希腊的歌手意识——古希腊精神的最高典范，荷尔德林力图通过翻译品达的诗来接近这一典范，通过在精神上与古希腊诗人生活在一起来为自己找到人性和谐的理想——这是时代的启蒙所需要的理想。因此，翻译品达时，荷尔德林力图保留品达诗的古希腊原味。① 然而，既然荷尔德林的"平脚掌""站在现代的水域"，

---

① 在后来的古典语文学家看来，荷尔德林的品达诗翻译对原文理解多有误解，为他辩护的文学史学说，荷尔德林的品达翻译并非翻译，而是精神练习——通过翻译接近古希腊的歌手意识。参见 Wilhelm Michel, *Das Leben Friedlich Hölderlins*（《荷尔德林传》），Darmstadt 1963，页 387–409。

所谓保留"原味"就仍然是从启蒙理想来设想的——换言之，启蒙需要一个关于"人类和谐"的理想，对于荷尔德林来说，这种理想只能在古希腊那里才找得到，既然如此，荷尔德林所理解的品达依然是从"现代的水域"来设想的品达。①

荷尔德林翻译索福克勒斯肃剧，目的是用德语重现索福克勒斯的诗文，为受过教育的德国人提供一个德语化的索福克勒斯译本——这意味着翻译时无需死守原文。② 可以这样子讲，翻译品达，荷尔德林为的是自我的启蒙教育，翻译索福克勒斯则是为了民族的启蒙教育（事业）——在荷尔德林眼里，索福克勒斯代表了古希腊精神理解人性的顶峰，当然，这个顶峰是一位启蒙时代的天才诗人眼中的顶峰。

既然翻译索福克勒斯的肃剧是为了民族的教育事业，荷尔德林对译文的要求自然有所不同：译文刚刚出版，荷尔德林就对译文感到不满意，打算重新写篇总的导论。在给出版商的信（1803年12月8日）中，荷尔德林写道：

---

① Theunissen 在其长达千页的论著中考察了品达的精神天空，并在结尾时考察了海德格尔的思想如何追随荷尔德林，而荷尔德林对品达的理解其实是自己对某种理想的理解，而非品达自己对自己的理解。Michael Theunissen, *Pindar: Menschenlos und Wende der Zeit*（《论品达》），München 2002，页943以下。

② 据德国古典语文学家说，荷尔德林的译本无异于用德语句法和风格来改写希腊文本（1802年交出版商），参见 Wilhelm Michel，《荷尔德林传》，前揭。关于荷尔德林的"索福克勒斯注疏"的形成史、影响史和迄至九十年代的研究状况，参见 Helmut Hühn, *Mnemosyne: Zeit und Erinnerung in Hölderlins Denken*（《记忆：荷尔德林思想中的时间和回忆》），Stuttgart 1997，页166 – 182（含丰富的研究文献）。

> 我在翻译索福克勒斯的肃剧译稿的工作上瞻前顾后。在我能更随意地综观译稿时,我还想再修改几处翻译和译注。我觉得《安提戈涅》中的语言([引者按]指译文)不够生动;注释还没有充分表达出我对古希腊艺术的信念(Überzeugung)以及这部[肃剧]的含义。所以,[这个译本和注疏]我觉得还不够。如果您愿意的话,我想明年下半年或者在适当的时候给您寄一份精心编写的关于这两部肃剧作品的导论……(《书信选》,前揭,页223;《全集》卷4,页476)

这封信是荷尔德林患病前最后四封信中的一封——启蒙热情让他仍然对译文精益求精。更值得注意的是荷尔德林"对古希腊艺术的信念"——什么"信念"?启蒙式的"人类和谐"理想,也就是通过索福克勒斯肃剧的翻译和注疏荷尔德林想要传达给自己的民族的东西。

与《俄狄浦斯王》和《安提戈涅》两部肃剧的译文一并于1803年出版的,还有"索福克勒斯注疏"(die Sophokles - Anmerkungen)。"注疏"由三个部分组成,前两个部分主要集中分析《俄狄浦斯王》和《安提戈涅》的形式结构法则(文本结构分析),后一部分是对肃剧性的思辨——荷尔德林想要告诉自己的民族的信念。这种"信念"与其说是一种所谓Geschichtstheologie des tragischen Konfliktes[种种肃剧冲突的历史神学],不如说是一种启蒙式的形而上学人性思辨——比如这样的句子:

肃剧的展现首先基于 das Ungeheure［骇然的事情］——神与人结伴（der Gott und Mensch sich paart），自然力量与人最为内在的东西在愤怒（Zorn）中无止境地相与为一（Eineswerden），由此懂得，无止境的相与为一靠无尽的分离（Scheiden）净化自身。（"关于《俄狄浦斯》的说明"，见《全集》卷3，页393-394；译文据《文集》，页269，稍有改动）

从语言和思辨上讲，读这一部分，人们会感到与读黑格尔的形而上学书没有什么分别，算得上康德形而上学与古希腊肃剧的精美结合——也许是凑巧，海德格尔在《形而上学导论》中解释《安提戈涅》第一肃立歌时，用的是同样的语式。

其实，荷尔德林本来可以用非形而上学的语言来表达这段对肃剧的理解。1800年的那个冬天，荷尔德林在给友人的信中也说到肃剧，其中一句可以说是上面那段肃剧解释的非形而上学行话的表达：

诗的艺术就其完全的本质而言，就其热忱、就其素朴、就其平实而言，是欢快的崇拜（ein heiterer Gottesdienst），从不把人搞成神们或者把神们搞成人，从不搞邪门的偶像崇拜，而只是让神们和人们彼此可以更靠近。肃剧则从反面表现这一点。神和人看起来是一个（eins），随之是命运，命运引发出人的所有谦卑和骄傲（Stolz），并且最终一方面存留下［人］对上天（Himmlischen）的敬畏，另一方面又把［人的］经过净化的情感（ein gereinigtes Gemüt）作为人的财富保留下来。（《书信选》，前揭，页193；《全集》卷4，页419；译文据德文有改动）

在公开出版的肃剧注疏中，荷尔德林的表述语言采用了康德式形而上学行话，表明荷尔德林的索福克勒斯翻译、注疏的确带有启蒙形而上学的意图——所谓古典翻译服务于民族的教育目的，就是要用翻译古典作品来完成启蒙形而上学无法完成的时代任务精神。荷尔德林虽然没有像自己的老同学黑格尔或谢林那样去写形而上学著作，但他的索福克勒斯翻译—注疏都是形而上学式的——与黑格尔的"道成肉身"的形而上学、谢林的神话形而上学（启示形而上学）属于相同类型，都属于启蒙运动之后想要建构"新神话"的一族。① 在翻译索福克勒斯和品达的前后和同时，荷尔德林还写了不少诗——诗风经历了从仿席勒到仿品达的转变，没有转变的是写诗的意图——

---

① 黑格尔、谢林、荷尔德林与十八世纪末德国"新神话"（die neue Mythologie）宗教思潮的关系，参见 Manfred Frank 关于"新神话"的著名讲演的第 9–10 讲，见 Manfred Frank, *Der kommende Gott: Vorlessungen über die neue Mythologie*（《即临之神：新神话学系列讲座》），Frankfurt am Main 1982，页 245–306；亦参 Gerhard Nebel, *Weltangst und Götterzorn: Eine Deutung der griechischen Tragödien*（《对世界的恐惧与诸神的愤怒：古希腊悲剧的一种解释》），Stuttgart 1951，页 174–198，尤其 180 以下，作者基于黑格尔，尤其荷尔德林的索福克勒斯解释对《安提戈涅》的分析，联系到施米特，对《安提戈涅》作出了政治神学的分析。

通过作诗来建构启蒙式的人性和谐理想。① 翻译—注疏和作诗,形式不同,意图一致。

海德格尔跟随荷尔德林"往回看"

前面说过,在思考如何为形而上学重新奠基时,海德格尔很可能花费过不少心思来想这样的问题:自己的前辈们究竟想了些什么。在三位图宾根神学生中,海德格尔最终选择了荷尔德林。

讲授"形而上学导论"之前的一个学期(1934/1935 年冬季学期),海德格尔在讲课中讲解了荷尔德林的《莱茵颂》(*Rhein - Hymne*),将荷尔德林的诗解释为对生存的重新解释:荷尔德林的诗要求从命运来把握人,从而对人的生存负责——海德格尔很可能清楚:荷尔德林的《莱茵颂》是对费希特形

---

① 1795 年,荷尔德林在题为《判断与存在》的文章草稿中力图搞清楚"判断"与"存在"究竟是什么关系——据说,自此以后荷尔德林就没有离开这一问题,并用作诗歌颂"自然"来回答这个问题——精通形而上学问题的海德格尔对于荷尔德林的这些"自然"诗心领神会,而且早在 1935 年前就已经了然于心。参见 Stefan Büttner, *Natur*:*Ein Grundwort Hölderlins*(《自然:荷尔德林的一个基本语词》),见 Thomas Roberg 编, *Friedrich Hölderlin*:*Neue Wege der Forschung*, Darmstadt 2003,页 227 - 273。1939 - 1940 年,海德格尔多次讲解了荷尔德林的诗《如当节日的时候……》,其中涉及荷尔德林的"自然"理解。参见海德格尔,《荷尔德林诗的阐释》,前揭,页 55 - 91。

而上学(《知识学说》)的批判。① 我们记得,海德格尔的《形而上学导论》正是在讲到人的问题时,引入了对《安提戈涅》第一肃立歌的解释。跟随荷尔德林的索福克勒斯解释,海德格尔从古希腊肃剧诗人那里找到了反驳启蒙理性的见识:理性不是人值得引以为自豪的本性,穷尽人的理性,并不能使人变得完善、生活世界变得更美好。②

可是,我们不能忘记询问,海德格尔的如此启蒙批判是在什么"水域"展开的——倘若是在与荷尔德林所站立的同样的"现代水域"中展开的,情形会怎样呢?。

在《形而上学导论》正式发表的 6 年之后,海德格尔又作了一次关于荷尔德林的讲演,题为"荷尔德林的大地和天空"(中译见《荷尔德林诗的阐释》,前揭,页 184 - 226),解读荷尔德林的《希腊》一诗草稿,这篇海德格尔的晚期作

---

① 参见 Stephanie Bohlen, *Dichtung und Denken des anderen Menschen: Zur Heideggers überwindung der Subjektivitätsphilosophie im Zwiegespräch mit der Dichtung Hölderlins*(《诗与其他人的思:论海德格尔在与荷尔德林诗的对话中克服主体性哲学》),见 Thomas Roberg 编, *Friedrich Hölderlin: Neue Wege der Forschung*,前揭,页 193 - 194。

② 《形而上学导论》中对《安提戈涅》第一肃立歌的解释从人的"无—家园—本性"过渡到对"技艺"的分析,然后落脚在对肃立歌中的 δίκαν [义、合宜] 的解释。如此解释路向也是追随荷尔德林。完成索福克勒斯两部悲剧的译注后,荷尔德林着手"品达笺注"(Pindar - Kommentare)。为什么荷尔德林翻译、注疏了索福克勒斯之后,要进一步笺注品达?从挑选来翻译和作注的品达残篇来看,荷尔德林十分关注古希腊的"义"(δίκη)这一观念的起源——在笺注品达的"奥林匹亚凯歌之八"(die Achte Olympische Ode)时,荷尔德林将品达与赫西俄德的《神谱》(910 以下)中的"义"之母联系起来。也许可以设想,荷尔德林的"索福克勒斯注疏"的中心动机就是"义",由于追溯"义"的思绪在"索福克勒斯注疏"中尚未穷尽,于是有"品达笺注"。

品当可代表他对荷尔德林的最终定见。

解读一开始，海德格尔就提到康德的指引——康德告诉我们：一旦人们得到该往何处看的指示后，就很容易找到想要找的东西（参见《荷尔德林诗的阐释》，前揭，页184）。这话不会是口水话（海德格尔从来不说口水话），或者仅仅为了引出荷尔德林专家 Hellingrath 发掘荷尔德林遗稿的贡献。事实上，进入荷尔德林诗中的"大地和天空"的"指引"，并非是 Hellingrath 发现了荷尔德林的未刊诗稿《希腊》，问题还在于，如何来读解这篇诗稿。海德格尔提供的"指引"实际上是荷尔德林在病倒前不久写给友人的一封信（约1800年11月），在信中，荷尔德林热情洋溢地畅谈了自己对"希腊人的真正本质"的理解——这一"理解"在海德格尔看来当是读解诗稿《希腊》的"指引"。

荷尔德林如何理解"古希腊人的真正本质"呢？或者问，理解荷尔德林对"古希腊人的真正本质"的理解的"指引"是什么呢？

"指引"就在这封差不多算荷尔德林最后的书简中的一句话：

> 地球上所有的圣所都环绕着一个地方，而现在萦绕着我的窗户的哲学之光是我的欢乐；愿我能留住这我一路至此的所在！（《书信选》，页219，《全集》卷4，页474–478）

这话的关键句子"环绕着我的窗户的哲学之光是我的欢

乐"可以倒过来读:"我的欢乐"是"环绕着我的窗户的哲学之光"——这"光"看来就是荷尔德林理解"古希腊人的真正本质"的"指引"。

什么样的"哲学之光"?

海德格尔为我们提供了解释:

> 这种光乃是那种光亮,它在"让……重新显现"的能力中,在反思力中,使一切在场者具有在场之亮度。这种光的特殊之处,即它是"哲学的"光,来自希腊;这一点已经由它的名称 φιλοσοφία [哲学] 透露出来了。在这里,存在之真理已经作为在场者的闪现着的解蔽而原初地自行澄明了。在这里,真理曾经就是美本身。(《荷尔德林诗的阐释》,页 197–198)

"反思力"不会让人想到康德形而上学吗?奇妙的是,海德格尔通过解释荷尔德林把"反思力"解释成"希腊意义上的最高智慧"。难道我们不可以设想,讲究修辞和篇章安排的海德格尔在开篇时说到康德的"指引"的含义至此才"自行澄明"起来——其含义是:通过荷尔德林,我们认识到"古希腊人的真正本质"的"指引"乃是康德启蒙哲学所高扬的"反思力"。

为了把这一点弄确实,让我们接着往下看。

随后,海德格尔解释了《希腊》诗稿中荷尔德林歌唱的古希腊"大地"所"跟随的伟大法则"——还特别指出,这个法则乃"安提戈涅谈论的"法则。在引证了两行《安提戈涅》诗行后,海德格尔接着解释说,荷尔德林已经清楚表达:

古希腊的"大地"所顺应的"伟大法则"是"科学与柔和":

> "科学"这个词简单讲来就是如同在这里,在荷尔德林的老师费希特和朋友黑格尔意义上所指的意思:"科学"是思想家的思想,这种思想从希腊获得了它的名称以及其本质。思想的光亮规定着这位诗人借以"往外看"的"萦绕窗户的光"。(《荷尔德林诗的阐释》,页206)

"荷尔德林的老师费希特"的老师不就是康德吗?不正是康德通过"理性批判"使得"科学"一词摆脱陈古的拖累而获得了"思想的光亮"吗?"古希腊人的真正本质"是荷尔德林"往外看"的东西,康德启蒙哲学的"思想光亮"规定了他所看的对象的"本质"——海德格尔区分荷尔德林与黑格尔"各自的方式"为"往回看"抑或"向前看",但"往回看"也可能是为了"向前看"——后来的尼采如此,当年的谢林也如此——谢林翻译、注疏柏拉图的《蒂迈欧》正是为自己写作新的"神话哲学"作准备。问题因而并非仅仅在于"向前看"抑或"往回看",海德格尔的解释清楚告诉我们,更重要的是如何"往回看"——在什么样的"思想光亮"中"往回看"。

海德格尔"看"到荷尔德林的"往回看"受到某种"思想光亮"的规定,这同样的"思想光亮"其实也规定着海德格尔对荷尔德林的"看",不然的话,他不会单单高标荷尔德林的"往回看"——毕竟,荷尔德林并非唯一、也非第一位"往回看"的启蒙时代思想者。

在荷尔德林的成长年代，有德语小说之父称号的维兰德（Christoph Martin Wieland）已经算是文学前辈和文化名人，也是古希腊文学的追慕者。早在康德的《纯粹理性批判》问世时，维兰德就觉得事情不妙，预感到某种哲学毒素将随这部大著蔓延开来。为了抵制这种哲学毒素的蔓延，维兰德着手翻译古希腊文人路吉阿诺斯和阿里斯托芬的作品①——为什么首先是这两位古希腊作家？因为，这些古希腊作家刻毒挖苦过"哲学"和"哲学家"，或者说抵制过形而上学在社会中的蔓延。

荷尔德林着手翻译索福克勒斯的肃剧时（1797年），维兰德完成了仿古希腊精神氛围的长篇小说《阿伽通》，随即着手翻译色诺芬——据维兰德自己说，这是读阿里斯托芬《云》剧得来的冲动。维兰德打算翻译色诺芬记叙苏格拉底言行的四篇作品中的两篇：《回忆苏格拉底》和《会饮》——与荷尔德林翻译索福克勒斯来推进和实现康德的启蒙哲学理想相反，维兰德翻译色诺芬是为了实现多年来要彻底批判康德哲学的宿愿。

维兰德想要如何"彻底"批判康德？

1799年，维兰德在他创办并主编的《新德意志信使报》上写了篇文章，称赞赫尔德（Herder）的题为"纯粹理性批判之反批判"一文。奇怪的是，维兰德的称赞仅泛泛而论，顾左右而言他，根本没有具体谈赫尔德的反驳——也许，在维兰德看来，通过"纯粹理性"来批判"纯粹理性"，肯定行不通，因为这样一来，批判者已经掉进康德哲学的行话魔圈。维

---

① 参见周作人先生翻译的《路吉阿诺斯对话集》（两卷，中国对外翻译公司，2002）和罗念生先生翻译的阿里斯托芬喜剧六种（见《罗念生全集》，上海人民出版社，2004）。

兰德脑子灵、眼睛尖，他看到，必须批判康德哲学。因为，随着启蒙运动的深入，"康德形而上学行话"的"信徒们"正在将哲学搞成一门独立且最高的大学学科，"让它有权成为其余所有学科的基础并规定其可能性和界限"——到了二十世纪，海德格尔不是还觉得这样的理想尚未实现，因此提出时代需要新的"形而上学导论"吗？但维兰德心里清楚，如果要拒绝康德哲学，首先就得拒绝康德哲学赖以为基础的纯粹理性认识论的哲学活动本身，拒绝这种哲学活动所经营的形而上学行话——只有其信徒才懂的"康德行话"。翻译色诺芬的苏格拉底作品，既可以清除康德"哲学行话"的流毒，又不至于染上这种行话的"病菌"——至于启蒙，维兰德不像荷尔德林那样认为对民族而言是一种"应该"，也不像当时有的人那样质问："谁有权启蒙人类"，而是质问："哪个人有这〔启蒙的〕能力？"①

在荷尔德林之前，以文学和翻译的方式"往回看"的，并非维兰德一人。荷尔德林出生的前一年（1769），哲人门德尔松（Moses Mendelssohn）发表了《斐多：或者论灵魂不死的

---

① 参见 Jan Philipp Reemtsma,《苏格拉底、色诺芬、维兰德》（朱雁冰译），见刘小枫编,《色诺芬的〈会饮〉》，色诺芬著（沈默译）、维兰德/施特劳斯义疏（朱雁冰/田立年译），华夏出版社，2005。荷尔德林模仿卢梭写了诗体教育小说《许佩里翁》（1797 - 1799），极度美化从柏拉图的《会饮》中借来的人物形象"第俄提玛"；维兰德在其长篇小说《阿里斯提普和他的几个同时代人》中，通过古希腊著名的情妇"莱怡丝"形象来贬低"第俄提玛"（参见 Manger,《莱怡丝反柏拉图的〈会饮〉》（朱雁冰译，见刘小枫编，《色诺芬的〈会饮〉》，前揭）——《阿里斯提普和他的几个同时代人》动笔在《许佩里翁》之前，完稿在其之后（1800），不清楚维兰德的"莱怡丝"形象与荷尔德林的"第俄提玛"形象有什么关系。

三场对话》。① 这部作品将翻译与戏剧创作结合起来，两头两尾为翻译柏拉图《斐多》的开场和终场场景，中间三场戏剧性对话则是自己编的——门德尔松别有用心地把康德编进对话，现身为苏格拉底的谈话对手，然后让柏拉图的苏格拉底来教训康德。柏拉图的对话作品有好多，门德尔松偏偏选中《斐多》，是因为康德的《纯粹理性批判》从批判柏拉图主义的所谓"相论"（尤其所谓《斐多》中通过论证"灵魂不死"来提出的"相论"）出发。② 与赫尔德、费希特、黑格尔用思辨理性来批判康德的理性思辨不同，门德尔松不仅"往回看"，而且用柏拉图的写作方式来批判《纯粹理性批判》，这也许说明，门德尔松心里清楚，以康德主义的方式来批判康德，只会衍生新的康德主义，正如以柏拉图主义的方式来阅读和批判柏拉图主义，只会衍生新的新柏拉图主义。

虽然不情愿，我们实在无法打消在前面的观察中遇到的思想史谜团：尽管具有诗人天才，荷尔德林本是个康德形而上学信徒，他对反康德的文学和哲学前辈及其"往回看"的作品要么视而不见，要么反感——据狄尔泰说，荷尔德林打心眼里不喜欢维兰德（参见《体验与诗》，前揭，页291），从而表明他在启蒙与敌启蒙的斗争中意识明确、立场坚定地站在康德一

---

① 参见 Moses Mendelssohn, *Phädon oder über die Unsterblichkeit der Seele*, Dominique Bourel 编辑并跋, Hamburg 1979；施特劳斯在编辑门德尔松《全集》时，为门德尔松的这篇作品写了长篇导言，亦见 Heinrich Meier 编, *Leo Strauss Gesammelte Schriften*, 卷 2, Stuttgart 2001（中译见施特劳斯,《门德尔松书目提要》，卢白羽译，华夏出版社, 2010）。

② 参见 Walter Patt, *Formen des Anti-Platonismus bei Kant, Nietzsche und Heidegger*, Frankfurt am Main 1997, 页 7-25。

边。思想史的谜团不仅在于：为何维兰德或门德尔松要模仿色诺芬和柏拉图的写作方式来抵制康德形而上学的蔓延，而且在于：何以荷尔德林这个康德信徒成了海德格尔反康德形而上学和伦理学时倚重的思想前辈？追随荷尔德林的海德格尔何以找到超越"现代水域"的水域？

荷尔德林的回归希腊精神之旅，会不会是海德格尔编造出来的一个新神话？

可以设想相反的情形吗？——通过海德格尔和他的精神"导引"荷尔德林，今人无法理解古希腊精神，当然也无法理解索福克勒斯，倒是可能很好地理解启蒙后的现代精神困境，如一位后现代思想家心有灵犀地理解的那样：站在"现代的水域"，无论诗人还是哲人的精神向古希腊的"断然回归"，都同时是对真实的古希腊精神的决然背离——据说，荷尔德林的精神疾病就肇因于这"回归"与"背离"的致命吊诡。①

倘若如此，索福克勒斯含混的"人颂"对于今人就仍然是尚未开启的，我们今人可能找到理解古希腊肃剧的视域吗？

如果可能，又该从何去找？倘若荷尔德林的思想最终未能离开德意志唯心论的地域，② 海德格尔跟随他往回看，能站到德意志唯心论之外来看古希腊精神吗？

---

① 布朗肖，《文学空间》，顾嘉琛译，商务印书馆，2003，页 277 – 287。
② 关于荷尔德林与德意志唯心论的关系，参见 Christoph Jamme / Frank Völkel, *Hölderlin und der Deutsche Idealismus: Dokumente und Kommentare zu Hölderlins philosophischer Entwicklung und den philosophisch - kulturellen Kontexten seiner Zeit* (《荷尔德林与德意志唯心论——荷尔德林的哲学发展及其同时代的哲学—文化语境：文献和评注》), Stuttgart 2003。

海德格尔如何读索福克勒斯

在《形而上学导论》中，海德格尔的基本思路是，解构逻各斯与逻辑思辨的内在关联，恢复逻各斯与"自然"的原初关联——在海德格尔看来，逻各斯脱离与自然的关联转而与逻辑（思辨）相关联，为西方思想陷入现代性厄运埋下了开端。海德格尔对索福克勒斯《安提戈涅》第一肃立歌的解释，出现在《形而上学导论》中的关键位置——全书中篇幅最长的小节（第四章第三节），标题即"在与思"。

在这一节里，海德格尔力图重新理解前苏格拉底哲人对在与思的关系的理解。当说到帕默尼德的箴言 *τὸ γὰρ αὐτὸ νοεῖν ἐστίν τε καὶ εἶναι* 被译作"思与在是一回事"（Denken und Sein ist dasselbe）时，海德格尔把这种译法定性为严重误解——正是这一误解决定了西方思想的未来命运；因为，据海德格尔说，如此误解和错译使得"思与在是一回事"成了西方哲学的"指导原则"。由于帕默尼德的这一说法包含着西方思想"原初的真理"（ursprüngliche Wahrheit），海德格尔觉得必须重新翻译这句箴言——他的译文为：

交互讯问/倾听与在归属在一起（Zusammenengehörig sind Vernehmung wecheselweise und Sein）（页111，中译本页146）

[引者按：Vernehmung 在德文中既有"讯问"也有"听取"的

意思,善于利用语词含混义的海德格尔在这里很可能两种含义都有,"问"与"听"不可分离,没有"听取"就没有"讯问",反之亦然,副词 wecheselweise 紧随其后,颇有提示作用。]

重新取回这个"原初的真理",扔掉误解和误译不就得了?

没那么简单……得搞清楚误解和误译怎么来的,不然的话,就搞不清楚西方思想何以会走到误入歧途的田地。海德格尔说,其实,帕默尼德刚说完这话,当时的希腊人就已经逮不到这话的"真实"了(Das Herausfallen aus der Wahrheit des Spruches setzte alsbald nach Parmenides noch bei den Griechen selbst ein;页111,中译本页147)。为什么呢?因为帕默尼德的这一说法"以某种方式把人带进了语言"(bringt in irgendeiner den Menschen zur Sprache;注意:这是海德格尔后期经常谈论的话题),要想对帕默尼德的这句话求得正解,就得事先把握帕默尼德对"人"的理解。可是,现代的我们没可能把握帕默尼德对"人"的理解,因为我们的思考方式一直受"对人的习常观念"(die gewöhnte Vorstellung vom Menschen)支配,读古人——比如帕默尼德这句话时,不自觉地就把"对人的习常观念"带进了帕默尼德的这句话,误解和错译就来了。反过来看,若要正确领会帕默尼德这句话,首先就得把我们在阅读时习以为常地带进去的"对人的习常观念"从这句话中剔除出去。

海德格尔在此给出了我们今人阅读古典文本的第一道工序,这道工序被海德格尔恰当地命名为"解构"。

"解构"什么？具体而言，什么是海德格尔这里所谓的"对人的习常观念"？海德格尔说，有三种可能性：1. 基督教的人观，2. 近代形而上学的人观，3. 两者的混合——海德格尔给第三种加了挖苦性的形容"失去光泽而又自吹有得的杂拌儿"，看来他要"解构"的其实是第三种，即"两者的混合"（页111，中译本页147）。基督教的人观与近代形而上学的人观怎样混合呢？在解读完《安提戈涅》第一肃立歌后，海德格尔才对这种混合的人观作了明确界定："受基督教规定的近代以及迄今的形而上学、认识论、人类学和伦理学"（页134，中译本页176）——我们在此能够想到的最著名的例子，恐怕就是康德对"人是什么"的回答，因为，海德格尔此前已经挖苦说："当然喽，如今有好些书的书名就叫：人是什么。"（页109；中译本143）

不消说，要对帕默尼德的这句话求得正解，就得抛弃"受基督教规定的近代以及迄今的形而上学、认识论、人类学和伦理学"的人观——抛弃康德哲学教导我们的东西，用海德格尔自己的说法就是：要把"塞满我们的耳朵"（die Ohren voll haben；[尼采已经一再强调，如今没有倾听真实声音的"耳朵"]）有碍我们"正确倾听"（am rechten Hören）的东西统统清除干净（页112，中译本页147；这就好像现象学的悬置）。但"解构"不是目的，而是一道工序。既然帕默尼德的话"把人带进了语言"，要理解帕默尼德的话，就得把握帕默尼德对人的看法。可是，帕默尼德在这句话中并没有提到"人"，仅仅是——用海德格尔的说法——"以某种方式"（in irgendeiner Weise）"把人带进了语言"。因此，即便扔掉了康德,仍然不等于帕默尼德的话的原初含义会自动显现出来。

海德格尔这里提出了一个如今让我们许多想要走近古典文本的人深感困惑的问题:我怎么能知道帕默尼德本来的意思呢?海德格尔的回答起初会让我们失望:今人没法直接了解到帕默尼德对人的看法——怎么办?

这时,海德格尔建议我们先倾听古希腊人"关于人的在的诗意构思"(auf einen dichterischen Entwurf des Menschseins;三十年代以后,海德格尔一直致力于倾听各类他所喜欢的古今诗人"关于人的在的诗意构思"),以便求得"帮助和指引"——在这里,海德格尔不断用到"倾听"(Hören)这个词(其宾语是"人之在"),文脉提出的要求却是向古希腊诗人发出讯问,于是,讯问/倾听古希腊人"关于人的在的诗意构思",就像是对他所翻译的帕默尼德的那句话的解释:"交互讯问/倾听与在归属在一起。"

索福克勒斯的《安提戈涅》第一肃立歌就是"帮助和指引"。海德格尔如何让《安提戈涅》第一肃立歌"帮助和指引"我们?

为了让海德格尔更好地教我们,不妨先问海德格尔一个问题:倘若通过索福克勒斯的《安提戈涅》第一肃立歌接近帕默尼德是一道工序,这道工序是解构还是竭力领会?反复阅读海德格尔在这里的说法,一时真还得不到明确答案——既然帕默尼德刚说完(alsbald)这话,当时的希腊人就已经逮不到这话的"真实"了,当然索福克勒斯也没有逮到,因此,我们就应当像对待康德的"人观"那样对索福克勒斯的"人观"实施"解构"……可是,海德格尔对索福克勒斯的态度又明显不同于对康德的态度——通过康德，我们只会与帕默尼德背道而驰，通过索福克勒斯我们则可以接近帕默尼德。

得不到解答就暂时不要对这道工序是解构还是竭力领会下结论，把这个疑问放在心上，这样，在读海德格尔的索福克勒斯解读时，我们至少是在带着问题学习。

海德格尔首先提供了自己的译文，但没有与索福克勒斯的原有诗行一一对应——原文为工整的肃立歌，由两个曲节加相应的对衬曲节（共四个曲节）构成，每段曲节 10 行（共 40 行），海德格尔的译文则分为 5 段，第一段 11 行，第二段 18 行（中译变成 16 行），第三段 6 行，第四段 9 行（中译文变成 8 行），第五段 3 行。《安提戈涅》德文研究版的译者 Wilhelm Willige 提供的德译为对应的四十行，可见，行数对应的译文不是不可能。海德格尔的翻译不仅不守原文行数，也不守分段（多出一段），表明海德格尔的译文不讲究恪守原诗形式。①

接下来，海德格尔扼要说明了自己选取的"解读方式"（die Auswahl des Lesarten；页 113 – 114，中译本页 150）——尽管简扼，在海德格尔后来的诸多诗歌解释中，如此说明并不多见，而如此解读方式本身则又是海德格尔自己独有的，对后人影响深远，因此我们得留心倾听。

---

① 荷尔德林的翻译同样没有与原文行数对应，1799 年的译稿没有译完，仅前两个曲节：第一曲节为 11 行（海德格尔的行数与此相同），对衬曲节亦为 11 行（《全集》卷四，页 252）；1804 年的第二次翻译为全译，将四个曲节合为两大段，也就是说，把对衬曲节与相应的曲节合在一起：第一段 22 行，第二段 29 行（《全集》卷四，页 410 – 411）。

海德格尔说，解读将分三步走：第一步是找出整首诗的 die innere Gediegenheit［内在根底］及其相应的语词表达；第二步是逐段解释整首肃立歌，以便展示第一步骤找出来的"内在根底"伸展的维度；第三步将跳出整首肃立歌的字面部分，以便把握整首诗的言说本身。

三个步骤如何具体实施？海德格尔随即就做给我们看⋯⋯

实施第一步骤的做法是，从肃立歌的开头、中间和结尾三处挑出三个关键诗句：

> 厉害的东西何其多（332 行，第一曲节开头）
> 真样样有办法；人绝不会没有出路（360 行，第二曲节中段）
> 谁就会使城邦繁荣昌盛；但也会毁弃城邦⋯⋯（370 行，第二对衬曲节中段）
>
> ［注意：这里的翻译不是海德格尔的译文，而是笔者依据古典语文学家的希腊文笺注本翻译的译文。］

凭谁断定这三句是关键诗句？凭靠索福克勒斯的指引，还是古典语文学的解析？都不是，凭靠海德格尔所说的"对整首歌未说出来的先见"（aus dem unausgesprochenen Vorblick auf den ganzen Gesang；114 页，中译本页 151）——谁的"先见"？还不清楚，可能是海德格尔的，可能是索福克勒斯的，也可能是别人的；什么"先见"？这里也没说——不是不想说，故弄玄虚，也许因为根本无法说⋯⋯

对第一个关键诗句的解释，海德格尔花了两页多一点篇幅

(页114-116),对后两个关键诗句的解释加起来才一页(页116-117),看来,海德格尔的解释重点在于"厉害的东西何其多"这一句。这一句诗明确提到"人",成为海德格尔关注和解释的重点,切合要求倾听古希腊诗人"关于人的在的诗意构思"的要求。

海德格尔并非不知道,δεινός这个希腊语词的含义是"可怕的、厉害的"。他接下来便对δεινός的"可怕的"(das Furchtbare)含义作了一番解释,说它包含的意思其实是"强有力的"(das Gewaltige),而"强有力的"含义不仅指"使用强力/暴力"(die Gewalt braucht)和"拥有强力/暴力",更为根本的意思是使用强力/暴力者的"亲在"(Dasein)的基本特征,也就是作为人的"亲在"的基本特征。但海德格尔没有把δεινότερον译作"更为强有力",而是译作 Unheimlicheres[更可怕的/奇异的](中译本译作"莽苍之苍劲者",很费解,页151)……为什么?

理由是,δεινός这个语词中还有一层意思无法表达出来:"人之在的最高攀升和结合"(in der höchsten Steigerung und Verkoppelung)还没有表达出来;看到(Blick)这一点,才算看到"如此规定的在的本质"(das Wesen des so bestimmten Seins),也就是人的"在"的本质。前面说到的"对整首歌的未说出来的先见"的含义逐渐清楚了:要把握并译出δεινός这个索福克勒斯笔下的语词,首先就得有对人的存在的如此规定的"先见"(Vorblick)。

谁的如此"先见"?海德格尔的吗?恐怕不是。毕竟,这里他是在解释索福克勒斯。是索福克勒斯的吗?恐怕也不是,索福克勒斯用的这个语词很难说有那么哲学的含义。

解释才刚刚开始，我们不能急，需要耐心，这里仅是拈出关键诗句和语词，其含义还得等到对整首诗的解读才会明朗。从德语构词法我们可以知道，un‑heimlich 这个形容词是 heimlich［暗地里、隐藏的、隐秘的］加上否定性前缀‑un‑而成，意为"可怕的/奇异的"。海德格尔首先对这个德语的日常语词"使用强力/暴力"，让 heimlich 的含义是［在家的］，于是 un‑heimlich 被解释为"不在家的"，亦即从 Heimischen［在家］—Gewohnten［习惯］—Geläufigen［熟悉］—Ungefährdeten［可靠］的生存状态中"被抛了出来"（herauswirft）。

这听起来像不像《存在与时间》中对"亲在"的现象学描述？究竟是索福克勒斯的"关于人的在的诗意构思"在"帮助和指引"我们，还是海德格尔的"亲在"现象学在"帮助和指引"我们？

但愿读下去会打消我的疑虑，可是，海德格尔接着就说：要理解 δεινός 的含义，关键在于理解肃立歌第 360 行的"真样样有办法；人绝不会没有出路"（注意：不是海德格尔的译文）一句，从而过渡到第二个作为"内在根底"的诗句。海德格尔将这句诗整句译作 überall hinausfahrend unterwegs, erfahrungslos ohne Ausweg kommt er zum Nichts［四处奔忙无归，他（指人）没有出路地瞎摸索，直至步入虚无］（中译本译作"出巡处处，无知无路／彼终归无"，参见页 149）。对照一下荷尔德林的译法和当今古典语文学家的译法，明摆着的是，海德格尔的译法完全偏离了原文，如果不能说强暴原文的话，至少可以说是形而上学的译法——以新的形而上学信念（亲在形而上学）来代替原文。①

海德格尔解释说，关键语词是 $παντοπόρος$，这个复合词的词干 $πόρος$ 的基本语义是 Durchgang durch... ［穿过……通向］、übergang zu... Bahn ［过渡到……的通路］，加上形容词构成复合词 $παντο - πόρος$，意思就是：人在所有在者领域处处开辟 Bahn ［道路］。正因为如此，人从天性上讲才具有"处处无—家园—本性"(die ganze Un – heimlichkeit dieses Unheimlichsten，页116，中译本页152)，或者反过来说也一样：由于人在天性上"处处无—家园"，才会到处开辟道路——不管怎样，人之在因此终会"步入虚无"(kommt er zum Nichts)。将 $ἐπ' οὐδέν$ 译作 zum Nichts ［入虚无］，古典语文学家会无法接受，但这并不妨碍海德格尔的译法在自己的现象学解释关联中行得通。

第三个关键诗句"谁就会使城邦繁荣昌盛；但也会毁弃城邦……"（370 行），海德格尔的译法是 Hochüberragend die Stätte, verlustig der Stätte ist er ［处身的位置过于出头，他就丧失这一处身位置］，海德格尔没把关键词 $πόλις$ 译作"城邦"，而是译作 Stätte ［处身位置］。为什么这样译？这一句与"真样样有办法；人绝不会没有出路"（360 行，海德格尔译文："四处奔忙无归，他没有出路地瞎摸索"）的句式相同，结构位置也相同——古典语文学家的笺注都会指出这一点。海德格

---

① 荷尔德林 1804 年的译法为：Allbewandert, unbewandert. Zu nichts kommt er; 与《安提戈涅》研究版译者 Wilhelm Willige 的译法差不多：Allbewandert, in nichts unbewandert schreitet er ins Künftige; Marion Giebel 的译文为：überall durchkommend, verlegen geht er an nichts Kunftiges。

尔看到的两者关联却是,从 πόρος 到 πόλις 表明了"人自身的亲在的基础和处所"(der Grund und Ort des Daseins des Menschen selbst)有一个重大的方向性转向:不再是讲"进入在者之域的所有道路",而是 die Kreuzungsstelle aller dieser Bahnen [所有这些道路的十字路当口]——从而,海德格尔说,用 Staat [国家]或 Stadt [城邦]来翻译 πόλις,都不能穷尽这个古希腊语词的含义。

> 这个 πόλις 是有事情发生的场所(或译 [历史场所]),是在此(Da),事情(或译 [历史])就是在此之中、由此而来且为此而发生的。(das Da, in dem, aus dem und für das Geschichte geschieht;页 117,中译本页 154)

越来越像《存在与时间》中的"亲在"现象学了……然而,究竟什么意思?

海德格尔要说的是:没错,πόλις 通常被解作"城邦",但"城邦"并非 πόλις 的原初含义,毋宁说,有事情发生(Geschichte geschieht)才是 πόλις 的原初含义(难免让我想起海德格尔后来的 Ereignis)。人在这个发生中要有所作为,就会在"有事情发生的场所"(历史场所)中"冒出头"(hochragend in der Geschichtsstätte),但与此同时,人又会"丧失这一处身位",成为没有家园(Un-heimliche)的所在。

我们禁不住又要问:这是索福克勒斯在"帮助和指引"我们?怎么听起来是生存论的政治哲学?索福克勒斯是个生存论哲人?

第一步骤到此为止，接下来海德格尔进入自己的第二个步骤。这一步骤是第一步骤的展开：用前面得到的对 δεινός 的 Un‑heimliche［没有—家园］释义来贯通地解释全篇，或者说，用全篇来证明 δεινός 的 Un‑heimliche［没有—家园］释义。如何展开？

既然第二关键诗句"四处奔忙无归，他没有出路地瞎摸索"与第三关键诗句"处身的位置过于出头，他就丧失这一处身位置……"之间的关联是"进入了另一个在者的方向"（in eine andere Richtung des Seienden），解析的步骤就是：说明人这个 das Unheimlichste［最没有家园者］何以在"进入了另一个在者的方向"的历史中成了 Ausweglose［没有出路者］（页117，中译本页155）。

原诗第一曲节说到人与大海和土地的关系：海德格尔把人冲向大海、开垦土地解释为"放弃住所"，理由是，336 行的 χωρεῖ［前行］这个语词意为"人放弃自己的处所"（er gibt den Ort auf），还说这个语词在诗中"有如一根支柱"，意思不外乎是说，Un‑heimliche［没有家园］得到了进一步说明（页118，中译本页155）。原诗接下来说到的驯服动物，被海德格尔解释成，人把动物也变成了 Un‑heimliche［没有家园的］。

这是在谈人的原始生活或者说人的历史开端吗？海德格尔乘此机会攻击现代的人类学、民俗学、史学对人的理解（因此我们也就不可再将他笔下的 Geschichte 译成"历史"），并宣称自己宁要"神话学"对人的起源的解释，也不要这类现代科学对人的起源的解释。

对原诗第二曲节说到的语言、心思、政治，海德格尔统统从被他奇妙地译作"四处奔忙无归"（überall hinausfahrend unterwegs）的 $\pi\alpha\nu\tau o\pi \acute{o} \varrho o\varsigma$ 来解释，据说，人的本质就这样展露出来了——分析最后落脚在政治，因为原诗最后说到政治，但如已经看到的那样，政治被还原为"有事情发生的场所"［历史场所］，人的 Bestimmungen［命定］就是："有事情发生的亲在（des geschichtlichen Daseins）的巅峰越冒得高，突然跌落进的那个没事情发生［非历史］（in das Ungeschichte）的深渊就越张得大"，最终在"没有出路"和"没有住所"的状态中 Wirrnis［迷惘］（页123，中译本162）。

第二步骤结束的时候，海德格尔又拈出两个在他看来十分重要的语词：$\tau\acute{\epsilon}\chi\nu\eta$［艺］和 $\delta\acute{\iota}\varkappa\eta$［义］，然后把它们放到与 $\delta\epsilon\iota\nu \acute{o} \nu$（= Un–heimliche［没有家园］）的关系中来考察，由此带出第三步骤的解读（页122，中译本160）。就解释原诗的字面所说而言，在海德格尔看来，前两个解释步骤已经足够，但 die eigentliche Auslegung［真正的解释］还没有开始。什么是"真正的解释"？必须把"不再见诸文字但却已说出来的东西"（was nicht mehr in Worten dasteht und doch gesagt ist）说出来，"在此，解释必然需要采用暴力"（Hier bei muβ die Auslegung notwendig Gewalt brauchen；页124，中译本163）。

我们记得，起初解释 $\delta\epsilon\iota\nu \acute{o} \nu$ 时，海德格尔说这个语词的含义之一就是"使用强力/暴力"（die Gewalt braucht，页116），这里则说"解释必然需要采用暴力"（页124）——不知道是巧合还是刻意，无论哪种情形，海德格尔的"解读方式"就显得 $\delta\epsilon\iota\nu \acute{o} \tau\epsilon\varrho o\nu$（就这个语词的字面含义而言）［更厉害］了。

如已经看到的那样，从解释的第一步骤开始，海德格尔就在动用"强力/暴力"，这里不过是"强力/暴力"的升级——上升到分析新挑出来的关键语词：第一步骤挑出了三个关键语词，第三步骤同样挑出了三个语词，唯有一个语词在第一和第三步骤中都有：δεινόν（= Un-heimliche）……那么，围绕δεινόν来展开的对τέχνη［艺］和δίκη［义］的分析要说明什么呢？第一步骤升格到第三步骤获得的是什么呢……换言之，肃立歌"不再形诸文字但却说出来的东西"是什么呢？

Das Dassein des geschichtlichen Menschen［有事情发生的人的亲在］——海德格尔说："如此亲在的突如其来和独一无二性质"（Plötzlichkeit und Einzigkeit des Daseins）恰是希腊人所看到的最为深刻的东西，凭此见识，希腊人才"身不由己地成为真正的有事情发生的伟大［历史性伟大］的基本条件"（erzwangen sie sich selbst die Grundbedingung wahrer geschichtlicher Größe；页125，中译本页164）。

古希腊人在说吗？明明是海德格尔在说自己的"先见"——这个"先见"就是：人在天性上不过是"持续的抛付"（bleibender Aufgegebenheit）中的袒露（Offenheit），或者说，袒露在"持续的抛付"中……不断在途中奔忙，无法待在一次获得的确定位置。人的安居、劳作以及成品（das Werk）、处境、时代等等，统统不过是人"四处奔忙无归"的表征，人无论去哪里都没有家（παντοπόρος = überallhin unterwegs），因此根本上是个 Ausweglose（= ἄπορος［没有出路］）——人的Ausweglosigkeit［无出路］并非指人在做事情时遇到不可克服的外在障碍，或者没办法去做自己想做的——

毋宁说，无论要做什么，人总可以想出什么办法，但却是在自己的四处奔忙的生存中"样样有办法"（Vielwendigkeit seines Unterwegsseins），如此"样样有办法"不过是人达到自己的亲在（=无—家园—本性）的器具（den werksetzenden Menschen in seiner Un - heimlichkeit）。从而，人"无出路"指的是，人一再被抛回自己所开出的道路，被自己筑建的路牢牢捆住，只能在自己的路上爬行，待在自己的世界之中——这就是所谓人的本质展现为"持续的抛付"中的袒露。正因为如此，人实际上没有什么未来（海德格尔的译文撇下原文中的 τὸ μέλλον [未来] 一词没有翻译），人的如亲在（无—家园）本质上与"虚无"须臾不离。总有一天，ἄτη（= das Unheil [厄运]）会落到人头上——说到底，人的生存根本没可能献身什么绝对（观念），没有什么可以让人走向"纯粹的"、从个体在者的当下实际（Jewelligkeit）和时代劳作中"抽离出来的在"（Ab - soluten Sein）。人在世间根本不会是真实、完整、肯定地 heimisch [在家]，从而，παντοπόρος, ἄπορος 就是人的 Bestimmunen [命定]，或者说人的 δεινός（=无 - 家园：Un - heimlichkeit）。

可以看到，依据自己的"亲在"形而上学，海德格尔把肃立歌"关于人的在的诗意构思"确定为：人"四处奔忙无归"，没有出路地瞎摸索，直至步入虚无（ἐπ' οὐδὲν ἔπχεται）。因此，无家可归就是人的 ἦθος [居处、伦常本性]，人的生存位置一直"成问题"（Fraglichkeit）、"虚无不实"（Nichtigkeit）、"居无定所"（Übergänglichkeit）。这样一来，人身上必然会发生袒露与遮蔽的永恒争斗——如此不断的争斗就构成了人类的历史 [有事情发生]。

这些话针对谁说？

针对启蒙形而上学——康德的主体性哲学和伦理学（参见《形而上学导论》四章4节）。①主体性哲学以为，人凭靠自己的理性就可以掌握自己、掌握世界、掌握命运……海德格尔反驳说："纯粹理性"根本是向壁虚构，哪里有"人的主体性"这样的东西？人身上的παντοπόρος［总在途中奔忙］的天性根本扔不掉，除了担当起来别无他途——人固然"样样有办法"（vielwendig），却无时无刻不或时时处处都处于没出路的生存状态（ausweglos unterwegs von Jeweillgkeit zu Jeweilligkeit），从搞错到搞错、从失误到失误。人的整个"无—家园—本性"（Un-heimlichkeit）意味着，人既不能在在者（Seinende）中，也不能在在（Sein）本身之中"安居"（heimisch）。换句话说，既不能憩靠在作为"真实实在"的在者身上，也不能憩靠在作为"绝对"的在身上。Da-sein 作为人的生存状态的规定表明，人的生存仅仅是在（Sein）的一种 Da［在此］，即在途中，没有可能把握未来，亦即找不到 Ausweg［出路］，从而总得面临新的决断……人的ηθος［伦常本性］在"无—家园"状态中拥有自己唯一的生存位置。

当然，这些不仅是冲着康德说的，也是冲着黑格尔说的——我们知道，海德格尔在这里重新解释的 das Geschichte［历史性］恰是黑格尔哲学的一个关键语词。

可是，那个关键性的 Unheimlicheres［没有家园］的"先

---

① Alexander Schwan 在其 *Politische Philosophie im Denken Heideggers*（《海德格尔思想中的政治哲学》，Opladen 1989）中对海德格尔的索福克勒斯解释的分析（页72-74）令人遗憾地没有触及这一意图。

见"是从哪里来的?

来自荷尔德林的颂诗:1935 年开设"形而上学导论"课这段时间前后,海德格尔都沉浸在荷尔德林的诗歌当中——1934 年冬季学期讲疏荷尔德林的颂诗《日耳曼》和《莱茵颂》,1936 年则有著名的"荷尔德林与诗的本质"的讲演。① 海德格尔没有采用荷尔德林的译法把 $\delta εινότερον$ [更厉害] 译作 Ungeheueres,而是译作 Unheimlicheres 呵?没错……不过,在"形而上学导论"课的前一年(1934 年),已经有著名古典语文学家撰文指出,Ungeheueres 的含义与 Unheimlicheres 相关。② 可以设想,选用 Unheimlicheres 而非荷尔德林用的 Ungeheueres,正是为了更好地凸显 Unheimlicheres 这个语词中包含的 un–heim [无—家园] 词素,从而听取荷尔德林发出的"还乡"呼召——海德格尔对荷尔德林"还乡"(或"回家")诗的解释,虽然是 1943 年的讲演,在文集《荷尔德林诗的阐释》中却被置于首位,摆在另外两篇比这篇讲演更早些的讲演之前。③ ……我们当然没有忘记,海德格尔在这里解读索福克勒斯的目的,是为了让逻各斯与逻辑思辨脱钩、与"自然"挂钩——在荷尔德林的所有诗作中,"自然"一直是中心,包括译注索福克勒斯以前写的诗体小说《许佩里翁》。④

据海德格尔本人也景仰的古典语文学家莱茵哈特的看法,

---

① 参见珀格勒,《海德格尔的思想道路》,宋祖良译,台北:仰哲出版社,1994,页 235–239。

② 参见 P. Friedländer 1934 年发表在 *Hermes* 第 69 期(页 56 以下)的文章:*Πολλὰ τὰ δεινά*。

③ 参见前揭《荷尔德林诗的阐释》。

④ 中译见前揭《荷尔德林文集》。

荷尔德林的索福克勒斯翻译不过是在变相地写自己的颂诗："译者毫不迟疑地用自己颂诗中形成的支撑诸神权威的名词代替了古希腊众神的名字。"① 莱茵哈特还记叙到，荷尔德林的索福克勒斯译作刚一出版，本来非常欣赏荷尔德林的诗才的席勒看了——尤其唱颂"爱欲"的《安提戈涅》第四肃立歌——以后笑得喷饭。② 不消说，无论对荷尔德林还是海德格尔的译文，如古典语文学家莱茵哈特和海德格尔专家珀格勒所言，都不必用是否与原文相符来衡量③——倘若如此，无论从荷尔德林还是海德格尔的翻译和"义疏"那里，我们都没可能得知索福克勒斯实际上究竟说了什么……海德格尔的索福克勒斯解读无异于"解构"。

海德格尔与解释学的重生

在《存在与时间》中，我们已经可以见到《形而上学导论》中提出的作为一种解释学原则的"解读方式"，只不过，在那里海德格尔专注于沉思的是如此"解读方式"所依赖的"先见"（之明？）——"亲在"的现象学。我们知道，《存在

---

① 莱茵哈特，《荷尔德林与索福克勒斯》，见刘小枫、陈少明主编，《经典与解释 19：索福克勒斯与雅典启蒙》，华夏出版社，2007，页 235。

② 海德格尔对《安提戈涅》第一肃立歌的解释就像是尼采说的思想"翩翩起舞"，弗罗芒-默里斯对海德格尔的《安提戈涅》第一肃立歌的解释的解释看起来就像是在跟随起舞，参见氏著《海德格尔诗学》，冯尚译，上海译文出版社，2005，页 126 以下。

③ 参见莱茵哈特，前揭，页 247；珀格勒，前揭，页 256。

与时间》本来计划为两部，第二部在《存在与时间》中没见到。① 但该书导论是为两个部分而构思的，统摄两个部分，其中第五节题为"亲在的存在论分析：崭露用以解释（Interpretation）一般存在意义的视野"——在这一节临近结尾的地方，海德格尔告诉我们，这里和接下来要讲的涉及如何"才使我们能学着去理解 Alten［古人］已经准备好了的种种可能性"（页23）——可见，《存在与时间》已经在为解读古人做准备……我们也注意到，"古人"在这里是打了引号的。

紧接着的第六节题为"解构（Destruktion）存在论历史的任务"……在这里，"解释"与"解构"是什么关系？海德格尔当初给自己的整个两大部《存在与时间》规定的任务是否就是建构一种"解构"性的解释亲在的学问？无论如何，"解释"是《存在与时间》第一部中的主导性概念——第一部的标题是："依时间性阐释（Interpretation）亲在，解说（Explikation）时间之为存在问题的超越的视野"，通览整个第一部（亦即现有的《存在与时间》）可以看到，在展开"亲在"的现象学分析时，海德格尔都在恰当的地方谈到了"解释学"问题，如果我们不是一头就扎进海德格尔的"亲在"现象学漩涡，仅从章节标题上就可以看到，解释学问题是《存在与时间》的骨架——下面依序列出与"解释"、"解释学"（诠释学）有关的小节标题（三级标题中出现的就不计了）：

---

① 海德格尔，《存在与时间》，陈嘉映等译，修订版，北京：三联书店，1999，以下仅随文注页码。

第十一节：生存论分析工作与原始亲在的阐释（Interpretation）；

第二十一节：用诠释学方法（hermeneutische）讨论笛卡尔的"世界"存在论；

第三十二节：领会与解释（Auslegung）；

第三十三节：命题：解释（Auslegung）的衍生样式；

四十二节：由先于存在论的亲在自我解释验证亲在之为操心的生存论阐释（Interpretation）；

第四十五节：准备性的亲在基础分析的结果以及原始地从生存论上阐释（Interpretation）这一存在者的任务；

第四十九节：生存论的死亡分析与对这一现象的其他种种可能阐释（Interpretation）的界划；

第五十九节：生存论的良知阐释与流俗的良知解释（Interpretation）；

第六十三节：为阐释（Interpretation）操心的存在意义所获得的诠释学（hermeneutische）处境与一般生存论分析工作的方法性质；

第六十七节：亲在生存论建构的基本内容及其时间性阐释（Interpretation）的草描；

第七十二节：历史问题的生存论存在论解说［Exposition］（同见第七十七节）。

海德格尔在解释《安提戈涅》第一肃立歌的第三道程序时提出，"解释必然需要强力/暴力"（页124），《存在与时间》的63节已经阐明为何"生存论分析持住地具有一种强行施暴（Gewaltsamkeit）的性质"（《存在与时间》，页355）：

> 这种阐释若不从某种"设为前提的"一般生存论的观念中又从何处得到其指导线索呢？（页357）

与《存在与时间》的导论联系起来看，可以推想：海德格尔不仅解释索福克勒斯是在执行"解构存在论历史的任务"（第六节标题），在解释前苏格拉底哲人时同样是在执行这一"有事情发生"的任务。倘若如此，我们从海德格尔对古代诗人的解释中何以可能听到诗人们自己的声音？

《形而上学导论》明显与《存在与时间》有内在延续性，虽然1953年才出版，毕竟是1935年写的讲稿。那么，海德格尔后来还持守自己在其中提出并践行的"强行施暴"的"解读方式"吗？《形而上学导论》在谈到 die eigentliche Auslegung［真正的解释］时，已经没有用"解释学"这个词，海德格尔放弃了《存在与时间》中提出的"解释学的现象学"？——幸好，海德格尔对此有一个自己的生平史的说明，就在1959年出版的《在通向语言的途中》①里面——这个书名可以让我们知道，海德格尔没有忘掉帕默尼德的那句箴言："把人带入了语言。"

《在通向语言的途中》是一部文集，由六篇作品组成，不仅按时间先后，也按内在"义理"排序，各篇作品的题目便

---

① 见海德格尔，《在通向语言的途中》，孙周兴译，商务印书馆，1997（德文版见《海德格尔全集》卷十二），以下仅随文注德文本页码，除非特别标明中译本页码。

提供了一条明晰的思路,把我们"带入了语言":

> 1. "语言"(解释特拉克尔的诗)— 2. "诗歌中的语言"(解释特拉克尔的诗)—
>
> 3. "从一次关于语言的对话而来"(海德格尔的夫子自道)— 4. "语言的本质"(从解释格奥尔格的诗进到解释荷尔德林的诗)—
>
> 5. "语词"(解释荷尔德林的诗)— 6. "走向语言之途"(解构亚里士多德《解释篇》)

题目看起来都像是学院式"论文",实际上都是解释/解构文本——我们是不是应该把这本文集看做《荷尔德林诗的阐释》的续篇?

主题是"语言",而非"亲在"(亲在),但既然语言是在的家,讨论"语言"便是进了"亲在"的家。海德格尔对德语诗人的解释,同样采用的是"强行施暴"的"解读方式"——我们处处可以见到海德格尔自己明确宣称(或明目张胆)的"有意改写"。就文集的内在理路而言,第三篇《从一次关于语言的对话而来》和第四篇《语言的本质》标志出一个转折:不仅荷尔德林到场,亚里士多德带着自己的《解释篇》也到场(页170),于是,随后的解释荷尔德林诗《语词》显得是为拆毁亚里士多德《解释篇》作准备——果然,被题为"走向语言之途"的最后一篇便着手对亚里士多德《解释篇》"强行施暴"……《存在与时间》导论提出的"解构存在论历史的任务"不是在这里得到继续执行吗?

同样清楚的是，荷尔德林或者说荷尔德林的诗意语言（语言的本质在其中得以显现）处于中心位置，在这个位置上，海德格尔说：

> 荷尔德林以古人为楷模，喜欢用"歌唱"这个名称来称呼诗。（页149）

看来，《存在与时间》导言中说的"我们能学着去理解Alten［古人］已经准备好了的种种可能性"，如何学会的？跟荷尔德林学会的——荷尔德林如何以古人为楷模，从他翻译的索福克勒斯我们已经领略过了：把自己的颂诗改写进古希腊诗人的诗作。倘若海德格尔以荷尔德林为楷模，便是把他的"亲在"现象学——现在是作为在之家的"语言"现象学改写进古希腊诗人（尤其前苏格拉底的那些自然诗人）的作品，当然，第一步是改写德语现代诗人……

第三篇《从一次关于语言的对话而来》在文集中与其余五篇不同，不是解释具体文本，而是一篇对话作品，被置于作为全书枢纽的《语言的本质》一文之前——在这里，海德格尔现身说法，谈到了自己的思想经历……既然《从一次关于语言的对话而来》与《语言的本质》共同处于整个文集的中间（枢纽）位置，两篇作品之间的关系是什么？等我们仔细读完《从一次关于语言的对话而来》就会明朗。无论如何，这篇著名的对话"作品"十分难得——不仅因为海德格尔在这里说到自己与解释学的关系，对我们来说，尤其难得的是：谈话伙伴是咱们中国人的一位邻居！这位邻居的原始语文与咱们汉语是一家呵……我们不可举一反三吗?

必须特别注意:这是一篇作品,而非纪实性谈话记录——在书后的说明中,海德格尔写道,该文"成于"(entstand)1953–1954年间,为日本东京大学一位教授的来访而作。换言之,《从一次关于语言的对话而来》虽然像是一次谈话记录,实际上是海德格尔精心写就的,因此,对于其中的言辞,尤其提问与回答的安排,我们就得留心阅读——副标题为"在一位日本人与一位探问者之间",海德格尔把自己称为"探问者"(Fragenden),从而,这次谈话看起来就像是在直接呈现海德格尔在《形而上学导论》中所翻译的帕默尼德的诗句"交互讯问/听取与在归属在一起":这位日本客人既在讯问也在听取,海德格尔既在讯问也在听取,只不过"讯问/听取"的层次不同。当然,这位日本客人与海德格尔之间也处于"交互讯问/听取"的"亲在状态"。

我们都知道,写"对话"的楷模是柏拉图,这种文学形式的原模是古希腊戏剧——凡戏剧都要讲究设定戏剧性的推动力——海德格尔写的这出独幕剧的推动力是什么?海德格尔没有隐瞒,而是清楚指明:谈话的"隐蔽动向"(dem verborgenen Zug)就是搞清楚"解释学关联"(den hermeneutischen Bezug)(页101)。

话题从一位日本学人搞"美学"说起——海德格尔质疑说:"美学"出生于欧洲思想,更确切地说,出生于欧洲哲学,与东方思想格格不入,为什么东方人要搞"美学"?莫名其妙呵……东方人跑到欧洲来找"概念体系",回去后用来解释自家的东西,有这个必要?欧洲思想与东亚思想栖居的不是同一个家,语言是"在的家",东亚人没法懂欧洲人的语言(页76)……

说得有道理。听了这番话,我这个还在中国的大学里教"美学"、宣扬"美学"的教授感觉自己成了热锅上的蚂蚁——那么,欧洲人是否熟悉自己的家[语言]?

我想起了海德格尔在《形而上学导论》中的努力:帕默尼德"把人带入语言",但欧洲人要懂自己原初的家,已经非常困难。接下来,海德格尔便现身说法,谈起了自己如何被"带入语言"的思想经历——除了胡塞尔的现象学,海德格尔提得最多的是荷尔德林,因为对他一生的思考具有指导意义的,并非胡塞尔的《逻辑研究》,而是荷尔德林的颂诗……海德格尔告诉日本客人:足以说明他思想追寻的,非荷尔德林的颂诗《莱茵颂》莫属。当然,"对语言和存在的沉思老早就决定了我的思想道路"——海德格尔如是说,但这条"思想道路"不是《存在与时间》所走的道路,而是始于1934年开的《逻辑学》课……看来,《存在与时间》之后,海德格尔自己的确经历过某种"转向"……

什么样的转向、如何转向?

要搞清这一问题,更为直接的方式莫过于问:谁"帮助和指引"海德格尔走上一条新的思想道路……海德格尔没有绕弯,而是直接了当回答这一问题——再次提到荷尔德林的颂诗……看来,"帮助和指引"他走上这条思想道路的肯定不是胡塞尔,而是荷尔德林(页78–79)。

第一段"交互讯问/听取"是这样结束的:海德格尔表扬日本客人将他关于荷尔德林的讲演译成了日文,表扬这位客人的"思考专注于诗歌"——在我这个中国人听来,海德格尔的言外之意似乎是:他的著作中值得翻译成别国文字的,莫过于他对荷尔德林诗的解释,或者说,我们值得学习的是对自己母语的伟大诗人的沉思(注意日本客人的答语:"从我们日本的诗歌出发,要公正地合乎本质地经验欧洲的诗歌,总还感到力不从心")——于是乎,中国哲人的"任务"就是像海德格尔那样解释古代(甚至现当代)的中国诗人。从海德格尔那殷切的语调看来,他可能还觉得我们比他幸福——因为,我们没有"解构存在论历史"这一艰巨的"有事情发生"的"任务"……"存在论历史[有事情发生]"是西方哲人自己造的孽,解构这段"历史"[发生过的事情]乃海德格尔义不容辞的"使命",但不关咱们中国人的事……

接下来,话题就说到海德格尔自己与解释学的关系——海德格尔在这里显得非常耐心地循循善诱。海德格尔问日本客人,为什么他的前辈在德国学习时会特别关注海德格尔的讲课笔记,日本客人便特别提到了"解释学"(Hermeneutik)和"解释学的"(hermeneutisch)这两个语词(注意:对话是海德格尔写的,因此无异于海德格尔特别提到这两个语词)……于是,海德格尔就说起自己如何通过基督教神学研究接触到"解释学"……如何力图把握狄尔泰和施莱尔马赫对解释学的理解——海德格尔尤其提到,这两位前辈掌握解释学都与神学有关,但没提到尼采(!),也没有提到比如说古典语文学的解经传统。当日本客人依据"语文学"的定义提到"解释学乃是一门关于文学作品的解释(Auslegung)的目的、方法和法则的科学"时,海德格尔马上说:"解释学的形成首先并且主要地是与圣经典籍的解释相一致"（页81），从而不动声色地纠正了客人的界定：Hermeneutik 并非一门关于文学作品的解释的科学，而是基督教神学的产物——随后，海德格尔就说，自己在《存在与时间》以后的著作中就不再用"解释学"和"解释学的"这两个语词了（页83）。

第二段"交互讯问/听取"就在这里结束——日本客人于是问，海德格尔是否改变了自己的观点，海德格尔的回答看起来像是摹仿苏格拉底式的似是而非，风格却是荷尔德林式的走在"还乡"路上：

> 我离开了前期的一个观点，但并不是为了用另一个观点来取而代之。而是因为，即使从前的立足点也只是一条道路上的一个逗留。（页83）

海德格尔有过"转向"吗？这样的问题没有意义——思想乃是行路，海德格尔说他仅是在路上"逗留"了一下而已……话题转到思想如何行路——海德格尔讲述了自己的行路经验：往前走无异于往回走……回到哪里？"回到开端"……

随之，日本客人又提到"解释学因素"（Hermeneutische）（页84）——这是海德格尔说他已经放弃解释学［Hermeneutik］和"解释学的"（hermeneutisch）之后，客人第一次再提起解释学（日本客人的德语很棒，他把 hermeneutisch 说成大写的名词 Hermeneutische，从而与 Hermeneutik 和 hermeneutisch 都不一样，真不愧为海德格尔的学生），海德格尔没有提醒客人：请不要再用这个我已经不用的语词……而是让谈话继续在何谓"解释学因素"这一问题的推动下进行,似乎即便不要"解释学"这个学术名称,也没法避免"解释学因素"(Hermeneutische)的问题。

……谈话逐渐向着海德格尔对于"存在"的重新理解推进,话题自然会触及海德格尔在《存在与时间》和《形而上学导论》中对欧洲形而上学的克服。这时,海德格尔提醒自己的日本客人:"克服既不是一种摧毁,也不只是一种对形而上学的否定",那样的话,就不仅是"幼稚的僭妄",也是"对历史[有事情发生]的贬低"(页91)。问题仍在于,如何使得语言与存在照面,如何进入语言这个存在的家。

这一段(第三段)"交互讯问/听取"很长,中间有一个间歇:海德格尔让对话进程停下来,以便日本客人"闭目垂首"做打坐状,"陷入长久的沉思"(有多长?不可用钟表时间来计算吧)……作为探问者的海德格尔则耐心等待,直到"客人重新开始对话"(页94)……

这个间歇意味着什么?像不像《存在与时间》前后的分野?"陷入长久的沉思"之前是《存在与时间》的思路,之后则是《存在与时间》之后的思路——甚至说是《存在与时间》的第二部也未尝不可……我们是否可以这样来理解:如果说《存在与时间》是从存在出发关注语言,后来的道路就是从语言出发关注存在——"语言的本质"问题就来了……无论如何,间歇之后,话题直奔"语言的本质"(文集下一篇的标题),"本质"这个语词被等同于"存在的家"——海德格尔笔下的日本客人的脑子接得非常快,而且准:适时地提到了海德格尔《关于人道主义的书信》和对荷尔德林《还乡》诗的解释（页95）……

第三段"交互讯问/听取"的路颇为漫长，但谈话毕竟逐渐在走向一个高潮……第三段与第四段"交互讯问/听取"的转接显得富有戏剧性的紧张——海德格尔对客人说："不瞒您说，您把我投入一种巨大的不安中"（eine groβe Unruhe）。由此谈话就突转到第四段谈话：海德格尔主动重新提起"解释学问题"——主动提出要回答前面中断了的何谓"解释学"这一问题，海德格尔说，"前面的解说还没有多么深入"（页99）。突转的关节是"巨大的不安"与"解释学问题"——如果我们回头翻阅一下《存在与时间》就会看到：与"不安"相关的"畏"恰是海德格尔在那里所描述的"亲在"的基本现身情状（第四十节），正是在那里，我们读到："如果我们在生存论存在论的意义上把亲在之茫然失所解释为威胁……"（Wenn wir existenzial – ontologisch die Unheimlichkeit des Daseins als die Bedrohung interpretieren...）（《存在与时间》，页219；注意这个 die Unheimlichkeit des Daseins 在海德格尔解释《安提戈涅》第一肃立歌时的意义）……与此情状相连的是"操心"，随之便是四十二节："由先于存在论的亲在自我解释验证亲在之为操心的生存论阐释。"

偶然的巧合？我们看海德格尔如何深入自己提出的话题。

海德格尔从当年的"解释学的现象学"说起："解释学的"这个形容词不是"解释（Auslegen）的方法，而是指解释本身（das Hermeneutische）"（这个语词本来是日本客人最先用的哦！尽管中译不一样）……当年放弃"解释学的现象学"这个提法，可不是为了否定如此现象学呵，而是为了进一步澄清现象学……如何澄清？

从澄清"解释本身"（das Hermeneutische）入手……何谓"解释本身"？海德格尔回溯词源："解释学"的名称源于希腊语的动词 ἑρμηνεύειν［解说］，动词源于名词 ἑρμηνεύς［解说者］，普通名词源于专有名词"诸神的信使"——Ἑρμῆς［赫尔墨斯］，"他带来天命的消息"（Botschaft des Geschickes），后来成为对由诗人说出来的东西的解释（页 115；中译本页 100）。

海德格尔抛弃了解释学？

是的——抛弃了狄尔泰、施莱尔马赫意义上受基督教神学规定的解释学……在解释《安提戈涅》第一肃立歌时，海德格尔宣称要摆脱受基督教规定的近代以及迄今的形而上学和认识论，狄尔泰、施莱尔马赫意义上的源于基督教神学的解释学显然属于这种形而上学和认识论——谈话随后通过说到狄尔泰的《体验与诗》来证实了这一点（参见页 106）。

海德格尔抛弃了解释学？

当然没有——从"解释学"这个名称的希腊语词源重新取回"解释学"，把它界定为对诗人所言说的东西的解释，而诗人——当然是原初意义上的诗人——是"赫尔墨斯"，即"诸神的使者"，在此，海德格尔引用了柏拉图的《伊翁》来证明：诗人即"诸神的使者"（der Götterbote）这一说法乃古已有之（页 100）。

日本客人曾经说，按照"语文学"（Philologie）的定义，"解释学乃是一门关于文学作品的解释的目的、方法和法则的科学"，这里海德格尔则界定为对诗人所言说的东西的解释，从而，海德格尔所谓古希腊意义上的"解释学"不仅不是基督教神学意义上的解释学，也不是传统的古典语文学意义上的"关于文学作品的解释的目的、方法和法则的科学"。换言之，并非任何作品都值得去解释一番，因为并非随便哪个诗人都是"诸神的使者"——从而，真正的"解释本身"的首要任务乃是：得先看准历史上谁是值得解释的诗人，或者说，谁是真正的"诸神使者"——对索福克勒斯的解释，仅仅是一个初步尝试……我们知道，海德格尔一生中出版过的唯一一部解释诗人的专书，是对荷尔德林诗作的解释——而非对索福克勒斯的解释，在海德格尔心目中，谁是这个时代真正的"诸神使者"已经很清楚了。

经过重新取回原初的"解释学"，谈话有了新的起点和新的话题：在场者之在场的二重性（Zwiefalt，比较《形而上学导论》解释索福克勒斯时第三道工序中的 ein Zwischen - fall [跌入其间]），"正是这种二重性要求着人，召唤人走向其本质"；在这种二重性中"占支配地位和起支撑作用的东西是语言。语言规定着解释学关联"（页100 - 101）。新一轮"交互讯问/听取"（第五段）带着何谓"解释学关联"的讯问重新上路——在此，日本客人用了"我们"，海德格尔跟着也用了"我们"……"交互讯问/听取"与"在"第一次归属在一起。

在接下来的谈话中，海德格尔不再回避用"解释学"这个语词（页103，111，122 [两次]，123），日本客人用到这个语词时，海德格尔也不表示异议（页103，112，119，122，123）。从第五段"交互讯问/听取"开始，谈话行程围绕着何谓"解释学关联"往回走（从而第五段与第三段形成对照）——从康德走向前苏格拉底，在这里，海德格尔不失时机地谈到了对古希腊的理解……话题从"显现"转过来（这个论题已经见于《存在与时间》，似乎从前的"解释学的现象学"以"现象学"为主体，这里则是"解释学"成了主体，以至于可以说是"现象学的解释学"），海德格尔要求摆脱笛卡尔—康德以来对"显现"的理解，要"思考希腊意义上的显现"……在这个节骨眼上，海德格尔让自己笔下的日本客人出面来澄清一个重大误解：

> 人们往往不加深究地把您对显现的规定与希腊人的规定相提并论，而且人们想当然地认为，您的思想一味地力求返回到希腊思想那里，甚至返回到前苏格拉底思想那里。（中译本页 109）

海德格尔让笔下的自己回答说：

> 这种看法当然是愚蠢的，但它也含有某种正确的成分。（中译本页 109）

模棱两可的修辞……究竟是抑或不是？鉴于海德格尔在四十年代以后解读了好些前苏格拉底哲人，这个问题对于我们中国的思者来说当然非常紧要——幸好海德格尔笔下的日本客人紧追不放，海德格尔回答了自己与古希腊思想的关系，尽管回答仍然呈现为引导性对话：

> 海：我们今天的思想已经放弃了更希腊地思希腊

思想。

日：从而也就放弃了比希腊人的自我理解更好地理解希腊人。

海：不对，事情恰恰不是这样（Dies gerade nicht）。因为任何伟大的思想总是最好地理解自己，也即是说，总是在它所具有的界限内理解了自己。

日：那么何谓更希腊地思希腊思想呢？

海：这最好就显现的本质来加以说明。如果在场本身被思为显现，那么，在场中运作的就是那种进入无蔽意义上的光亮之中的出现。无蔽是在作为某种澄明的解蔽中发生的。而这种澄明本身作为居有事件（Ereignis）在任何地方都是未曾被思的。从事对这一未曾被思的东西的思，意味着：更原始地追踪希腊思想，在其本质渊源中洞察希腊思想，这种洞察就其方式而言是希腊的，但就其洞察到的东西而言就不再是希腊的了，决不是希腊的了。（页126–127；中译本页109–110）

多么斩钉截铁、语重心长的"恰恰不是这样"！

施特劳斯在三十年代初作的一篇学术报告（未刊）中说过："比作者本人更好地理解作者"乃康德提出的解释原则，正是这一原则支配了施莱尔马赫以后的解释学。[①] 倘若施特劳斯所言不虚，海德格尔在这里截然的"恰恰不是这样"就表

---

① 施特劳斯，《柯亨与迈蒙尼德》，见刘小枫编，《犹太哲人与启蒙》，张缨等译，华夏出版社，2010；亦参《显白的教诲》，见《古典政治理性主义的重生》，郭振华等译，华夏出版社，2010。

明，他仍然置身于康德的解释学原则之中——不仅如此，还有过之而无不及：这里谈论的话题，恰是《形而上学导论》在解释《安提戈涅》第一肃立歌后谈论的话题——海德格尔在那里引述克塞诺梵尼后突然又回到解释古典的方法问题，说"我们的解释"（unsere Auslegung）会被"受基督教定调的近代亦即今天的形而上学"视为"一种任意曲解"（eine willkürliche Umdeutung），"精确的解释"（exakte Interpretation）绝不会认可"海德格尔式的解释方式的强词夺理和片面偏激"［Gewaltsamkeit（注意这个语词在《存在与时间》中的用法和位置）und Einseitigkeit des Heideggerschen Auslegungsverfahrens］云云——对诸如此类的质疑，海德格尔理直气壮地反问："究竟哪一种解释才是真实的"（Welche Auslegung ist die wahre）（《形而上学导论》，页134；中译本页176）。这话听起来无异于说，康德的"比作者本人更好地理解作者"还不彻底，因为康德的形而上学已经被基督教定了调儿，没有看到在《存在与时间》中"被解释为威胁"的"亲在之茫然失所"（die Unheimlichkeit des Daseins）——难怪在谈话中，海德格尔后来要让自己笔下的日本客人说，"康德对这回事情早有猜度"，以便给自己一个机会说："但是我们的思想已经在这个源泉那儿了吗"（页119）。

海德格尔要思的东西"在任何地方都是未曾被思的"，包括古希腊人——用咱们的诗人黄遵宪在《人境庐诗草·自序》中的语词来表达，可以说，海德格尔看到了"今之世异于古"，他要思的是"古人未有之物、未辟之境"……

关于所谓"二重性"的谈话，最后消逝在一种神秘的声音之中（页111）……谈话进入第六段"交互讯问/听取"——海德格尔让自己笔下的日本客人重新用起"我们",还特别让他为此说了一声"对不起"……前一次用到的"我们"（第五段开始）在探问过程中分化为"二重性",到了这里，"交互讯问/听取"与"存在"又归属在一起，因为，海德格尔的日本客人此时说，他以为自己"现在更清晰地洞察到解释学与语言的一体性的全部意义"（页112）——海德格尔没有对客人用 das Hermeneutische 一词表示异议。

话题竟然回到了"美学"！……海德格尔在摹仿柏拉图笔下的苏格拉底兜圈子吗？

"交互讯问/听取"的谈话说到了席勒……说到了"秀美"……海德格尔把这个德国古典美学的概念转化为"喜悦"（Entzücken，或可译作"迷醉"），为什么谈起"迷醉"来了？因为"澄明着的消息发生"（Ereignis der lichtenden Botschaft）啦……（页115–116）。此时，日本客人几乎不用点拨就已经懂得，德国古典美学的"秀美"概念"太容易把今天的心智引入歧途了"……海德格尔接下来一定是带着满意的微笑在听取，因为，自己的日本客人主动说，唯有求助于古希腊文来理解何谓真实的"秀美"……如何求助于古希腊语？不用海德格尔指点，日本客人自己也已经知道：通过海德格尔解释荷尔德林的诗句时所引的索福克勒斯……海德格尔高兴地接过话头，进一步补充道：索福克勒斯笔下的 Xάρις 才是"真正地作诗"（das eigentlich Dichtende）……"是二重性之解蔽"（页135，中译本页116–117）。

何等富有启发意义的谈话！……海德格尔让自己笔下的日

本客人说:

> 在您的引导下尝试对解释学的沉思(unter Ihrer Anleitung dem Hermeneutischen nachzusinnen)……是多么明智。(中译本页118–119)

——海德格尔谦虚地说:

> 我的引导必定多么微不足道。因为随着对言说之本质的洞察,思想才刚刚开始了一条道路,这条道路把我们从纯粹形而上学的表象中取回来,使我能进入对那种消息的暗示的关注——我们本来就想成为那种消息的传信者。(页137;中译本页118–119)

"交互讯问/听取"的谈话看来要结束了,话题已经走向"叙说(Sagen)的本质"——这种"说"得"从语言的本质中被召唤出来"……

"我们如何能做这种说呢?"海德格尔让笔下的客人问了最后一个带实质性的问题,由此把谈话推向了最后一段(第七段)"交互讯问/听取"——海德格尔回答说:"或许只能是一种对话。"(页141;中译本页122)

海德格尔在这里写的不正是一场对话吗?……是又不是——当我们说海德格尔在这里写的是一篇对话时,是以柏拉图的对话为尺度来衡量的,但海德格尔说,他所理解的"对话",其实就是所谓的"解释学循环"(den hermeneutischen

Zirkel)……因为"解释学关联"最终无法用语言来表达,需要一种与此无从言说的东西相宜的"对话"——经过海德格尔最后的这番开导,日本客人很快就懂了:

> 在这种意义上来看,岂不连柏拉图的对话也不是对话了(auch Platons Dialoge keine Gespräche)。(页143;中译本页123)

"柏拉图的对话也不是对话了"——"对话"的原文前一个用的是希腊语的转写,后一个用的是德语,妙呵!整个谈话仅两次提到柏拉图:一次是海德格尔自己,引证柏拉图的《伊翁》(页100),再就是临近结尾的这一次,由海德格尔笔下的日本客人提到的——为什么这次让日本客人提到?海德格尔相信,聪明的读者自然会明白个中消息……海德格尔几乎是表演性地把客人的这一修辞性提问"搁在一边",让"交互讯问/听取"的谈话闭幕……海德格尔把话题引回"二重性之解蔽的消息",让自己笔下的日本客人以这样的话结束:"这消息用我们为传信者。"(页126)

海德格尔在这里的"对话"难道还没有清楚表明,古希腊诗人和哲人(其实是一回事,参见《形而上学导论》,页110,中译本页145)那里根本就没有需要海德格尔去读出来的东西?……海德格尔的思想"扎根"在古希腊人那里——有位精通"哲学的地缘政治"的美国学者如是说,倘若与海德格尔的这篇生平史式的谈话对照一下,这话听起来简直是天方夜谭。这位美国教授竟然写道,"海德格尔追随索福克勒斯在《安提戈涅》合唱中的洞见，宣称……"，① 海德格尔何曾"追随"过索福克勒斯的"洞见"？

通过证明中国古代的大《易》思想比康德、尤其海德格尔的形而上学高明，牟宗三以为他已经证明了中国思想比西方思想高明——我们高兴得可能过于早了些吧……这种结论必须基于一个前提：海德格尔把握住了"真实的"古希腊思想……然而，海德格尔已经明确告诉我们，他的"先见"来自荷尔德林……

追仿海德格尔的解释学方式，通过解释中国古代（遑论现当代的诗人）来使得中国思想"解蔽"，我们会走向何方……无论何方，总归不会是中国古典诗人原本所在的"家"——除非我们断定，海德格尔的"亲在"解释学的"先见"就是中国古典作品中已经有的东西……不然，我们学会的至多是，像荷尔德林那样，以一种"前无古人，后无来者的方式"（莱茵哈特语）翻译和解释古代诗人。

倘若对古希腊肃剧诗的解释仍然没有摆脱德意志古典形而上学的思维，就依然是在用一种新的形而上学构想来反驳旧的形而上学构想——荷尔德林如此，海德格尔同样如此。海德格尔的《形而上学导论》想要掀翻整个理性形而上学传统，奇妙的是，他采用的是讲授"形而上学导论"的方式——即便海德格尔用对索福克勒斯诗句的解释置换了传统形而上学的根基，从而表明现代的启蒙教育最终会失败，理性教育并不能使

---

① 巴姆巴赫，《海德格尔的根：尼采、国家社会主义和希腊人》，张志和译，上海书店，2007，页351。

人成长，以至于海德格尔看起来在主张回到传统的诗教，他对康德启蒙形而上学的批判说到底依然基于同样站在康德"现代的水域"中的荷尔德林对古希腊精神的歪曲……《形而上学导论》结尾时引用的荷尔德林诗句像是在指示一条走出启蒙形而上学的"路"，但这条"路"本身仍然是一种形而上学（教育）。

1951年，海德格尔的《荷尔德林诗的阐释》出了Vermehrte Aufgabe（增订版）；1953年，《形而上学导论》出版；1959年，可以恰当地被看做《荷尔德林诗的阐释》续篇的《在通向语言的途中》出版，这一年海德格尔满七十岁——在我们刚才读过的生平史式的谈话的结尾，海德格尔呼唤哲人甘当作为"诸神使者"的诗人的"传信者"（解释者）——无独有偶，就在同一年，刚满六十岁的施特劳斯在芝加哥大学开设了"柏拉图《会饮》讲疏"课①……我们知道，在柏拉图的这篇对话中，哲人苏格拉底敲打了自以为 $\delta \varepsilon \iota \nu \acute{o} \tau \varepsilon \rho o \nu$ ［更厉害］（就这个语词的字面含义而言）的肃剧诗人阿伽通"对人之在的诗意构思"。

智术师"对人之在的诗意构思"

索福克勒斯的《安提戈涅》第一肃立歌说，人所拥有的语言和心智能力不是神赐予的，而是"自己学成"［$\dot{\varepsilon}\delta\iota\delta\acute{a}\xi\alpha\tau o$］

---

① 施特劳斯，《柏拉图的〈会饮〉讲疏》，邱立波译，华夏出版社，2010。

的——海德格尔的解释路向也是自己学成的，然后传授给了二十世纪诸多著名教授……有大学就会有教授，这类人在索福克勒斯时代叫做智术师。

海德格尔是智术师？谁这样断言，定然会遭到来自各个方面的反驳。与尼采一样，海德格尔嘲讽过现代的大学教授们，倘若海德格尔生在索福克勒斯时代，恐怕也会嘲讽智术师……公元前五世纪下半叶，雅典出现了一场著名的启蒙运动。这场思想解放运动的主将就是智术师（Σοφιστής），这个称呼派生于动词σοφίζω以及σοφίζομαι的词干，加表达从业者的后缀-της而成，与σοφία相关，起初并不带贬义，后来才特指在民主时代游走各城邦收费教学的新兴智识人。智术师热切推广以语言哲学为基础的哲学教育和政治教育，劝谕人们摆脱传统宗法观念的束缚。智术师们相信，社会生活所需的知识和美德，都可以通过语言哲学性质的智慧训练来得到。① 柏拉图笔下的苏格拉底在《王制》中曾经生动地描述过智术师们在雅典城邦的影响力：

---

① 智术师派的主要人物有：普罗塔戈拉、高尔吉亚、安提丰、希琵阿斯、普洛狄科、忒拉绪马霍斯、克里提阿等，其文章大多没有完整流传下来，多见于当时和后世作家的引述。晚近有 Thomas Schirren/Thomas Zinsmaier 编译，*Die Sophisten: Ausgewälte Texte*（《智术师派文选》），希腊语—德语对照本，Stuttgart 2003；研究著作可参 Bernhard H. F. Taureck, *Die Sophisten*, Hamburg 1995；苏格拉底与智术师派的关系，参 B. Waldenfels, *Das sokratische Fragen: Aporie, Elenchos, Anamnesis*, Meisenheim 1961。从现代民主思想的立场为智术师翻案，可参见柯费尔特，《智者运动》，刘开会、徐名驹译，兰州大学出版社，1996；Otto A. Baumhauer 的 *Die sophistische Rhetorik: Eine Theorie sprachlicher Kommunikation*（《智术式的修辞术：一种语言交往理论》，Stuttgart 1986）。用哈贝马斯的"交往行动理论"为古代智术师派正名，如今已成为学界笑谈。

阿伯德拉的普罗塔戈拉、开俄斯的普洛狄科，以及好些其他人能凭私人交往令自己的同时代人深信，倘若他们不辅导同时代人的教育的话，同时代人就既不能齐家也不能治国。正是凭这种智慧，他们赢得了深深的热爱，以至他们的追捧者们只差没把他们举在头上四处游走。（《王制》600c6 – d2）

也许可以说，古希腊的智术师就是现代的技术理性式智识分子的先驱。既然海德格尔不遗余力地批判现代的技术理性，就没可能设想海德格尔是个智术师。尽管如此，我们仍然不能无视令人费解的事情：《安提戈涅》第一肃立歌反映了当时极负盛名的智术师普罗塔戈拉提出的新文明论，为什么海德格尔在《形而上学导论》中把第一肃立歌视为古希腊诗人"对人的在的诗意构思"，对普罗塔戈拉的新文明论却不置一词？

智术师多是外邦人（参见柏拉图，《希琵阿斯前篇》281b；《美诺》80e；《欧蒂德谟》271c），雅典民主政治的形成和发展为他们提供了施展才华的舞台。在来到雅典的智术师中，恐怕要数与德谟克里特是同乡的普罗塔戈拉名气最大。肃剧诗人欧波利（Eupolis）暴得大名的剧作《奉承者》（公元前421年获奖）中提到，雅典富商卡利阿斯（Callias）家里聚集着一批食客，普罗塔戈拉就在其中——这是如今所能见到的普罗塔戈拉被写进戏剧作品的最早文献。柏拉图的名作《普罗塔戈拉》记叙的就是普罗塔戈拉在卡利阿斯家的演讲，以及苏格拉底与普罗塔戈拉就政治美德是否可教展开的论辩。由此可见，普罗塔戈拉在雅典的行迹很早就成为美谈（亦参公元二世纪的语文学家 Athenaeus 的《智术师们的会饮》〔Δειπνοσοφισταί = Banquet des sophistes〕，XI，115）。

普罗塔戈拉能言善辩、学富五车，用今天的话来说，他的头衔有：自然学家、教育家、政治家、希腊语言学创始人，还精通饮食学（当时的医术中最时髦的部分）。我们非常熟悉的名言"人是万物的尺度"就源于普罗塔戈拉的教诲——这话的意思是：人有能力做一切，只要人愿意。不过，普罗塔戈拉的原话实际上要抽象得多、思辨得多：

> 所有财富的尺度是人（*Πάντων χρημάτων μέτρον ἐστὶν ἄνθρωπος*），所在的东西才在，不在的东西就不在。

这句名言的句式很简单，但非常抽象甚至非常思辨，充分体现出普罗塔戈拉不愧为善于咬文嚼字的语言哲学大师。这句话虽然出现了三个系词（*ἐστὶν*），其实是一个表语句，主词是"尺度"（*μέτρον*），界定它的属格定语"所有财富"（*πάντων χρημάτων*）置于句首意在强调，句尾的"人"（*ἄνθρωπος*）是表语。随后是关联副词带起的两个现在时分词（*τῶν ὄντων*，即 *τὸ ὄν*〔= *εἰμί* 的现在时分词的中性单数〕的复数二格），由于都带有冠词，这两个分词都作名词。现在时分词 *ὄν* 加冠词成为名词，没有什么特别，原意为"所是的、就是这东西"，但在西方哲人那里，这个语词成了非常重要的形而上学术语"存在者"（英译为 beings）。我们知道，*τὸ ὄν*〔Seiende = beings〕与 *εἶναι*〔Sein = Being〕的关系和差异，就是海德格尔一生沉思的问题。由此我们看到，海德格尔的思辨其来有自，因为，普罗塔戈拉的这句话就表达了类似的思辨。"所在的东西才在"（τῶν μὲν ὄντων, ὡς ἔστιν），"不在的东西就不在"（τῶν δὲ οὐκ ὄντων, ὡς οὐκ ἔστιν），思辨的就是τὸ ὄν［Seiende = beings］与εἶναι［Sein = Being］的关系和差异："所在的东西"和"不在的东西"实际上是对前面的"所有财富"的分解。我们可以注意到，"财富"（χρημάτων）与"所在的东西"（τῶν ὄντων）虽然都可以指"东西"，但性质上有差异，前者既然意为"财富"，就是属"人"（ἄνθρωπος）的东西，后者则是自然物，并不属于人——对于人来说，没有用的东西不算"财富"，对于人来说"必须"的东西、有用或可用的东西（用海德格尔的说法叫做"在手边的"、"上手的"）才是财富。因此，什么"所在的东西"变成人的"财富"，当然要依人来决定。

这话可以看做现代人本主义的滥觞，海德格尔对这种以人为中心的所谓"人道主义"给予了坚决、彻底的批判，我们同样印象深刻。不过，我们也应该知道，最早批判普罗塔戈拉这一名言的是柏拉图，他笔下的人物曾提出过针锋相对的命题："可是，对我们来说，神才是所有财富的尺度"［ὁ δὴ θεὸς ἡμῖν πάντων χρημάτων μέτρον ἂν εἴη μάλιστα］（《法义》716c4 - 5）。

普罗塔戈拉的"人本主义"引出相对主义。普罗塔戈拉说，对于每件事情人们都会有两种不同的看法，每种都同样"真"，有如一种"不但……而且……"和"虽然……但是……"的思维模式。普罗塔戈拉对神的看法就是如此，他在《论诸神》一文中开篇就说：

> 对于神们，我一无所知，既不知神在，也不知神不在。(第欧根尼·拉尔修，《名哲言行录》，IX，51)

这里的所谓"神在"和"神不在"的希腊文句式，与上面我们看到的"所在的东西才在"（ὡς ἔστιν）、"不在的东西就不在"（ὡς οὐκ ἔστιν）完全一样。不难设想，海德格尔会对普罗塔戈拉的如此人本中心论大加挞伐。令人费解的是：普罗塔戈拉的人本中心主义其实来自苏格拉底以前的自然哲人赫拉克利特关于神的说法，但海德格尔在《形而上学导论》中推崇的恰恰是包括赫拉克利特在内的自然哲人。我们的疑问是：海德格尔企望通过回到前苏格拉底哲人来克服近代人本主义形而上学何以可能？

这个问题把我们再次引向海德格尔在《形而上学导论》中对《安提戈涅》第一肃立歌的解读。如果第一肃立歌含混的"人颂"的确包含着普罗塔戈拉的新文明论，海德格尔难道会看不出来？

普罗塔戈拉提出的所谓新的文明论，当时已经形诸文字，但没有流传下来——《论诸神》想必就是这种新文明论的重要文献之一。如今我们能够看到的这一新文明论的痕迹主要见于三个古典文本：埃斯库罗斯的《被缚的普罗米修斯》、索福克勒斯的《安提戈涅》和柏拉图的《普罗塔戈拉》。比较而言，柏拉图笔下的文本最为完整，从中我们可以看到，普罗塔戈拉如何提出自己的新文明论——普罗塔戈拉到雅典后，住在卡利阿斯家，对在场的苏格拉底和其他老中青三种人讲述了普罗米修斯的神话故事。由于这个神话的主题是人的生成及其在世品质，我们可以恰切地把普罗塔戈拉讲的这个神话称为"对人之在的诗意构思"。因为，据古典语文学家考证，普罗塔戈拉在雅典传授他的新文明论时，的确利用了普罗米修斯这一古传神话①——换言之，普罗塔戈拉最初在雅典提出新文明论时是在仿古诗人作诗。

为什么普罗塔戈拉要用仿诗方式提出自己的新文明论？按柏拉图的记叙，普罗塔戈拉在讲普罗米修斯的创世故事之前曾说：

> ［316d4］我嘛，倒是要说，智术师的技法（τὴν σοφιστικὴν）其实古已有之，古人中搞［d5］这行的人由于害怕招惹敌意，就为自己设计出一件外套，把自己裹起来。对有些这号人来说，诗就是外套，比如，荷马呵、赫西俄德呵、西蒙尼德呵……不过，在这方面［317a］我可不与他们所有人为伍。因为，我认为，他们完全不能实现自己的所愿——他们没能逃脱在城邦中行使权力的那些人的注意，而外套恰恰是为这些人［制作的］。至于多数人嘛，［a5］对什么都没感觉，只知道重复有权势者所宣称的东西——谁要想悄悄溜走，但又没有能办到，那就非常明显，这［溜走的］企图愚［317b］蠢之极……

---

① 参见特雷德/德蒙编，《普罗塔戈拉考》（吴雅凌译），见刘小枫/陈少明编，《经典与解释14：摩西与政治哲学》，华夏出版社，2006；详见刘小枫，《好智之罪》，前揭。

这段说法非常有名,通常被看做对智术师的历史描述,其实不然。普罗塔戈拉的这段自我介绍谈的是启蒙:老派智术师是秘密启蒙,普罗塔戈拉是公开启蒙。

普罗塔戈拉说,从古至今,凡有智慧的人都会招人妒忌甚至敌意,他举到的例子有三类人:1. 荷马、赫西俄德、西蒙尼德一类古诗人——将荷马、赫西俄德与西蒙尼德相提并论,已经是对前两位大诗人的不敬;2. 俄耳甫斯、缪塞俄斯($Mουσαῖον$)以及他们的信徒们;3. 体育教练伊克柯斯和赫若狄科斯。这三类人让我们想起苏格拉底与希珀克拉底在先前的谈话时说到,传统的老师有三类:语文老师(对应于荷马、赫西俄德、西蒙尼德)、音乐老师(对应于俄耳甫斯、缪塞俄斯)、体育老师(对应于伊克柯斯和赫若狄科斯)。从而,普罗塔戈拉在这里实际上是要表明,自己与古希腊文教传统的教师不同。

按普罗塔戈拉的说法,这些传统的教师传授的都是智慧,诗、音乐、体育都不过是用作掩护的"技艺"($τέχναις$)——这话暗藏玄机:如果普罗塔戈拉显得自己才真的有智慧,他就可以代替所有前三类传统的老师;如果普罗塔戈拉的所谓"智慧"就是哲学,那么,哲学就应该取代传统的文教。

普罗塔戈拉进一步把传统的老师们与城邦的关系说成敌对的关系,好像他们与自己一样,要躲避官方的注意。他们用作掩护的"技艺"($τέχναις$)(语文、音乐、体育)是用来糊弄官方的,因为"多数人嘛,[a5] 对什么都没感觉,只知道重复有权势者所宣称的东西"——如果说前面一段说法暗中诋毁了传统教育的实质,这里就是在暗中诋毁传统教育的形式:

语文、音乐、体育都是"外套"。说到底,传统教育一无是处。传统教师不敢光明正大地教育人,对官方心存畏惧,一点儿不勇敢。因此普罗塔戈拉接下来说:

> 我哩,采取的做法与他们的完全相反,我承认自己是个智术师,就是教育[b5]人的。依我看,这比他们的做派要更为明智些,也就是,承认比否认更为明智些。

普罗塔戈拉的如此自我表白不仅表明了他的智术师身份,而且表明了他所理解的"明智"。

> 对我来说,最乐意的当然是——倘若这也是你们所愿望的话——在涉及所有[317c5]这些事情时,当着所有在这屋里的人来立言($τὸν\ λόγον\ ποιεῖσθαι$)。

普罗塔戈拉在这里所说的要点可以这样来归纳:首先是"勇敢",然后是启蒙,再是"明智",最后是"立言"(提出新政治理论)。启蒙与勇敢和明智德性的结合,就是普罗塔戈拉宣称的智术师品格:智术师应该光明正大地传授新思想、新文化。可是,普罗塔戈拉接下来讲授自己的新文明论时,仍然借用赫西俄德的普罗米修斯神话把新思想包裹起来——这就是他讲的普罗米修斯的新创世神话,用他当时的说法,他要"像个老人给一群年轻人讲故事那样来揭示"(320b)自己的新思想("揭示"[$ἐπίδειξω$]是智术师喜欢用的行话;参见柏拉图《高尔吉亚》447a,447c)。

普罗塔戈拉初次在雅典传授新文明论时，不仅用古传神话包裹起来，而且是在一位朋友家里关起门来讲授的。想必普罗塔戈拉后来无需再这样偷偷摸摸地讲授新思想，也无需再披上古传神话的外衣。事实上，普罗塔戈拉的新文明论在雅典的确非常流行，成了时髦观念，埃斯库罗斯和索福克勒斯在自己的剧作中都引述了这一新文明论的核心要点就是佐证。然而，就在这次关起门来传授新文明论大约十五年之后，雅典城邦有人控告普罗塔戈拉犯有渎神罪，人民法庭经审理后判处他死刑。在雅典，被判死刑的人要逃走似乎并不太难，苏格拉底被判死刑后本来可以逃走，但他为了活得正派留了下来，普罗塔戈拉被判死刑后则逃之夭夭。普罗塔戈拉逃走后，雅典当局公开焚烧了普罗塔戈拉的书（参见第欧根尼·拉尔修，《名哲言行录》卷九，52；西塞罗，《论神性》卷一，24，63）——以烧书方式抑制有害思想的传播，并非基督教的发明，雅典城邦早就这样来对付自由思想。

普罗塔戈拉的新文明论出现在埃斯库罗斯的《被缚的普罗米修斯》中时，同样包裹着诗的外衣。但与柏拉图的《普罗塔戈拉》不同，普罗塔戈拉在《被缚的普罗米修斯》中并未出场，肃剧诗人让他直接化身为普罗米修斯，以诗剧角色的形象现身舞台。柏拉图的《普罗塔戈拉》至少从形式上看是纪事，原原本本直接展现普罗塔戈拉第一次讲授新文明论时的情形。《被缚的普罗米修斯》是剧作，普罗塔戈拉的新文明论是在诗作的形式下出现的：第二戏段开场后不久，剧中的普罗米修斯就用了两大段咏唱来归纳自己的启蒙成就，在雅典观众听来，简直像是普罗塔戈拉在演说——普罗米修斯说：从前，凡人过着梦幻般的浮影式生活，浑浑噩噩，像蚂蚁一样，居住在地下洞穴，终日不见阳光（行452-453）；经我普罗米修斯教育，凡人才学会如何生活；我普罗米修斯为人类发明了"精妙的数字"、"字母的组合"，人类靠这才记住各种事情（行459-461）。我普罗米修斯还用各式各样的轭制服了各种野兽，迫使它们为凡人效力，为凡人发明了船这种"漫游在大海上的带帆的大车"（行467-468）。不过，与我发明的混合各种药物的技艺比起来，所有这些发明都算不上什么，因为这项药术才使得凡人可以祛除种种疾病（行481-483）……①

《被缚的普罗米修斯》的主题是展示哲人式的半神普罗米修斯与传统的王者宙斯之间的冲突，借此展示启蒙哲人的民主政治情怀及其结果。在这部剧作中，普罗米修斯显得是个具有先知品质的哲人，他拥有宙斯王所需要且应该拥有的政治知识（民主政治原则），肩负着宣告"诸神的黄昏"景象已经来临的历史使命。诗人让剧中的普罗米修斯用两大段咏唱来归纳自己的启蒙成就，为的是表明普罗塔戈拉的新文明论与民主政治论的内在关联。剧作中的宙斯与普罗米修斯的冲突，说到底是传统王政与新生的民主政制的冲突：宙斯拥有王权，普罗米修斯拥有新的政治知识，这种知识的实质是民主政治的想象。肃剧诗人告诉我们，剧中的普罗米修斯的民主情怀与他的新文明论是分不开的，这与柏拉图笔下的普罗塔戈拉所讲述的普罗米修斯神话若合符节。

与《被缚的普罗米修斯》和柏拉图的《普罗塔戈拉》都

---

① 参见刘小枫，《普罗米修斯之罪》，前揭。

不同，在索福克勒斯的《安提戈涅》中，普罗塔戈拉的新文明论既非像在柏拉图的《普罗塔戈拉》中那样直接出自普罗塔戈拉之口，亦非像在《被缚的普罗米修斯》中那样直接出自普罗塔戈拉的化身普罗米修斯之口，而是出自索福克勒斯笔下的合唱歌队之口——在《安提戈涅》中，没有出现任何看起来像是启蒙哲人的角色。尽管如此，我们显然不能把合唱歌队说的话直接等同于诗人索福克勒斯的观点。海德格尔为什么会把《安提戈涅》第一肃立歌当作肃剧诗人索福克勒斯"对人之在的诗意构思"来看待，的确令人费解。倘若可以这样看待，那末，同样可以把《被缚的普罗米修斯》中普罗米修斯的那两大段咏唱视为肃剧诗人"对人之在的诗意构思"。可以说，海德格尔把《安提戈涅》第一肃立歌看做索福克勒斯"对人之在的诗意构思"，恰恰以无视肃剧诗作的文学形式为前提——兴许这是对原文施加暴力的第一个步骤。

在《形而上学导论》中，海德格尔解读《安提戈涅》第一肃立歌为的是勘定西方形而上学在何处误入歧途，反过来讲，也就是要勘定，西方思想可以在何处回归对"在"的正解。按照海德格尔的读法，第一肃立歌含混的"人颂"说的是：由于人征服了自然才成其为人，人的本性因此被理解为一种非自然的生物或脱离自然的生物，这无异于把人理解为脱离"在"的生物。于是，不同于其他生物，人之成人便意味着自己丧失了确定的居处（没有哪种生物能同时上天入地），其直接后果是，人必须自行决定其行为的道德品质——从善还是从恶。如果人听凭自己的心意，而非顺从更高的法则，人也会成为毁灭者——歌队在最后一个曲节中称这一威胁性的力量为

τάλμα［胆大妄为］。如果将这个语词与肃立歌开始时说到人征服波涛汹涌的大海联系起来，便不难得出这样一个印象：人性令人惊惧的程度，取决于人的心智的张狂程度。事实上，海德格尔的解读结论与他对现代性的看法颇为一致，换言之，海德格尔看到了肃立歌头三个曲节中所隐含的新文明论的要核。但海德格尔为什么不把普罗塔戈拉揪出来？我们肯定不能说，由于普罗塔戈拉与自然哲人有传承关系，揪出普罗塔戈拉会使得海德格尔回到自然哲人的努力成为泡影，于是，他避而不谈普罗塔戈拉。

在《被缚的普罗米修斯》、《安提戈涅》和柏拉图的《普罗塔戈拉》这三个文本中，展示普罗塔戈拉的新文明论本身都不是目的（新文明论在三个文本中所占的篇幅都非常短）。应该说，这三个文本的共同之处在于：普罗塔戈拉的新文明论在三个文本中的位置都处于与启蒙和民主政治的关系之中，尽管戏剧重心各有不同。《被缚的普罗米修斯》和柏拉图的《普罗塔戈拉》关注的重点是智术师与启蒙（教育）的关系，《安提戈涅》关注的重点是智术师与民主政治现实的关系。但反过来看，《被缚的普罗米修斯》和柏拉图的《普罗塔戈拉》同样以民主政治现实为背景，《安提戈涅》也同样以启蒙（教育）为背景。

《安提戈涅》第一肃立歌的文本位置处于安提戈涅与克瑞翁的冲突刚刚展开之际，而且嵌在克瑞翁与安提戈涅的冲突之间：克瑞翁得知尸首被掩埋后，合唱歌队便唱起第一肃立歌；歌队唱完肃立歌，安提戈涅随即出场。因此，第一肃立歌前三个曲节所包含的普罗塔戈拉的新文明论，实际同时指向克瑞翁和安提戈涅的戏剧动机：两人都是普罗塔戈拉新文明论的被启蒙者。

普罗塔戈拉新文明论的核心议题是人的生成——在《安提戈涅》第一肃立歌中，歌队对普罗塔戈拉新文明论的转述颇见出诗人索福克勒斯的笔法。比如，"人"这个语词出现了三次，第一次在起兴的开头两行（行333），用的是 $ἄνθρωπος$ ［人］这个一般性语词；第二次出现在第一曲节（行334），用的是中性代词"这个"［$τοῦτο$］，到了第一对衬曲节就变成了 $ἀνήρ$ ［男子］（行347）这个带有政治义涵的语词。似乎，所谓 $ἄνθρωπος$ ［人］的生成就是从中性的自然人（$τοῦτο$）到政治性的 $ἀνήρ$ ［男子］的生成：中性的自然人与 $ἀνήρ$ ［男子］的差异首先在于，$ἀνήρ$ ［男子］有爱欲（与第一肃立歌对称的第三肃立歌的主题便是"爱欲"）——在男子身上，爱欲尤其体现为政治性的大胆勇为。但在剧中，我们看到的是安提戈涅这个女子成了政治性的 $ἀνήρ$ ［男子］，她的行为体现为男子式的大胆勇为。在第二戏段，克瑞翁与安提戈涅有一段一行式戏白（$στιχομυθία$）的抗辩（行508-525），为了突显两人的冲突不仅仅是不成文法与王法的冲突，也是女人与男人的冲突，诗人索福克勒斯在中间插入了克瑞翁对歌队说的这样一句话：

［行484-485］
如今我不是男人，反倒她是男人（$αὕτη\ δ'\ ἀνήρ$）
要是她不受惩罚得了胜的话。

抗辩结束时，克瑞翁对安提戈涅说的最后一句话是："只要我活着,女人(γυνή)就管不了我"(行525)。接下来的第三戏段是克瑞翁与自己的儿子海蒙的一行式戏白的抗辩,其中有这么一段对白:海蒙对父亲说,"你践踏了神们的权利,等于不尊重你的王权"。克瑞翁惊呼,"啊,下贱东西,跟着女人跑(γυναικὸς ὕστερον)"(行745–746;亦参740,756)。

在《安提戈涅》中,女人第一次成为政治冲突的主角,到了谐剧诗人时代,女人已经开始主政(参见阿里斯托芬,《公民大会妇女》)。

《安提戈涅》的一个鲜明特征是,戏剧冲突显得异常尖锐、突出,冲突双方都坚定、顽强,决不妥协。可以说,安提戈涅与克瑞翁的冲突是典型民主政治式的冲突:安提戈涅体现了如今民主智识分子所崇奉的公民不服从原则。然而,倘若我们把索福克勒斯理解为宣扬公民不服从原则的诗人,就与海德格尔一样犯了无视诗人笔法的错误。不错,安提戈涅显得既英勇又坚毅,但这是诗人笔下形塑出来的女性形象,并不代表诗人自己。如果我们留意诗人的笔法,安提戈涅是否算得上英雄人物其实值得怀疑——我们不妨来看看安提戈涅的临终绝唱。

第四戏段一开始,克瑞翁的两个侍卫(οἱ ἄγοντες)带安提戈涅去执行处决,行前,安提戈涅对歌队咏叹自己的命运。

[行806–822]
看看我呵,祖国的乡亲们,
我正踏上最后
一程,最后一次呵
沐浴这太阳的辉光,

> [810] 从此再也不会；我正被
> 让众生安息的冥王活活带去
> 那冥河的
> 边上，不论迎亲的婚歌
> 还是给新娘们唱的洞房歌
> [815] 都没人为我
> 唱过，我却要嫁给冥河之神。

安提戈涅把自己走向刑场说成出嫁，听起来既悲壮又豪迈——把女人的出嫁比作去到诸神的河流，是古希腊传统神话中已有的说法，诗人让自己笔下的安提戈涅在这里说自己要去的是下界的河流，传统说法的幽美就变成了政治现实的严酷。安提戈涅呼吁自己的同胞见证自己人生的最后一程：为自己的祖国（πατρίας）而死被安提戈涅视为去到新郎的家，比视死如归还要浪漫。通过"祖国的乡亲们"的呼语，安提戈涅拉近了与观众的距离；"最后一程"、"最后一次"以及对比性的关联副词"不论……还是"使得这段临终绝唱在形式上显得颇有仪式感，让人觉得安提戈涅的赴死带有表演性质。ὕμνος ［歌颂神或英雄的颂歌、宗教节日所唱的歌］与 ὑμέναιος ［婚歌］在这里混用，使得我们有理由认为，诗人替安提戈涅写下这样的临终绝唱，为的是把安提戈涅形塑为反抗统治者的民主英雄——结尾音节顿错有力，与安提戈涅走向死亡的步伐相互呼应。

然而，合唱歌队随之应答：

[817] 可是，你拥有美名和赞辞，
当你如此走向死者的墓穴；
既没有遭受折磨人的病痛，
[820] 也没有成为刀剑下的怨鬼；
你倒是活得自立自主，独立不依，
直到下去那凡人的冥府。

歌队并没有跟着安提戈涅的绝唱一起唱颂歌，反倒一语道破：安提戈涅求得了"美名和赞辞"，死得并非不划算。追求身后的美名和赞辞固然属于古老的英雄传统，但"既没有遭受折磨人的病痛，也没有成为刀剑下的怨鬼"的说法听起来多少带有一点儿讽味：似乎安提戈涅比常人聪明得多，因为她虽然没有常人的幸福（出嫁），但也免除了常人可能遭遇的灾难：安提戈涅走向自己的死既非自然的死，也不是非自然的死，倒是独一无二的死。更妙的是接下来的一句："你倒是活得自立自主（αὐτόνομος ζῶσα），独立不依，直到下去那凡人的冥府。"歌队似乎觉得，安提戈涅的死是自己找死，本来没有必要，或者说安提戈涅的如此命运是自己选择、自己决定的，没必要抱怨，也没必要一副悲壮不已的样子。

"自立自主"（αὐτόνομος）这个语词在今天看来非常重要，因为其字面含义是"自己立法的、自主的"，也就是康德所谓的 autonomy［自律、自主、自己给自己立法］——如今的民主智识分子甚至会说，安提戈涅是标准的康德式伦理的英雄女性。可是，这个语词在这里出自歌队之口，意思不是康德式的，而是自作自受的意思：没谁要你安提戈涅非如此不可。安提戈涅自己明知道这样做只会死路一条，仍然要去做，因此，安提戈涅的死是自己招来的。固然，安提戈涅的行为并非是凭靠自己的"意志"，而是凭靠 ϑεῶν νόμιμα［神们的律法］（行454；比较行875：σὲ δ' αὐτόγνωτος ὤλεσ' ὀργα）；换言之，安提戈涅并非自己为自己立法，而是顺从神们的律法。然而，民主政治式的冲突的重大特色之一便是：冲突双方所依据的理据都是同样自体自根的。克瑞翁与安提戈涅之间的冲突便是如此：冲突双方的伦理不是片面的，而是绝对的。如果歌队说安提戈涅不是死于病痛、也非死于刀剑之下，听起来还像是在安慰安提戈涅，那末，αὐτόνομος 的说法明显带有责备意味（歌队随后惋惜地责备安提戈涅顶撞法律的态度更为明显，参见行853 – 856，行872 – 875）。

这让我们联想到柏拉图笔下的苏格拉底对普罗塔戈拉的挑战：即便最聪明、最优秀的公民——比方说伯利克勒斯，也没法把自己具有的美德（τὴν ἀρετὴν）传授给自己的儿子。"而是听任他们自个儿找草儿吃，仿佛指望他们会磕磕绊绊地在哪儿撞上美德"（《普罗塔戈拉》319e1 – 320a3）。"自个儿找草儿吃"意味着，个人美德来自纯属偶然的天性，或得益于某次幸运的相遇（比较赫西俄德，《劳作与时日》118：大地自动［αὐτομάτη］出产果实，无须耕作；柏拉图，《治邦者》271d – e，272a；《泰阿泰德》180b – c）。把这里的"他们自个儿（αὐτοματοί）找草儿吃"与歌队说安提戈涅"自立自主"（αὐτόνομος）对照起来看，我们就可以体会到普罗塔戈拉启蒙的成效。

无论如何，歌队并没有站在安提戈涅一边。"美名和赞辞"的说法,与其说表达的是歌队的看法,不如说是在挑明安提戈涅的自我评价。倘若如此,安提戈涅的临终绝唱以婚歌的形式来表达,就带有谐剧意味。人的 δεινότερον[更厉害]在于自己为自己立法,歌队说安提戈涅是 αὐτόνομος,那么安提戈涅同样体现了人的 δεινότερον[更厉害]。

由此看来,在《安提戈涅》中,普罗塔戈拉的新文明论虽然由歌队之口来转述,文明论的要害反而得到更直接的表达。比如,按《被缚的普罗米修斯》和柏拉图的《普罗塔戈拉》中的说法,语言、思想是人在神的帮助下学成的,在肃立歌中则是人"自己学成"的。在古希腊人那里,αὐτόνομος 这个语词的含义也有"不依靠城邦"的含义,当歌队用 αὐτόνομος 来评价安提戈涅的行为,就显得与肃立歌第二曲节说的"自己学成"的含义相一致。然而,安提戈涅却因此陷入了违迕城邦法律的罪——事实上,安提戈涅后来也的确自责"过分莽撞"(行854)。同样,克瑞翁在开场时的就职演说中说,灵魂、气质、见识只有通过从政(执政、立法)才能显出来(行175-178),这也可以看做是歌队所说人"自己学成"语言、思想和群性的反映。固然,如伯纳德特看到的,歌队在肃立歌中没有提到灵魂和气质,但这并非意味着歌队不重视灵魂和气质,毋宁说,歌队用群性囊括了灵魂和气质。①

总之,克瑞翁和安提戈涅互不妥协的行为,都来自智术师

---

① 伯纳德特对第一肃立歌的解读,见氏著《神圣的罪业》,张新樟译,华夏出版社,2005,页52-62。

的启蒙教育：信靠人"自己学成"的理性，尽管他们两人认定的信念完全不同，启蒙教育使得他们都"得意地胆大妄为"——安提戈涅与克瑞翁的共同之处就在于：两人都有见识，有过多的"言辞和思想"，这是智术师启蒙的结果。然而，在歌队看来，即便受过启蒙教育，人获得了"见识"，仍然没有解决人的生存的道德两可问题。肃立歌起初说的都是泛指的"人"，行367以后突然转向单个的人："谁织成地上的法律"，"发誓要履行的神们的义"，这里的"谁"很可能同时指向克瑞翁和安提戈涅。因此，总体来看，《安提戈涅》第一肃立歌的特色在于：将普罗塔戈拉的新文明论与具体的城邦事件（尽管是诗化事件）联系起来，从而对新文明论提出了尖锐的质疑。

要看到这一特色，需要我们关注诗人的笔法。

比如，肃立歌在咏唱人征服自然的能力时，对"大地"这个语词用了"神们的"界定：大地是"神们中最年长的"。大地在神族中辈分最高，最受崇敬，这是古传政教的观点，但夹杂在这里，似乎表明，在歌队看来，普罗米修斯的新文明论从人的立场出发，连"神们中最年长的"也要去欺凌，翻来覆去折腾。说白了，在新文明论眼里：大地不再是人敬畏的对象。由此可以想见，依照智术师的教诲，人在大地上的生活品质以渎神为前提，不再有神性的约束。"最年长的"是形容词最高级用法，这也表明，不那么年长的神们也受到轻慢更不在话下。实际上，第一曲节起头的"顶着冬日的南风"就是渎神，因为冬日的南风也是神（比较赫西俄德，《劳作与时日》行675："冬季降临，可怕的南风神诺托斯

[Νότοιό] 翻搅起……"）。这样来看，歌队的说法无异于点明了新文明论的渎神实质。

在歌队进场时所唱的合唱歌（进场歌）中，"大地"已经成为关键词。伯纳德特数过，关于大地、土地的语词（γῆ - χθών - χώρα），在进场歌中出现了二十一次之多：γῆ［自然性的土地］—χθών［神性的土地］（大地女神）—χώρα［政治性的土地］（《神圣的罪业》，前揭，页57-58）。《安提戈涅》的戏剧冲突集中于是否掩埋尸体，伯纳德特敏锐地看到，葬礼使得自然性的土地与作为城邦的土地合而为一，或者说使得自然的大地成为政治的土地。不过，我们还可以注意到，在进场歌中，歌队突出的还有人在大地上的兄弟相残——的确，"埋葬用尘土把大地的表面与深处连接起来"（伯纳德特语），然而，因为什么而埋葬尸体？不是因为自然的疾病，而是因为人为的厮杀。事实上，人与人的相互残杀同样是《安提戈涅》的基本剧情之一。不仅如此，耐人寻味的是，在《安提戈涅》中，人与人的相互残杀呈现为毅然决然的自杀：相互残杀的形式似乎进一步极端化。柏拉图笔下的普罗塔戈拉讲普罗米修斯的神话时，特别提到人与人之间的相互残杀，这是人获得技艺性智慧之后才出现的生存品质，换言之，人在大地上的政治性生存品质并非人天生就有的。但在肃立歌中，歌队历数人的各种技艺性能力之后却唱到：唯有哈得斯没有被人征服。从而，主管死亡的冥府之神哈得斯最终限制了人的了不起（厉害）的技艺性能力。歌队在前面说，人折腾"神们中最年长的大地"，到头来又说人征服不了哈得斯，无异于质疑了普罗塔戈拉的新文明论。首先，哈得斯既然是惩罚罪人的地方，政治性就是人的生存的自然性规定。不仅如此,既然人获得技艺性智慧后最终仍然不能征服哈得斯,人在大地上的渎神就最终受到了限制。我们还应该注意到,歌队在最后一个曲节提到人"发誓要履行的神们的义"时用到的"神们",与前面说到大地时的"神们中最年长的"一样,都是属格。大地毕竟是人的生存(政治性生存)的唯一处所——从两个属格的"神"来看,这个处所既是神告诫人们最高的地方,也是人向神承担责任的地方。在歌队看来,无论人如何折腾大地,大地仍然是属于神的,哈得斯(冥府)为人在大地上的生存设立了界限,这个界限是道德政治的界限:人生活在大地上必须信守"发誓要履行的神们的义"。

又比如关于人所获得的文明成就,《被缚的普罗米修斯》中的普罗米修斯开列了九种发明:造屋、天象术、数学、文字、驯养、航海、医术、占卜、冶炼(参见《被缚的普罗米修斯》,行 450 – 504)。《安提戈涅》第一肃立歌同样提到人的九种文明化能力:航海、耕种、狩猎、驯养、言辞、思想($\varphi\rho\acute{o}\nu\eta\mu\alpha$)、群性、造屋、医术。两相比较,两个文本相同的发明共五项,肃立歌中没有天象术、冶炼术、占卜术和数学四种,《被缚的普罗米修斯》中没有的四种是耕种、狩猎、思想和群性。看来,《被缚的普罗米修斯》中的普罗米修斯强调的是探究上下四方无极的能力,这种能力在西方思想史上属于形而上学认识论范围。与此不同,索福克勒斯笔下的歌队看重人在大地上的生存能力。如此差异的前提是:在《被缚的普罗米修斯》中,人的文明成就是普罗米修斯这个半神教会的——"我怎样使他们变聪明($\varphi\rho\varepsilon\nu\tilde{\omega}\nu$),使他们有理智"(行

444），在《安提戈涅》中，则是人"自己学成"的。就此而言，索福克勒斯笔下歌队的说法与柏拉图笔下普罗塔戈拉的说法相一致：人拥有的所有技术能力，既非诸神的馈赠，也非普罗米修斯的盗窃，而是凭靠普罗米修斯偷来的火种自己发明的。如果把普罗米修斯视为普罗塔戈拉的化身，那么，意思就是：人类的文明成就是人凭靠哲人的智慧获得的，或者说，人凭靠哲学的智慧才成为自然的主人。唯一的例外是，在柏拉图的《普罗塔戈拉》中，"有规有矩的群性"不是人凭靠哲学的智慧获得的，而是宙斯赠送的——普罗塔戈拉之所以这样子讲，为的是与雅典民主政治观保持一致。对照起来看，《安提戈涅》第一肃立歌说"有规有矩的群性"是人"自己学成"的，倒显得道破了柏拉图笔下的普罗塔戈拉所讲述的神话的关键意蕴：民主政治的德性同样是人凭靠哲学的智慧获得的——然而，在索福克勒斯笔下，恰恰是人"自己学成"的"有规有矩的群性"受到挑战。尽管人在哲学智慧指引下获得了种种技术性能力，甚至获得了"有规有矩的群性"，人显得成了靠自律生活的生物，但索福克勒斯让我们通过克瑞翁与安提戈涅的冲突看到：人并没有强大到足以在道德和政治上具有决断善与恶的能力，凭靠人"自己学成"的"有规有矩的群性"（恰切的含义是民主政治原则），人的生活在政治上、道德上变得更不稳靠、更无所适从。

对"人颂"的质疑和批判尤其见于肃立歌的最后曲节，在这里，索福克勒斯笔下的歌队显得是在民主政制成形后的处境中对智术师的"人颂"提出质疑。肃立歌前面三个曲节的"人颂"似乎表明，信奉人的政治能力的时代已经到来，

第四曲节却让人的如此政治潜能直接面临政治上的道德困境。"谁织成地上的法律，和发誓要履行的神们的义，谁就会使城邦繁荣昌盛；但也会毁弃城邦，倘若谁得意地胆大妄为"——如我们已经看到的那样，这里含混的"谁"实际同时既指克瑞翁又指安提戈涅，对两者未予区分，因为他们双方都"得意地胆大妄为"。歌队在这里并没有偏袒安提戈涅，因为，安提戈涅的勇敢固然可以说来自信守神们的律法，但这里的"向神们发誓"也可以说指克瑞翁。既然大地是神们最看重的地方，人生活在这个地方必然使得这个地方成为政治性的，克瑞翁强化城邦的法，也是在恪守"向神们发誓要信守的义"（注意这句与"谁织成地上的法"是并列句关系）。正因为如此，行370的"无论谁"和行375的"那种人"究竟指谁，才显得非常含混，对城邦有害的是安提戈涅的勇敢还是克瑞翁的勇敢，不清楚。最后一句"我才不愿与这号人有交情，不愿与干这类事情的人为伍"似乎同时拒绝了安提戈涅和克瑞翁。安提戈涅蔑视城邦的法律毕竟是罪，尽管是"虔敬的罪"，因为对于希腊人来说，一个城邦民不服从城邦的法律就是犯罪，就是在"毁弃城邦"。说到底，从政治的角度来看，犯罪的既是克瑞翁（违迕发誓要履行的神们的义），也是安提戈涅（违迕地上的法律）——民主政治使得人性变得非常极端，最终暴露出的是人在道德上的不牢靠。

诗人笔下的歌队对安提戈涅与克瑞翁的冲突的含混态度一直保持到女先知出面提出警告，这时歌队的态度才有所转变，开始怀疑国王的法令（行1100以下）。即便如此，对于发生在民主政治处境中的安提戈涅事件，忒拜长老们组成的歌队得出的教训是：人要审慎。

> [1348] 谨慎才是首要的
> 福分，千万不要
> [1350] 冒犯神们，心高气傲的言辞（μεγάλοι δὲ λόγοι）
> 使得洋洋得意的人们自食
> 大灾大难的滋味，
> 老来才学会（ἐδίδαξαν）谨慎为上。

"谨慎"（τὸ φρονεῖν）与行354的φρόνημα［心思］有相同的词干。动词φρονέω派生自ἡ φρήν（我们如今所谓的横膈膜，通常用作复数αἱ φρένες，类似于我国古人所谓的"五藏"），古希腊人用这个语词来指灵魂的所在地，实际上是各种相互协调的灵魂能力恰当且合目的的使用，通常译作"思想"，其实如此译法并不能传达φρονεῖν的准确含义。在这里，索福克勒斯笔下的歌队把φρονεῖν赞誉为芸芸众生的最高幸福，并作出了具体解释，才使得我们知道，τὸ φρονεῖν译作"审慎"较为恰切：千万不要以心高气傲的言辞冒犯神们——这岂不是对"人教会自己语言和风一般快的心思，以及有规有矩的群性"的回答？

当然，从整部剧作来看，索福克勒斯并没有对安提戈涅与克瑞翁的冲突持中立态度，诗人笔下的克瑞翁一家的悲惨结局，也许是最好的说明。肃立歌前三个曲节所展示的普罗米修斯新文明论的观点，毕竟是由克瑞翁的法令引发而来。这个新的民主政治的法令让普通人无所适从——如伯纳德特所看到的：克瑞翁逼卫兵找出究竟是谁干的，卫兵只得把自己的命运交给机遇。但安提戈涅的行为同样由克瑞翁的法令引发而来，索福克勒斯让歌队在安提戈涅与克瑞翁的冲突一开始唱出智术师式的"人颂"，实际是在揭示冲突双方的精神来源。显然，就"人颂"的具体内容而言，当时的观众并不会感到新奇，索福克勒斯让歌队偏偏在这时唱出"人颂"，无异于打断了克瑞翁的法令的施行进程，让观众停下来思索——思索什么？如果克瑞翁和安提戈涅都分别体现了民主政治的精神——克瑞翁体现的是法律秩序可以解决所有问题，安提戈涅体现的是公民不服从，那末，歌队要让雅典观众思索的便是影响自己时代的智术师派的民主—启蒙教育。

海德格尔与苏格拉底问题

如果索福克勒斯让肃立歌队唱出的不是什么让观众感到新奇的思想，而是反映了曾经并仍然影响着时代的智术师派的启蒙教育，那么，借助笔下的肃立歌，索福克勒斯实际上是在批评普罗塔戈拉"对人之在的诗意构思"。倘若如此，海德格尔把肃立歌当作索福克勒斯"对人之在的诗意构思"，显然不恰当——伯纳德特在解读《安提戈涅》时显得刻意贬低第一肃立歌,① 如果这样做的目的是为了回应海德格尔,则同样不恰当,因为,海德格尔解释第一肃立歌时的问题要害在于:对索福克勒斯的诗作"施暴",以便从人的政治性回到人的自然性。

记叙智术师派言论最多的古代作家非柏拉图莫属,而《普罗塔戈拉》在柏拉图所有作品中是智术师大亮相的唯一作品。② 如果把《普罗塔戈拉》中普罗塔戈拉所讲的普罗米修斯神话与《安提戈涅》第一肃立歌对勘,可以发现不少可以对观的地方。肃立歌有两个曲节:第一曲节与柏拉图笔下的普罗塔戈拉所讲的神话的第一阶段和第二阶段的前半部分可以对应——人类有了技术文明仍然不能很好地生活;如果第二曲节与柏拉图笔下的普罗塔戈拉所讲的神话的第二阶段后半部分对起来看,肃立歌的批判色彩就相当明显——政治生活的法则究竟是新式哲人设立的,还是习传宗教奠立的。

不仅如此,在《普罗塔戈拉》中,柏拉图笔下的苏格拉底与智术师还就一首古诗的解释发生了争议。③ 总之,海德格尔的《形而上学导论》应该处理的文本当是柏拉图的《普罗

---

① 伯纳德特在解读第一肃立歌时,不时用歌队"没有看到"、"没有反思"、"没有想到"、"歌队稀里糊涂"一类措辞:22.3:the Chorus are scarcely aware... the Chorus do not see that... however unaware the Chorus are that... 22.4:the Chorus do not recognize... 22.8:the Chorus, however, are no more aware of this than... they confusedly move from... 22.10:the Chorus have simply not reflected on... 22.11:the Chorus do not reckon... 22.12:the Chorus' omission of... 22.13:from their mistake...

② 参见 Leo Strauss, *On Plato's Symposium*(《柏拉图的〈会饮〉讲疏》),Chicago Uni. Press 2001,页 25。

③ 参笔者的《诗风日下》一文,见刘小枫,《昭告幽微》,香港:牛津大学出版社,2009。

塔戈拉》，但海德格尔没有看上它。① 柏拉图笔下的智术师是否反映了智术师的本来面目，自然很难讲。不过，古典学界一致公认，柏拉图并没有刻意歪曲智术师们，而是记叙苏格拉底如何与智术师们展开思想斗争——搞反向启蒙。可以设想，海德格尔若要与当今的智术师展开斗争，他不会、也没有必要歪曲自己的思想敌人，反倒需要把敌手的关键性论点如实展现出来。因此，柏拉图笔下的智术师的主张或学说，不会是一幅哈哈镜像，反倒会更为充分地突显其思想的尖锐性。

《普罗塔戈拉》的主题是探讨 ἀρετή［美德］的可教性问题。当时，大多数启蒙学者（智术师们）十分乐观地肯定：美德是可教的。他们向年轻人许诺，保证把他们教育成 δεινοί［厉害的人］。《普罗塔戈拉》开场不久，有一段苏格拉底与一位十分崇拜普罗塔戈拉的年轻人的对话，这位年轻人急切地要苏格拉底带他去见普罗塔戈拉，拜这位著名智术师为师。苏格拉底故意拖延时间，以便给这位年轻人打点儿预防针。他问年轻人：如果有人问我们，

> ［312d4］"智术师在哪方面是智慧的"，我们该怎样回答他？他在哪些能干方面算专家？
> 我们还能怎样称呼他呢，苏格拉底，除了说他在造就人谈吐厉害（ποιῆσαι δεινόν λέγειν）方面是个专家？

---

① Klaus Adomeit 在其 *Antike Denker über den Staat：Eine Einführung in die politische Philosophie*（Heideberg 1982，德国大学文科基础教材）这部"政治哲学引论"的小书中，慧眼独到地以苏格拉底与智术师们的政治思想冲突作为西方政治哲学的开端。

也许，我于是说，我们就当是这么回事罢，不过，这还不够。因为，这答案要求我们进一步问：[312e] 智术师造就人在哪方面谈吐厉害？比如说，竖琴教师让人在演奏竖琴获得专业知识方面言辞厉害，对罢？

对。

那好。那么，智术之师让人在什么方面言辞厉害？

不明摆着是在他所传授的知识方面嘛。①

如果将这段对话与《安提戈涅》第一肃立歌起始句中的关键词δεινόν对比，那么，索福克勒斯所谓δεινός［厉害］的人性恰好就是雅典启蒙智术师们的看法：凭借他所拥有的σοφόν τι ［某种智慧］，人能将自己的弱处转变成强处。海德格尔在《形而上学导论》中将第一肃立歌起始句中的关键词δεινόν解释为"使用强力/暴力"（die Gewalt braucht，《形而上学导论》，页116），后来又说"解释必然需要强力/暴力"（页124）。就δεινόν［厉害］这个语词的字面含义而言，海德格尔的解释技艺就显得是在教我们如何通过对文本"使用强力/暴力"而变得更"厉害"。在柏拉图笔下，苏格拉底与普罗塔戈拉一类的各色智术师展开了思想斗争——智术师们的哲学老师大都是海德格尔在《形而上学导论》中推崇的自然哲人，倘若顺着海德格尔的指引，我们在今天就应该成为智术师式的智识人。但同样可以肯定，这样的结果恰恰是海德格尔深

---

① 依据 Hermann Sauppe, *Plato Protagoras*, 希腊文校勘、笺注本, Boston 1889; Hans‑Wolfgang Krautz 译注, *Platon Protagoras*, 希—德对照本, Stuttgart 2000。

恶痛绝的。海德格尔通过解读索福克勒斯的肃立歌，目的在于证明柏拉图主义的重大失误，以便回到苏格拉底之前清明的自然理性。令人费解的是，在柏拉图的《普罗塔戈拉》中，δεινόν［厉害］同样是个"关键词"，为什么海德格尔没有注意到这一点——换言之，海德格尔的批判矛头应该指向智术师们才对，为什么指向了柏拉图？

原因恐怕是因为，海德格尔预先把西方思想史上的根本失误的开端算在了柏拉图主义头上——海德格尔返回前苏格拉底的行动基于一个非常现代的观念：柏拉图与柏拉图主义是一回事。从海德格尔对柏拉图作品（《智术师》、《王制》、《泰阿泰德》）的解读来看，他实际上把柏拉图的作品本身视为柏拉图主义的证明。① 从海德格尔对柏拉图作品的绎读中可以看到，海德格尔完全忽略了柏拉图作品的基本主题：苏格拉底问题。究其原因，关键在于，海德格尔的柏拉图理解来自早期尼采对柏拉图主义的批判，这一批判恰恰以苏格拉底批判为标志。尼采的柏拉图主义批判来自阿里斯托芬和修昔底德，但海德格尔通过尼采的柏拉图主义批判却往前接上康德的柏拉图主义批判，而非通过尼采的柏拉图主义批判的来源阿里斯托芬回到苏格拉底问题本身。②

---

① 参见海德格尔，《论真理的本质》，赵卫国译，华夏出版社，2008。
② 康德—尼采—海德格尔对柏拉图主义的批判，参见 Walter Patt, *Formen des Anti-Platonismus bei Kant, Nietzsche und Heidegger*（《反柏拉图主义的诸形式：康德、尼采、海德格尔》），Frankfurt am Main 1997。通过尼采的柏拉图主义批判的来源阿里斯托芬回到苏格拉底问题本身，参见施特劳斯，《阿里斯托芬与苏格拉底》，李小均译，华夏出版社，2010；亦参施特劳斯，《苏格拉底问题与现代性》，刘小枫编，彭磊、丁耘等译，华夏出版社，2008。

海德格尔想要解决的问题是：西方现代性由何而来。按尼采的探究，现代性的厄运源于柏拉图的苏格拉底败坏了悲剧精神。无论海德格尔与尼采的看法有多大不同，他们仍然分享了这样一个共识：柏拉图哲学是西方现代性厄运的开端。无独有偶，被海德格尔奉为先师的荷尔德林同样放过了"苏格拉底问题"，或者说起初关注过"苏格拉底问题"，但后来"告别了"这一问题。①

苏格拉底与智术师们是同时代人，智术师们的哲学老师自然哲人也曾是苏格拉底的老师。在柏拉图的作品中我们可以看到，苏格拉底有两类老师：一类是自然哲人——比如恩培多克勒、阿纳克萨戈拉（参见《斐多》）、帕默尼德（参见《帕默尼德》），他们恰恰也是第一代智术师们的老师。从这些老师那里，苏格拉底得到的教诲是，相信心智规范一切的理智原则，万物的因是心智，因而万物是美的、有序的（在《帕默尼德》中，青年苏格拉底主张没有关于丑的理式）。另一类老师是诸如女巫一类——比如《会饮》中的第俄提玛，苏格拉底说："这些关于爱欲的道理，就是她教给我的"（《会饮》201d5）。这两类老师与苏格拉底的关系，至少是把握柏拉图

---

① 荷尔德林有篇著名剧作《恩培多克勒之死》，他起初打算写的是"苏格拉底之死"，后来改变了主意。详情参看 Theresia Birkenhauer 长达近六百页的研究：*Legende und Dichtung, Der Tod des Philosophen und Hölderlins Empedokles*（《传闻与诗：哲人之死与荷尔德林的恩培多克勒》（Berlin 1996）。

荷尔德林与尼采的关系也一直是个谜，或者说是个问题；著名的荷尔德林传记作者 Wilhelm Michel 认为，尼采对于古希腊的看法与荷尔德林颇为一致——比如荷尔德林所说的阿波罗帝国 Alloponsreich 与尼采的狄俄尼索斯精神，参见 Wilhelm Michel,《荷尔德林传》前揭，页 400 – 402；这种看法未见得可信。

笔下的苏格拉底问题的一把钥匙：《会饮》中的苏格拉底"回忆"了第俄提玛的教诲，而在《斐多》中，回忆即认识是苏格拉底的著名说法，这一说法实际上涉及知识是谁教的这个问题——或者实际上针对前苏格拉底—智术师的观点：知识是"自己学成"的。如果苏格拉底与智术师曾有共同的老师，苏格拉底为什么以及如何离开第一类老师，恰恰是柏拉图作品的基本主题之一，也是值得我们充分关注的问题。无论如何，尼采—海德格尔所遇到的问题，兴许柏拉图已经遇到过，并试图加以解决。倘若把柏拉图当作柏拉图主义来看待，我们就错过了一次回到古希腊思想的重大机会。

立言与读解:灵魂的品位

——《斐德若》义疏与解释学意识的克服

> 子曰:"君子进德修业。忠信,所以进德也;修辞立其诚,所以居业也。"(《周易·乾文言》)
>
> 孔颖达疏:"修辞立其诚,所以居业也,辞谓文教,诚谓诚实也;外修理文教,内则立其诚实,内外相成,则有功业可居,故云居业也。"

古代希腊的某个夏天的清晨,苏格拉底在城外遛达,遇到从城里出来的斐德若。为欣赏当时的名作家吕西阿斯的一篇"妙文",两人趟过伊利索斯圣溪,上到山林中一处祭神之地,谈起情爱疯狂、公共言辞、文章作法等等与灵魂及其神们的关系。苏格拉底先戏仿吕西阿斯的赋拟作一赋,忽然感觉不对:在这清洁的祭神之处不可不严肃……苏格拉底赶紧悔罪祷告;作为补赎,苏格拉底随后正儿八经来了一通关于情爱、灵魂及其类型的长篇辞赋——据他说,这时有神灵附在他身上。接下来,苏格拉底与斐德若一起讨论了何谓美好的言辞、何谓不好的言辞,何谓好的写作、何谓坏的写作,直到斐德若心服口服。

离开的时候,斐德若拔腿就要走,苏格拉底却说,离开前该对这儿所祭的神作番祷告。于是,《斐德若》以苏格拉底的祷告结束:

> [279b8] 敬爱的牧神,以及所有其他在这儿的神们,祈求让我内在变得美好,我所有的身外之物与内在的东西[279c] 在我身上不闹别扭。祈求让我把有智慧看做财富,对于这类金子,我倒指望有一个明白人可携带和受用的那么多哦。

施特劳斯喜欢关注柏拉图的某篇作品中什么是独一无二的——也许,我们可以说,《斐德若》是柏拉图作品中唯一以苏格拉底的祷告结束的对话。

这意味着什么呢?

苏格拉底在雅典被审判时,控方提出的罪状之一是他不敬城邦的神们。《斐德若》的剧情发生在祭神的清洁之地——先还得趟过一条圣溪,然后苏格拉底感到有神灵在场,于是忏悔,随后苏格拉底有神附体,讲话中则大谈城邦的神们,临走前还来一番祷告……莫非《斐德若》要显明苏格拉底对城邦神的虔敬?

凡此在在显示,整篇作品很"属灵"或很"神学"——如此说来,《斐德若》是篇柏拉图的"神学"作品?哲人也写"神学"作品?

柏拉图的《法义》在写到第十卷时，突然中断讨论各种具体法的问题的进程，用了整整一卷来讨论"神学"——西塞罗已经注意到《法义》与《斐德若》有关联，关联在哪里？……《法义》的开场读起来的确有点儿像《斐德若》的开场。施特劳斯看出，《法义》卷十里的"神学"，就是《王制》卷二末尾苏格拉底与阿得曼托斯所讨论的那类"神学"问题，其问题起因是：城邦的缔造者当知道，诗人应该按照什么路子来写故事，如何在故事中正确地描写神们（参见《王制》379a 以下）。① 接下来，雅典客人就谈到了写作、成理的言辞与［神话］故事的关系以及写作与灵魂的关系等等，这些恰恰就是《斐德若》中谈论的种种主题——伯纳德特甚至提醒我们注意：《法义》卷十的这段"神学"的中心教诲即《斐德若》的基本主题：灵魂的优先性。② 翻看一下《法义》卷十，雅典客人说的话确乎与《斐德若》中苏格拉底的长篇讲话中说到的灵魂话题相同。

［896e8］因此，灵魂驱动所有天上、地上和海里的每一事物，通过自身的种种启动，这些启动名叫［897a］意愿、探察、监管、企望（βουλεύεσθαι）、正确和错误的意见、欢欣、痛心、勇敢、胆怯、憎恨和欲求——通过所

---

① 参见 Leo Strauss, *The Argument and the Action of Plato's Laws*, Uni. Of Chicago 1977/1992, 页 140 – 156。
② 参见 Seth Benardete, *Socrates and Plato: The Dialectics of Eros*, München 1999, 页 39；亦参氏著, *Plato's "Laws": The discovery of Being*, Uni. Of Chicago 2000, 页 284 – 312。

有与这些相关的或原初的运动。这些运动还传到物体的次级［a5］运动，驱使每一事物增增减减、分裂结合，并伴随热、冷、重、轻、光滑、粗糙和柔软、明亮和黑、甜［897b］和苦。灵魂使用所有这些，每一次都把它作为理智——正确地说，神，为了神们（ἀεὶ θεὸν ὀρθῶς θεοῖς）——的帮手，教化（παιδαγωγεῖ）每一事物朝向正确的和幸福的东西，要么，灵魂与理智的缺乏结合，从而产生所有刚好完全相反的东西。①

施特劳斯告诉自己的学生们：中古时期的阿维森纳（Avicenna）就说过：唯独柏拉图的《法义》才是关于预言和天启的典范著作。由于柏拉图的苏格拉底一再把理智的灵魂与"神"扯在一起，新柏拉图主义以及随后基督教的柏拉图解经家很容易把柏拉图说的灵魂当成"神学"论题——斐齐诺（Marsilio Ficino，1433－1499）写过一本书叫 *Theologia Platonica*［柏拉图的神学］，副题就叫做 de Immortalitate Animorum［论灵魂不死］。② 伊斯兰教的经师（如阿尔法拉比）和基督教的经师都称颂柏拉图的"神学"，这究竟是一种什么样

---

① 译文据 Thomas L. Pangle 译注，*The Laws of Plato*，Uni. Of Chicago 1980，参考张智仁、何勤华译本（上海人民出版社，2001）。

② 今有 Michael J. B. Allen 在 William Bowen 校勘、编辑的拉丁语文本基础上翻译的拉丁语—英语对照本（Harvard Uni. Press 2001）。关于斐齐诺的柏拉图《斐德若》注疏，参见 Michael J. B. Allen 的两书：*Marsilio Ficino and the Phaedran Charioteer*: *Introduction*, *Texts*, *Translations*（1981），*The Platonism of Marsilio Ficino*: *A Study of his Phaedrus Commentary*, *Its Sources and Genesis*（1984），均为 Uin. Of California Press 出品。

的"神学"？毕竟，柏拉图是哲人，据说，哲人根本就不信神——柏拉图或他笔下的苏格拉底真的那么虔敬？

倘若我们考虑到《斐德若》的另一大主题——修辞，就会感觉到上面这种疑虑并非无中生有。在《斐德若》中，苏格拉底对斐德若讲，真正懂修辞术的人当会对不同的灵魂说不同的话。什么事情，只要苏格拉底自己说到，他就会做到——试读《斐德若》就会感到，越到后面部分，越难捏准苏格拉底的言辞，因为他在践行其关于修辞的主张：对斐德若这样的个体灵魂说话。于是我们难免会起这样的疑心：苏格拉底临行前的那番祷告会不会是一种"修辞"？在柏拉图记叙的别的场合（比如《会饮》），苏格拉底并不那么真的对城邦的神们虔敬呀？退一万步说，倘若苏格拉底心目中真的有个"神"，这个神是什么？或者问，苏格拉底临行前的祷告，是在对哪个神祷告？

这里并非要来解答，什么是《斐德若》中的神，而是企望表明，探询这一问题其实困难重重。

《斐德若》在柏拉图作品中的位置

《斐德若》属柏拉图三十五部对话作品中最具文学性的四篇短作之一（其他三篇为《会饮》、《斐多》、《普罗塔戈拉》），但在柏拉图作品中的位置，却长期游移未定——按古人的看法（据第欧根尼·拉尔修记载）：《斐德若》是柏拉图写下的第一篇对话。① 十九世纪德国的柏拉图翻译家和诠释家施莱尔马赫沿用此说，其说法是：柏拉图的作品按事先想好的教育方案写作而成，主体可分三组，每组由三部对话构成主干，若干作品构成附属部分：

第一组：《斐德若》—《普罗塔戈拉》—《帕默尼德》；

第二组：《泰阿泰德》—《智术师》—哲人（名为"哲人"的对话，据说柏拉图曾计划写但并没有写，施莱尔马赫此指《会饮》和《斐多》）；②

第三组：《王制》—《蒂迈欧》—《克里提阿》。③

《斐德若》排在首位，被视为柏拉图作品的开端，施莱尔马赫说，他依据的是"亚历山大时期的"古典语文学家——其实，这种安排也意味着，《斐德若》是理解柏拉图所有作品的开端。

如此意图说在十九世纪中期遭到猛烈攻击，随之兴起的编年说占据了支配地位——经古典语文学家们勘定，柏拉图作品

---

① 第欧根尼·拉尔修，《名哲言行录》（马永翔等译，吉林人民出版社，2003）III38："有种说法是，《斐德若》是他的第一部对话，因为它的主题有一种年轻人的清新气息（λόγος δὲ πρῶτον γράψαι αὐτὸν Φαῖδρον καὶ γὰρ ἔχειν μειρακιῶδές τι τὸ πρόβλημα），然而，狄凯亚尔库责难说，它的整个问题都粗俗不堪。"

② 看来，哲人、治邦者和知识分子（智术师）是柏拉图最为关心的三类人。什么样的意图？哲学的三重辩护——《斐多》的主要对话人是自然哲人，在形而上学面前为哲学辩护，《申辩》几乎是独白，在城邦面前为哲学辩护（《克力同》属于《申辩》）；《会饮》是与诗人聚会，在诗人（和智术师）面前为哲人辩护。

③ 参见 F. D. E. Schleiermacher, *Über die Philosophie Platons*, Hamburg 1996, 页 44-45。

不公开的学说（《论善》）的问题，① 与《斐德若》有极大关系。

无论一个著作家写下多少著作，较为基本的总不过是其中的几部——换言之，一个著作家的基本思想意图总是反映在几部较为基本的作品中。海德格尔甚至认为，一个思想家一生所想的其实就是一个唯一的问题。倘若如此，柏拉图所想的"唯一的问题"是什么呢？按伯纳德特的看法，在柏拉图那里，"人"第一次成了"形而上的问题"——爱欲被作为一种"形而上的激情"来看待。按过去的（自然哲学的）理解，人的问题恰恰是形而下的、而非形而上的。说柏拉图哲学使得"人"第一次成了"形而上的问题"，无异于说，柏拉图把形而下的存在当作形而上的存在来看待，把过去的形而上的东西变成了形而下的东西来看待——用施特劳斯的说法，在柏拉图那里，最高的东西同时是最低的东西，反之亦然。

由此来看，伯纳德特以为，柏拉图的基本著作可以说是《王制》、《蒂迈欧》、《斐德若》和《会饮》——在《王制》和《蒂迈欧》中，柏拉图通过"人的政治问题"抵达了一种在体论（the ontology），从而表达出"人"作为形而上学问题本身究竟是怎样的；在《斐德若》和《会饮》中，柏拉图则通过对激情（爱欲）的探究走向他要面对的在体论（参见《苏格拉底与柏拉图》，前揭，页 19–21）。这样看来，在柏拉图作品的整体结构中，《斐德若》的确是基础，因此，从研读

---

① 参 Thomas Alexander Szlezak, *Platon und die Schriftlichkeit der Philosophie: Interpretationen zu den frühen und mittleren Dialogen*, Berlin 1985；费勃，《哲人的无知》，王师译，华夏出版社，2010。

《斐德若》入手，可以使得我们对柏拉图的基本思想和整个作品织体有一个较为切实的把握——在四部结构内部，《斐德若》与《王制》相配（都是非常政治性的作品），《会饮》则与《蒂迈欧》相配；在四部结构外部，《斐德若》与《高尔吉亚》、《普罗塔戈拉》、《法义》等联系十分紧密。

《斐德若》与现代解释学

读古代经典故书，得事先摸清版本情况。倘若有人问我：你读过《论语》吗？我若回答"读过"，实在不地道——准确的回答应该是：读过何晏集解的《论语》或皇侃疏的《论语》或朱熹集注的《论语》或程树德集注的《论语》或康有为注的《论语》或姚永朴所汇解注的《论语》。同样，除非我们可以直接读伯奈特（Burnet）编辑的古希腊文版本或别的古典语文学家编辑的原文版本，读柏拉图总得通过某个译本，而读（遑论翻译）柏拉图的作品，选择译本恰恰尤为重要。正如坊间可以见到十三经的白话译本一样，西文的柏拉图作品的白话译本也不少，如果谁想要认真读柏拉图的作品，不会去看这些本子，至少得找像样、可靠的注疏本为研读的凭靠。

明确了较好（较可靠）的译本，仍然没有解决如何进入文本或者说如何来读它的问题——毕竟，我们距离古希腊年代远久，又经过了现代启蒙思想的洗礼，离古代经典不仅时代久远，尤其精神境界已经很陌生。任何一位古代高人所写的东西都远远高于或遥遥远于我们之所想，即便有了可靠的文本摆在面前，我们若想接近文本中所想和所表达的，仍然相当困难。为此，我们还得求助于前人解读该文本的心得，吸取其中所达到的理解深度。

当然，解读与原作毕竟不在一个层次，对于前人的理解，就像学习中国经典一样，得先摸清家法——对现代学人的解读，则得多存几分小心。

与柏拉图的其他文本不同，对《斐德若》的解读牵涉到二十世纪西方学术思想的重大变动。

1922年，为申请马堡大学的副教授位置，海德格尔给时任马堡大学哲学系教授的纳托尔普提交了一份题为"对亚里士多德的现象学阐释：解释学处境的显示"的报告书，[①] 无论就海德格尔本人的思想发展史还是就整个西方学术思想的发展史而言，这篇报告都具划时代意义。从解释学史的角度看，这篇史称"纳托尔普报告"的论文提出并阐明了现象学的解释原则，将现象学的"朝向事情本身"和现象学地"看"的功夫挪过来解读古代经典文本，其深远影响和历史的穿透力难以估量。

不过，尽管"纳托尔普报告"提出了现象学的解释学原则（占全文一半多篇幅），却并未在具体解读古代文本方面深入细致地施展这一原则，仅用三分之一多一点的篇幅扼要概述了用这一原则解读亚里士多德《尼各马可伦理学》卷六、《形而上学》卷一1-2和《物理学》卷一、二及卷三1-3的要

---

① 中译见《中国现象学与哲学评论》第五辑，孙周兴译，上海译文出版社，2003。

领。海德格尔绝非那种仅擅长讲道道不会实际"操作"的哲人，他在自己的课堂上对古代文本施展了深入细致的解读功夫——1922年，施特劳斯慕胡塞尔的大名到弗莱堡大学，觉得没学到什么东西，却从时任讲师的海德格尔解释亚里士多德《形而上学》卷一的课上得到了终身难忘的印象："如此细致、透彻地剖解一份哲学文本，真是闻所未闻、见所未见！"①

看来，要领略海德格尔的解释学魅力或者说从他那里真正学到点东西，还得听他讲课——我们如今只能读讲课稿。从现今整理出来的海德格尔二十年代的讲课稿来看，最深入、细致、完整地施展其现象学解释学原则的讲课，当是海德格尔1924－1925冬季学期在马堡大学讲疏柏拉图的《智术师》(*Platon*：*Sophistes*，Frankfurt am Main 1992,《全集》卷十九，610页)。一篇约四万字的古代作品，海德格尔竟然写下了六百多页讲稿（译成中文恐怕有五十万字）——海德格尔如此深入细致地解读《智术师》，首先是为了清理自己的思路：1923年夏天海德格尔解读《智术师》，为的是构思《存在与时间》。②读过《存在与时间》的读者恐怕都对其开篇的题辞性提问有印象——海德格尔一上来就引用了《智术师》中的苏格拉底的一段话。

1924/25年海德格尔对《智术师》的解读分为两个大的部

---

① 参见施特劳斯/克莱因，《剖白》（何子建译），见施特劳斯，《苏格拉底问题与现代性》，刘小枫，彭磊、丁耘等译，华夏出版社，2008。

② 参见 Otto Pöggeler, *Der Weg Martin Heideggers*, Pfullingen 1983, 页351以下；中译本《海德格尔的思想之路》，宋祖良译，台北：仰哲出版社，1994，页108："在拟定《存在与时间》时，海德格尔解释了柏拉图的《智术师》。"

分:导引和主部,共81节。

一开始,海德格尔作了一段 Vorbetrachtung［预察］(1－3节),提出解读柏拉图的对话必须得有双重准备,亦即哲学—解释学的准备(现象学的方法和意图)和历史—解释学的准备。在这里,海德格尔用了颇显其个人魅力的说法:"从光亮的地方进入冥暗的地方"(vom Hellen ins Dunkle)。引人注目的是,与这种比喻性说法对应的是"从亚里士多德到柏拉图"——海德格尔由此亮出了自己的解释思路:从亚里士多德的形而上学论题走向柏拉图的《智术师》,或者说,以亚里士多德为起点来解读柏拉图。

接下来的导引部分(Einleitender Teil)分三章(4－26节,篇幅约一百六十多页),依次解释亚里士多德《尼各马可伦理学》卷六(2－6)、《形而上学》卷一(1－2)、《形而上学》卷一(2;2)和《尼各马可伦理学》卷六(7－10)、卷十(6－7),与"纳托尔普报告"中的解释范例大致相同。但"纳托尔普报告"没有涉及柏拉图,因此,"报告"中提出的对亚里士多德的现象学解释还仅仅是引而未发:海德格尔从亚里士多德那里发现,ἀλήθεια［真理或真实］乃柏拉图的存在研究的地基,海德格尔觉得,正是这个地基(Boden)需要彻底翻检。

随后是一个过渡(27－32节,近四十页):海德格尔把名词ἀλήθεια还原为动词ἀληθεύειν,由此锁定论题——从亚里士多德的问题出发来探究柏拉图辩证法的首要特征,并具体落实到《智术师》中的存在研究。在这里,海德格尔进一步解读了亚里士多德的《形而上学》卷四1－2中的哲学—辩证法/智术,然后解释亚里士多德的第一哲学观念。

"导引"和"过渡"加起来共两百多页,换言之,对亚里士多德的解读占了解读柏拉图《智术师》的三分之一篇幅。

主部(Hauptteil)题为"柏拉图的存在研究:《智术师》义疏",分两个部分逐段解读《智术师》。

解读开始之前,海德格尔提出了几点 Vorbemerkungen [预先说明](33-35 节),提出了 εὖ λέγειν [言说得体]与智术、辩证法和哲学的连带关系,随后依据古典语文学家 H. Bonitz 的观点陈述了《智术师》的结构和段落划分。"预先说明"过后又有一个"导引:对话的准备"(36-40 节),解读《智术师》对话的开场部分(216a-219a)。

用二十二页篇幅说完开场,海德格尔才正式展开解读《智术师》。

第一部(Erster Abschnitt,41-58 节)题为"寻找智术师们实际生存的逻各斯",分四章逐段解读《智术师》219a-237b。

第一章"一个定义方法的例子"(解读 219a-221c);

第二章"智术师的定义"(解读 221c-226a);

第三章岔出去,通过解读《斐德若》讨论柏拉图对 λόγος 的一般态度(50-55 节);

第四章转回来,接着解读《智术师》226a-236c 中对"智术师"的界定(56-58 节)。

第二部(Zweiter Abschnitt)题为"在体论的解说(Ontologische Erörterung)——非在者的在(das Sein des Nichts-Seienden)",接着逐段解读《智术师》的 236e-264b,分导

论及三章（59–81节），其中，第二章"在者概念中的种种困难"解读《智术师》242b–250e（63–71节）显得是整个解读的重点，又分为导论和三个部分。

由此，海德格尔从明亮的地方进入冥暗的地方作了一次探险，对《斐德若》的解读就出现在海德格尔进入冥暗的半途（第一部第三章），整个解读有43页篇幅，共6节（页308–352），其实仅两节逐段解读《斐德若》第二部分，其他四节为相关讨论——下面是其解读的纲目。

第三章：柏拉图对修辞术（Rhetorik）的态度：解读《斐德若》

§50 导引性的注解

a）柏拉图对修辞术的两歧态度，一般性特征——柏拉图之前的修辞术：πειϑοῦς δημιουργός［劝服的神匠］——柏拉图的态度：《高尔吉亚》中否定，《斐德若》中肯定；

b）《斐德若》中的争议——施莱尔马赫关于《斐德若》乃至关于柏拉图本身的论题；历史—考订的柏拉图研究的开端——狄尔泰和施莱尔马赫。

§51《斐德若》的一般特性

a）所谓的《斐德若》的不相称（die vermeintliche Disparatheit）和中心论题：就其与存在（爱、美、灵魂、言谈［Rede］）的关系中的人的亲在本身；

b）《斐德若》第一部分的一般特性：λόγος对于《斐德若》的中心论题的特殊含义——苏格拉底对作为自我认识的热情

(Leidenschaft zur Selbsterkenntnis) 的 λόγος（以及言谈）的热爱；

c)《斐德若》第二部分的一般特性：按三个方向（修辞术与真相 [Wahrheit]、真相与辩证法、修辞术作为 ψυχαγωγία [灵魂引导]）划分《斐德若》第二部分——柏拉图对 λόγος 的肯定评价——先眺（Vorblick）：柏拉图对作为"文字"（Schrift）的 λόγος 的怀疑。

§52 在与《智术师》的关联中来回忆《斐德若》解释的意义

获得关于 λόγος 的取向，即作为希腊人那里的求知性哲学的田地（Feld der wissenschaftlichen Philosophie bei den Griechen）——迈向对《斐德若》第二部分的解释。

§53 修辞术的论证作为人的亲在的积极可能性（《斐德若》第二部分，259e – 274a）

a) 看真相（das Sehen der Wahrheit）乃修辞术的可能条件：1. 追问修辞术的可能条件 εἰδέναι τὸ ἀληθές. δοξάντα πλήθει. ὀρθότης；2. ἀπάτη 的本质——一般特征——其结构 ὁμοιοῦν——其对象："本质性的"东西；

b) 辩证法中的看真相，一般的特征：辩证法的两大基本成分 συναγωγή [综合] 和 διαίρεσις [分解]——συναγωγή 作为 ἀνάμνησις——辩证法作为修辞术的可能条件；

c) 修辞术作为 ψυχαγωγία [灵魂导引]：其可能条件和权利（Recht）——总结：辩证法作为修辞术的地基；

立言与读解：灵魂的品位 **205**

d) 柏拉图和亚里士多德与修辞术的关系。

§54 柏拉图对 λόγος 的怀疑（《斐德若》第二部分，274b-279c）

a) 游谈无根的 λόγος 的在体论的可能性；

b) 对文字的批判：白鹭神忒伍特（Theuth）传说——文字作为 μνήμη［记忆］的弱点——λήϑη——σοφίας δόξα——文字不过是障碍（ὑπόμνησις）——缄默与成文的 λόγος 的无防卫性——真正的、成文的 λόγος——成文的 λόγος 作为 εἴδωλον［影像］；

c) 柏拉图在《书简七》中对 λόγος 的态度；

d) 恰当把握 ψυχή［灵魂］是真正的 λόγος（διαλέγεσϑαι［辩证］）的前提。

§55 过渡：《斐德若》和《智术师》中的辩证法

a)《斐德若》中辩证法之特征的收获及限度——柏拉图和亚里士多德与辩证法和修辞术；

b)《智术师》中进一步建构辩证法的动机：辩证法的"对象"的差异（在者—在与之结构）。

面对这份解读纲要，叹服海德格尔的思想学问博大精深之余，我们还可以得到这样的印象：

1. 海德格尔善于从大的问题意识出发解读一个文本——所谓"高屋建瓴"，这个"高屋"（问题意识）就是如何解构西方的形而上学传统；

2. 解读文本时，不是切割文本，像新康德主义者们那样分"本体论"、"认识论"、"实践论"来观看文本，而是从头到尾完整地"看"文本；①

3. 在解读过程中，海德格尔的现象学的"看"善于逮住文本中的一些关键语词，详究这些语词在文本中的行程。

4. 海德格尔的现象学的"看"在"悬搁"成见、直指文本中的"实际"的时候，文本的外部形式也一同被"悬搁"——换言之，海德格尔的解读并不顾及柏拉图作品的文学特征。

1937年，海德格尔的学生克吕格（Gehard Krüger）出版了《激情与洞见》，逐段（但非逐句）解读柏拉图的《会饮》——在这次解读中，海德格尔解读文本的现象学—解释学原则遭到抵制。克吕格的解读同样"高屋建瓴"：将康德以来的启蒙哲学置于与柏拉图的古典哲学对质的位置——不是从现代的康德出发来读柏拉图，而是从古代的柏拉图出发来质疑康德。

不过，与海德格尔一样，克吕格在解读《会饮》时，仍然没有对柏拉图作品的文学形式给予足够关注——按施特劳斯的说法，从哲学角度关注柏拉图作品的文学形式的，是克莱因（Jacob Klein）。1935年，克莱因的柏拉图《美诺》注疏（*A*

---

① 从头到尾连贯地解读一部经典作品的方式并非海德格尔的发明，而是解经学的古老传统，海德格尔不过在哲学领域恢复这一传统而已。1919年巴特发表的《〈罗马书〉释义》就是逐段诠解。古典语文学界在解读柏拉图作品时，通常也是通篇诠解。天主教背景的德国哲学家Josef Pieper写过一本（《热情与神性的疯狂：论〈斐德若〉》*Begeisterung und Göttlicher Wahnsinn*，Kösel 1962，英译本；*Enthusiasm and Divine madness*，St. Augustines Press 2000），即通篇诠解——不过，与海德格尔相反，仅解读了前半部分。

Commentary on Plato's Meno, 1965/Uni. Of Chicago Press 1987）就已经写好了，虽然该书直到1965年才面世，但自1936年以来，克莱因就不断在朋友中和课堂上讲自己在《美诺》注疏中践行的解释原则——《美诺》是篇哲学味很浓的作品，近乎枯燥，克莱因却发掘出其中的"戏剧性"。

克莱因是海德格尔的学生，很可能亲自听过海德格尔解读《智术师》的课——克莱因的《美诺》注疏的导言部分就对观地谈到《斐德若》与《智术师》的关系（参见前揭书，页10-16）。在晚年，克莱因对海德格尔有这样一段回忆：

> 当初我蜻蜓点水地学习黑格尔、数学和物理学，到了我重拾研究的时候，就在我居住的小镇，大学碰巧来了一个人，他便是海德格尔。恐怕你们当中很多人都听过他的名字，部分人也可能透过让人受不了的英译本读过一些他的作品。我不会口若悬河地谈海德格尔，我只想指出，他是当代一位非常伟大的思想家，虽然其道德品质比不上其聪明才智。听了他的课，我给一件事吸引住了：破天荒有人能让我明白到另一个人所写的东西，我是指亚里士多德的作品。这件事打破了我先前陷入的恶性循环。我感到自己开窍了。从此，我就严肃认真地做研究，是为己之学，绝不含糊马虎，也不再蜻蜓点水。①

克莱因的解读同样"高屋建瓴"，其解释学意图似乎是与

---

① 施特劳斯/克莱因，《剖白》，前揭，页267。

克吕格商量好了的——就区分古典哲学与现代哲学并从现代哲学的支配性力量中摆脱出来而言，克莱因与克吕格完全一致，从而颠转了海德格尔在解释古典文本时的方向——不是挖掘、进而解构古典哲学的"地基"，而是站在这地基上用古典哲学之镜来鉴照现代哲学，而非像时髦做法那样，用现代启蒙哲学来鉴照古典哲学。① 克莱因在回忆中接着说：

> 我认为，人们必须区分古典思维方式与现代思维方式。我们的世界乃至我们的知性能有今天的样子，都以大约五百年前所发生的某种变化为基础，这变化既渗透到我们的思维里，又普遍弥漫于我们周围的整个世界；这变化更造就了人类最伟大的成果之一，即数学物理学，以及与数学物理学相联系的一切附属学科；这变化还促成了我们以一个奇特的拉丁词称之为"科学"的东西。这种科学衍生自古典思维方式，但这种衍生物同时也是一种能遮蔽我们视力的稀释物。我的研究使本人得出如下结论：我们必须重新学习古人所知道的东西，只要有可能取得真正的进步，我们就仍然应该坚持不懈地进行科学研究。然而，我们所熟悉的科学也能带来倒退，并导致人们基本遗忘了种种要紧不过的事情。基于这些研究和此番领悟，就产生了一个问题：人们应该受到什么样的教育？（《剖白》，前揭，页268）

---

① 克莱因后来还疏解过柏拉图的三部曲（《泰阿泰德》、《智术师》、《治邦者》，中译《柏拉图的三部曲》见华东师范大学出版社2009年版，成官泯译），其解读的解释学视野是质疑现代科学思想的合理性。

如果说，海德格尔将现象学的"看"挪到解释学领域来解读古典作品堪称肇兴于德意志浪漫派的解释学的重大推进，那么，克吕格—克莱因的柏拉图解读就堪称抵制、克服、扭转这种现代解释学意识的开端——尽管这次克服或扭转的最终完成，还要等到1964年施特劳斯的《城邦与人》问世。

三十年代中期，施特劳斯与克莱因和克吕格均书信频仍，① 他们共同分享了用古典哲学来鉴照现代哲学的思想方向——但在这一时期，施特劳斯并没有马上着手解读柏拉图，而是在两件事情上作艰辛的寻索：一方面，他进一步深究霍布斯，以便搞清楚现代哲学的理据，另一方面，对现代犹太哲学的关注使得他要回到源头去看中古的犹太教"哲学"，沿这一方向往前走，施特劳斯发现了阿尔法拉比的柏拉图解读。这两件事情使得施特劳斯在思考古典哲学与现代哲学的关系时要想得深远得多，从而逐渐形成了以柏拉图式政治哲学的读经来打断现代解释学的两腿（历史意识和宗教形而上学）的学问方向——正如我们即将看到的那样，这一学问方向与柏拉图的《斐德若》有实质性的内在关联：哲学与宗教（或神学）的关系。1938年2月16日，施特劳斯写信给克莱因说，自己在研究迈蒙尼德的《迷途指津》上又有了新的发现：

> 如果我在若干年后引爆这个炸弹（要是我会活得那么久的话），一场大战就会爆发。Glatzer——他现在就在

---

① 参见施特劳斯，《回归古典政治哲学：施特劳斯书信集》，迈尔编，朱雁冰译，华夏出版社，2007。

这里——对我说过，从犹太教来看，迈蒙尼德要比《圣经》重要；如果有人要从犹太教中除掉迈蒙尼德，就除掉了犹太教的根基（你知道 Glatzer 的这个说法：很清楚的是，对于天主教来说，托马斯·阿奎那比《新约》重要）。由此会得出一个有趣的结论：从史学上可以确定，迈蒙尼德就其信仰来说绝对不是个犹太人，这一仅仅是史学的确定具有重要的现实意义：哲学与犹太教原则上不相容（《创世记》第 2 篇"清楚"表达出这一点）得到了很好的证明。①

施特劳斯的第一部作为政治哲学的解释学的功夫之作到四十年代末才让世人见到，这就是著名的《论僭政》。② 可是，这部著作精细地逐段解读的是色诺芬而非柏拉图的作品。为什么首先选取色诺芬的作品作为古典政治哲学的样本来解读，施特劳斯在给友人古特曼的信（1949 年 5 月 20 日）中有如下解说，这封信恰恰与十年前给克莱因的信中说的事情相关：

但是，就迈蒙尼德来说，这里的困难依然很大。如果我的猜测不错，迈蒙尼德就是一个远比今天的所谓激进含义要激进得多的"哲人"。至少可以说，他是真正意义上的激进"哲人"。这里马上就会出现如下问题：如果负责

---

① 转引自迈尔（Heinrich Meier），《施特劳斯思想中的神学—政治问题》（刘平译），见迈尔，《古今之争中的核心问题：施米特的学说与施特劳斯的论题》，林国基等译，华夏出版社，2004。

② 施特劳斯，《论僭政》（重订本），彭磊译，华夏出版社，2010。

任的话，究竟可以公开暴露这种可能性到何种程度。这个问题马上使得隐微论（esotericism）问题变得非常现实，或用当今的时髦说法，变得具有"生存性"（existentiell）。这就是为什么我要提出隐微论这一原则性问题——亦即思想与社会的关系问题——的原因。出于某种战略上的考虑，我想以非犹太人为对象。我选择了色诺芬，部分因为他与苏格拉底问题有关，部分因为，[我对迈蒙尼德的]猜测恰好切合这样的情形：如果即便像色诺芬这样一位看起来无害的作家，也会用或者用过隐微写作术，那么，像迈蒙尼德或柏拉图这样并非像色诺芬那样看起来无害的作家，就更会用这种写作术了……那本小书（《论僭政》）是初尝性研究。我打算在某个时候搞完色诺芬的四篇苏格拉底文章的疏解。（转引自迈尔前揭书，同上）

这里提出的哲学的写作方式的重要性，就柏拉图的作品而言，最为明确地谈及这一问题的就是《斐德若》。

接下来，施特劳斯并没有推出对色诺芬其他作品的解读，而是推出了《自然权利与历史》和《城邦与人》，前者并非解经式的著作，后者则是，从而接续了《论僭政》的写作方式：施特劳斯在这里依次解读了亚里士多德的《政治学》—柏拉图的《王制》—修昔底德的《战争志》。

为什么是如此解读次序？

倘若回想并对比一下海德格尔的解经思路——亚里士多德的《形而上学》—柏拉图的《智术师》—前苏格拉底的"自

然"哲人，也许可以推测：施特劳斯的解经次序在显示一条（针对海德格尔）根本扭转现象学—解释学对古希腊经典文本的还原性解读的解读方向。在这种作为政治哲学的读经方向中，现象学的"看"并没有被抛弃，而是被扭转了"看"的方向：海德格尔的现象学的"看"所看的"事情本身"是 ta onta [在者]，施特劳斯的现象学的"看"所看的"事情本身"是 ta pragmata [所为]——亦即哲学与宗教或者哲学与政治（城邦）的关系。

在柏拉图经学中，《斐德若》的文学形式问题一直引人关注：这部作品并不像《普罗塔戈拉》、《会饮》、《斐多》那样，具有一种内在的"戏剧性推动力"，也不像《王制》那样，具有丝丝入扣的戏剧性推论力。整部作品在结构上分成两大部分，像是个被一分为二的东西：前半部分由三篇颇长的讲辞构成，后半部分则是关于辞令和写作的讨论。对于这样呆板、似乎缺乏有机统一的作品结构，人们要么以为，《斐德若》是柏拉图的败笔，要么认为，如此结构必有深意。倘若断定必有深意，首先就得解答被一分为二的两部分的关系。由于这两部分不仅在文学形式上不同，内涵上似乎也相反对，《斐德若》甚至被称为"雅努斯式的对话"（Janus-dialogue），具有两张不同的面孔——据说一张面孔为前期作品、一张面孔为后期作品（参见 Kahn 前揭书，页372）。

《斐德若》的雅努斯式面孔呈现的会不会是哲学的两张面孔或哲学与城邦（与宗教）之间的张力呢？

在施特劳斯心目中，政治哲学的最高议题就是哲学与城邦或哲学与宗教的张力——《城邦与人》的书名呈现的正是这一张力,而《斐德若》的场景在一开始不就展现了这一张力吗?

没错,施特劳斯在《城邦与人》中解读的是《王制》,而非《斐德若》。可是,《斐德若》恰恰就在《王制》的背后,是《王制》题中之义的延伸或张力性的背景。① 《斐德若》这场戏发生在城外的山林,斐德若刚刚从吕西阿斯家出来,手里紧紧攥着吕西阿斯的一篇"情赋"——我们当会记得,《王制》的戏发生在城外港镇,吕西阿斯父亲克法洛斯的家里,而且吕西阿斯的兄弟珀勒马科斯也参与了这场城外的谈话;我们当会记得,《王制》的戏发生在苏格拉底观看过异邦神祭节日之后,《斐德若》则发生在祭神之地,从而,哲人与神的问题使得《斐德若》不仅与《王制》,也与《会饮》紧紧粘在一起(不妨再想想斐德若在《会饮》中的位置)。

受康德哲学所塑造的现代哲学传统影响,今人对柏拉图作品中说得极为含混的所谓"相"(理式、理念)翻来覆去想,有人还自以为想出了点明堂,却少有人想,为什么柏拉图要把这个如今我们所谓的"关键词"说得含含糊糊。施特劳斯并不跟着康德哲学所塑造的现代哲学的思路去想,在给伯纳德特的一封信(1961年5月17日)中,他写道:

> 多年前,我深受如下事实影响:格劳孔虽对理念的理

---

① 沃格林也看到这一点,在他的柏拉图解读次序中,《斐德若》紧接《王制》,并将《治邦者》与《斐德若》放在同一章节来解读。参见 Eric Voegelin, *Plato*, Uni. Of Missouri Press 1957/2000, 页 135–169。

据毫无思想准备，但几乎马上就接受了。他提及摩摩斯（［译按］Momos，希腊神话中的一位神祇）就提供了一个线索。简言之，他由诸神祇（某种神祇，这些神祇没有恰当的名称）为理念做好了预备。谁都知道，胜利女神（Nike）出现在马拉松赛跑、撒拉米斯等地，无论张三还是李四雕刻的这胜利女神，也无论她在甲地还是乙地受到崇拜等等，胜利女神都是一个样子。换言之，理念代替了诸神。为了做到这一点，诸神成了理念的原型。但是，由于理念原理并非仅是一种神话，这个原理必须包含"什么是神"这个问题的答案。从这一点来看，我匆匆做出如下结论：首要且最重要地运用"什么是"这个提问（结构）的乃是这个问题："什么是神。"毋需赘言，这个问题与"什么是人"的问题同值。这个想法提供了通向阿里斯托芬和其他更多事情的钥匙。（转引自迈尔前揭书）

《城邦与人》以"什么是神"（quid sit deus）这个问题结尾——我们记得，施特劳斯在解读《法义》卷十的时候再次提到这一问题及其与《王制》和《斐德若》的关联。可以说，"城邦与人"这样的题义用在《王制》上不错，用在《斐德若》上更恰切——因为，《斐德若》具有雅努斯式的面孔。

在为《斯宾诺莎的宗教批判》所写的英译本导言中，[1] 施

---

[1] 见施特劳斯，《斯宾诺莎的宗教批判》，李永晶译，华夏出版社，2010。

特劳斯对自己的思想历程有深切的描述——晚年的"剖白",则是这一描述的清晰、扼要、浅显的重述,其中对"政治哲学"的说明,几乎可以看做是无意中给柏拉图《斐德若》的 πρόβλημα [主题] 所作的简洁而准确的说明。

> 当我专注于哲学与城邦之间的张力,也就是专注于政治哲学的至高主题时,就进一步确定了这种想法。至高形式的,或海德格尔式的当代哲学与古典哲学的区别,是由当代哲学的历史特性塑造出来的,以所谓的历史意识(historical consciousness)为先决条件,因此必须了解这种意识多少有些隐秘的根源。(《剖白》,前揭,页275)

海德格尔对《斐德若》的解读仅仅细读的是后半部分,因而可以说仅仅看到的是雅努斯的一张面孔。不仅如此,海德格尔的解读虽然涉及的恰恰是哲学的政治方面,却对这一方面视而未见,读出的仍然是 λόγος 的形而上学问题——按施特劳斯在这里的看法,像海德格尔这样锐利的"现象学"眼力也没有看到哲学的政治性质,乃因为他的现象学的"看"仍然受现代哲学的"历史意识"支配。胡塞尔的现象学宣称,要从"地基"上重新盖房子——海德格尔的"背叛"向胡塞尔表明,胡塞尔根本就没有摸到哲学的"地基"(即便提出了所谓"生活世界"也罢)——施特劳斯则表明,海德格尔同样没有触摸到哲学的"地基":哲学与城邦(或宗教)的张力(施特劳斯的自编文集以讨论胡塞尔—海德格尔的现象学打头,绝非偶然)。

看来,如何解读《斐德若》的确不是个一般的解释学问题。

解释学后学的"撕书"

在火热的 1968 年,初出茅庐的后现代思想代表德里达在 *Tel Quel* 学刊(1968,32 - 33 期)上发表了长文《柏拉图的药》(La pharmacie de Platon,后收入 *La Dissemination*,Paris 1972,页 69 - 198),解构地解读了《斐德若》。

德里达写了好多书,其中有三本书可能是其基本性的作品:1967 年的《声音与现象》(*La Voix et le Phémonène*),针对作为西方形而上学传统的最后结果的胡塞尔——同样是 1967 年发表的《论文字学》(*De la Grammatologie*),针对整个西方形而上学的书写传统(解读卢梭《论语言的起源》)——1968 年的《柏拉图的药》,针对西方形而上学的源头柏拉图(解读《斐德若》)。① 这样的写作次序也许显明了一种思路或问题意识:胡塞尔—卢梭—柏拉图。换言之,德里达对《斐德若》的解构式解读同样"高屋建瓴"——以此勾销西方传统的政治书写,撕毁西方传统的逻各斯精神。

---

① 德里达的著作编年,参见诺里斯,《德里达》,吴易译,昆仑出版社,1999;《声音与现象》有杜小真译本(香港:社会理论出版社,1995/辽宁教育出版社,1999),《论文字学》(又译《论文迹学》)有汪堂家中译本(上海译文出版社,1999)。

立言与读解：灵魂的品位

《柏拉图的药》与柏拉图的《斐德若》一样分为两个部分（共含9节），但却并非对《斐德若》的通篇逐段疏解。

简短的引言过后的第一部分含5节。第一节以 Pharmacée［药］为题，在《治邦者》、《智术师》等作品的关联中引出《斐德若》中出现的"真理之名"（nom de la vérité）问题——德里达一上来就逮住吕西阿斯的"文稿"（书）与苏格拉底所讲的忒伍特神话之间的差异或者说逻各斯/神话二元对立；第二节以 Le pére du logos［逻各斯之父］为题，解析苏格拉底所讲的忒伍特神话；接下来的第三节 L'inscription des fils［线的刻写/文字］和第四节 Le Pharmakon［药］已然离开《斐德若》文本，讨论"药"这一语词在柏拉图的其他主要作品如《王制》、《法义》、《蒂迈欧》、《斐勒布》、《普罗塔戈拉》、《泰阿泰德》、《智术师》等等中的用法；有"药"必定有开"药"人——简短的第五节以 Le Pharmakeus［药师］为题。

第二部分含4节（6-9节），其实有5节，因为第二部分一开始有颇长的一段论述——尽管如此，德里达并没有将此标为一节，从而第一和第二部分的小节并不对称。在这一部分，德里达把《斐德若》中柏拉图对书写的批判与《王制》中对民主政体的批判联系起来，以此显明所谓逻各斯中心主义与西方政制传统的关系。据说，正是凭靠苏格拉底对"好"的书写（刻写在人的心中、通过对真理的回忆得到保存的逻各斯）和"坏"的书写的区分，一种理性化的政治要求才得以可能：成为所谓好公民就是儿子在父亲的要求和监管下通过学习逻各斯成为守规矩的人，理性的逻各斯（二元区分＝好/坏、对/错）是柏拉图推崇的政体最后且最高的权威，这种自我永存的逻辑就是所谓真理和社会秩序的监护者。

德里达同样从胡塞尔那里承接了现象学的"看"，从海德格尔那里承接了细致深入地解读文本的还原性追究——《柏拉图的药》并非对《斐德若》的通篇贴紧文本式的详解，而是针对整个所谓柏拉图的"药"的隐喻，从而看起来与海德格尔的《柏拉图的真理学说》有一种解释学上的连带关系：海德格尔通过解读"洞穴"神话来解构柏拉图的所谓真理—逻各斯学说，其解构方式就是用所谓真理—逻各斯学说来切割柏拉图的作品。德里达把真理变成"药"，通过解读《斐德若》中的忒伍特神话来解构柏拉图的所谓 le pharmako‑logos〔药‑逻各斯〕教诲，其解构方式就是用所谓 le pharmako‑logos 来切割几乎所有柏拉图的主要作品。然而，尽管德里达把结构主义的语义分析技术反向地运用到现象学的解释学中来，实际上并未给解释学——具体地说给古典作品的解释学带来什么转折，而是带来推进（或者说激进化）：海德格尔的解构在德里达手里变成了撕书。

"解构"一词并非德里达的发明，海德格尔已经用这个方略来对付西方的形而上学传统——通过"解构"这个传统找到西方形而上学重新奠基的地基。德里达承接海德格尔的"解构"，却并非为了继续寻找西方形而上学重新奠基的地基，倒是要抹平任何"地基"。德里达一再强调，他提倡的"解构"阅读并非是一种"方法"或"理论"，而是一种"过程"。

如何一个"过程"法呢？

从《柏拉图的药》的阅读"过程"可以看到，尽管德里达以主张关注哲学文本的文学性要素著称，同海德格尔一样，德里达并没有关注《斐德若》在整体上的文学性（场景、人物及其戏剧性关系），而是一开始就从文本中拈出基本的二元对立：逻各斯与神话。不仅如此，他还自以为由此发现了柏拉图的一个矛盾：靠一个异国神话来解释为什么书写会威胁到道德和真理——换言之，柏拉图本来想要证明言语、在场的言说对书写的优先性，但证明要靠说理（理性的言说＝逻各斯），而柏拉图最后靠的却是神话（隐喻），而非逻各斯。由此，德里达的现象学式的"看"看到，语词的双关性在《斐德若》中随处可见，最明显的是"药"＝良药/毒药。进而，德里达发现，逻各斯中心主义的理性话语具有二元性（言语/书写、在场/缺席、源头/重复、内部/外部），它必须通过划分（好/坏、对/错）来建立自己的权威和统治地位，可是，在言语的两面性（比如"药"＝良药/毒药）面前，逻各斯中心主义显得没法应付——于是，就出现了柏拉图在《斐德若》中导致的那种矛盾状况。

所谓真正的阅读（＝解构阅读）据说就是要耐心细致地进入这些二元性的理性话语系统，然后拆除它。《斐德若》中出现的逻各斯与神话的二元对立提供了绝好的范例，据德里达告诉我们，它表明：一方面，从柏拉图开始，经康德、黑格尔直到胡塞尔，西方思想史都受一种堪称二元性的逻各斯中心主义的理性话语模式支配——这种思想模式竭力要找到万事万物的"源头"、真正的起源；另一方面，正如柏拉图最后要靠神话来论证逻各斯一样,逻各斯最终并不能靠自己来证明自己的"有理",这意味着,"逻各斯"根本就不具有作为判定好/坏、对/错的标准的潜质。

经过解构文本的"过程",德里达究竟要想达到什么?从《柏拉图的药》的解读方略来看,就是要从二元性的逻各斯中心主义的理性话语模式支配中解放出来,这意味着从好/坏、对/错的区分中解放出来——《柏拉图的药》的第二部分读来就像是个西方"文革"时代的"愤青"对传统的批判(有人说,德里达看起来就像个海德格尔号召起来行动的红卫兵小将——说得活灵活现)。

德里达的解读功夫看起来炫目耀眼,经常为人称叹——在《论文字学》中,德里达花了一半多的篇幅(两百多页)来解读卢梭的一本小册子《论语言的起源》。① 但正如已经看到的那样,他对柏拉图的理解并非是要来理解柏拉图(像柏拉图理解自己那样理解柏拉图),而是基于一种更为激进的"历史意识"来拆毁柏拉图。② 克吕格—施特劳斯早在《柏拉图的药》之前二三十年针对海德格尔的现象学—解释学的解构方案提出的问题,博览群书的德里达恐怕不会像咱们那样看不到,为什么他没有考虑古典哲学与现代哲学的区分,也许只能由"人的灵魂之相不同"来解释——倘若如此,《斐德若》中

---

① 参见洪涛中译本,上海人民出版社,2003。
② 施特劳斯的学生罗森对德里达的《斐德若》解读的犀利批判,参见 Stanley Rosen, *Hermeneutics as Politics*, Oxford Uni. Press 1987,页 50 – 86。

苏格拉底关于灵魂有品位之分的说法在后现代就仍然有效。①

苏格拉底为什么不立文字

德里达在《论文字学》第一章引尼采的话为题辞:"苏格拉底,从不写作的人。"苏格拉底不写作,众所周知。可是,为什么苏格拉底不写作?

---

① 两种解读方式绝非仅仅是如何解读古书的问题,事关我们身处其中的现代生活的品质——参见刘小枫、陈少明编,《经典与解释5:古典传统与自由教育》,华夏出版社,2004。

德里达的撕书式解读柏拉图,未见后继来人——相反,经施特劳斯二十多年言传身教,贴近阅读古典作品的学人一代又一代成长起来。就拿解读《斐德若》来说,施特劳斯的弟子之一辛莱柯(Herman L. Sinaiko)在其《柏拉图(作品)中的情爱、知识和言说》(*Love, Knowledge, and Discourse in Plato: Dialogue and Dialectictic in Phaedrus, Republic, Parmenides*, Uni. Of Chicago Press1965)中,用了差不多一百页篇幅来解读《斐德若》中苏格拉底的两次口占情赋,尽管解读的是独白式的赋辞,却相当注意戏剧性因素与赋辞内容的"辩证关系";伯纳德特通解《高尔吉亚》和《斐德若》的《道德和哲学的修辞:柏拉图的〈高尔吉亚〉和〈斐德若〉》(*The Rhetoric of Morality and Philosophy: Plato's Gorgias and Phaedrus*, Uni. Of Chicago Press 1991)虽然晚出,想必早已在课堂上讲授多年;伯纳德特的女弟子、古典学家伯格(Ronna Burger)则在七十年代末就写了《〈斐德若〉义疏:哲学的书写方式一辩》(*Plato's Phaedrus: A Defence of a Philosophic Art of Writing*, Alabama 1980),从头到尾解读《斐德若》;葛利斯沃德(Charles L. Griswold)在其博士论文基础上完成的《柏拉图〈斐德若〉中的自我知识》(*Self-Knowledge in Plato's Phaedrus*, Yale Uni. Press 1986)更是从头到尾逐段解读,颇为细致。如此解读方式也影响到专业古典学界:比如英国古典语文学界的费拉里(G. R. F. Ferrari)的《听蝉:〈斐德若〉研究》(*Listening to the Cicadas: A Study of Plato's Phaedrus*, Cambridge 1987),就未明言地吸收了施特劳斯提倡的柏拉图读法。晚近的解读,参见 David A. White, *Rhetoric and Reality in Plato's Phaedrus*, State Uni. Of NewYork Press 1993。

苏格拉底的不写作，在我们这里已经引出了一个比较宗教哲学的论题：孔子、耶稣也不立文字。为什么人类这几位原初大圣人都不立文字？其中是否有什么奥秘？

这问题似是而非。

孔子并非不立文字。且不谈今文家至少认定，孔子作《春秋》、《易传》、《孝经》，古文家也承认，孔子删订六经。六经是文字，编书同样是"立文字"的行为，"述而不作"表明孔子更看重已立下的文字——所谓"不学《诗》，无以言"，宁可不再重新书写，也要保养古传的立言。

的确，耶稣不立文字。然而，耶稣没有必要再立文字——耶稣临世时，已经有立下的文字《圣经》（旧约），耶稣没有要废除这些文字，而是要"成全"这天长地久般的文字：

> 不要以为我来的目的是要废除摩西的法律和先知的教训。我不是来废除，而是来成全它们的真义。我实实在在告诉你们，只要天地存在，法律的一点一画都不能废掉，直到万事的终结。（《马太福音》5，17－18，译文据圣经公会"现代中文译本"）

耶稣不需"写作"还有一个原因——他所打交道的人，大多是些渔夫、工匠、麻风病人一类与"文字"不相干的人们，而非像孔子和苏格拉底，多与文人学士政客一类"立文字"的人打交道，对于"多数众人"，有《圣经》就够了。即便今天看来，在基层教会牧会的牧师，也没有立文字的需要——牧群没有对文字的需求。

孔子通过修辑古传文字来立言，耶稣不需要立言，唯有在苏格拉底那里，未立文字的确是个问题，因为，苏格拉底多与文人学士政客一类"立言"的人打交道。再有，苏格拉底想要立言（写作）：《会饮》的结尾情景是，苏格拉底向两个诗人灌输一个道理：真正的诗人其实悲喜剧都能写——言下之意，要讲立言，还得算他苏格拉底在行。

但历史上的苏格拉底并没有写作，因此问题来了，为什么苏格拉底不写作？

施特劳斯这样来考虑这个问题。首先，我们得排除苏格拉底没有创造能力的设想（反过来说，写作是一种创造能力的表现，谁最有创造能力？当然是"神"）——因为，至少从《王制》中可以看到，苏格拉底这个人很有创造能力。剩下的解释通常是如柏拉图在《斐德若》中表达的那样：苏格拉底不信任文字，从而将不立言树为一种哲人典范——然而，倘若这种解释说得通，柏拉图和色诺芬都不算苏格拉底的好学生，因为他俩都写了很多。事实上，从柏拉图的记叙（包括《斐德若》）中，我们可以看到，苏格拉底对于写作的事情非常看重，原因很清楚，写诗与立法有关。

那么，为什么苏格拉底没有写作？施特劳斯猜测：也许，苏格拉底缺乏写作的才能。在柏拉图的对话作品中，仅《王制》、《卡尔米德》、《吕西斯》和《情敌》中的苏格拉底从头说到尾，在有的作品（比如《蒂迈欧》、《克里提阿》、《智术师》、《治邦者》）中，苏格拉底没有说话——在《法义》中苏格拉底甚至没有出场，柏拉图是否以此暗示苏格拉底不能写作？

涉及苏格拉底写作能力问题的作品有两篇：《斐德若》和《高尔吉亚》，前者主要涉及写文章和一般意义上的书写，后者更多涉及苏格拉底的修辞能力。

《高尔吉亚》分三部分，苏格拉底分别说服高尔吉亚、珀洛斯和卡利克勒斯，目的是要向高尔吉亚展示自己的辨证术的说服能力。可是，从《高尔吉亚》我们可以看到，苏格拉底仅仅说服了珀洛斯，没能说服卡利克勒斯。说服珀洛斯，苏格拉底靠辩证法、靠说理的证明，但这样的方式却无法说服卡利克勒斯，这表明，理性的说服仅对有理性的人有效，对有的天性类型（比如血气过旺的人）就没效力，对于这种人得靠严厉的带威胁性的修辞——《高尔吉亚》结尾时的神话，显明了苏格拉底的修辞能力之所不及，因为，用这种神话其实无法说服任何人。①

回过头来看《斐德若》中的苏格拉底与斐德若谈论的修辞术主题，就比较容易理解，为什么苏格拉底会那么强调灵魂的类型。《斐德若》突出了修辞术与辨证术、修辞家与哲人的对立和冲突，这种冲突说到底是人的不同灵魂之相之间的冲突。文字世界的确是个特殊的世界，与这个世界打交道的，也是一类特别的人，这类人的灵魂有各种样子，因而我们不能以为，能写会道的都是好人——按苏格拉底在《斐德若》中的说法，不同的灵魂就有不同的写作：好的或坏的写作。说到底，苏格拉底不能写作，乃因其天性使然——苏格拉底"天性较柔和、单纯、带几分神性且平平实实"（《斐德若》

---

① 参见 Leo Strauss, *On Plato's Symposium*，前揭，页 246–248。

230a），不是个血气过旺的人。从某种意义上讲，写作需要特殊的天赋，天性中需要有血气过旺的成分——最完美的写作在古希腊是写悲剧，而悲剧背后总有报复的神，没有一点血气过旺的心性，悲剧怕是写不出来的。据施特劳斯看，在这一意义上，阿里斯托芬对苏格拉底的批评是对的，苏格拉底从政治中抽身出来——但阿里斯托芬不能理解苏格拉底，不明白苏格拉底从政治中抽身出来是因为他天性中缺乏血气过旺。相反，柏拉图倒显得能理解苏格拉底，明白他的灵魂之相——如《斐德若》中所表明的那样。进一步推想，柏拉图超过其师的地方就在于，能把苏格拉底的灵魂之相与忒拉绪马霍斯的方式结合起来（后者能说服不驯良的人）。

《斐德若》快到终场的时候，苏格拉底讲明了高贵的灵魂当严肃地写作，而且认为，高贵的灵魂即便写作，但在这种人眼里，"舞文弄墨其实算不得什么"。

对这种人该如何称呼呢？

> 称为有智慧的，斐德若喔，我实在觉得过分，这种称呼只有神当得起；要不称为热爱智慧的或［278d5］诸如此类，兴许既更合适，听起来也比较悦耳。

《智术师》与《泰阿泰德》、《治邦者》构成三部曲，但《智术师》的开场显得像是接着《斐德若》的结尾：

> ［216a］忒奥多洛：按昨天约的，苏格拉底，咱们今儿又来喽，而且还顺便带来个客人，他是爱利亚的，属帕

默尼德和芝诺圈内的哥儿们，一个了不起的热爱智慧的脑袋瓜子（μάλα δὲ ἄνδρα φιλόσοφον）。

[a5]**苏格拉底**：哪里哟，忒奥多洛，你带来的怕不是个客人，而是个神（τινα θεόν）呃？在荷马那里不就有这说法：[216b] 那些个神们，尤其[宙斯]，所有客人和客人的施主，往往陪着虔敬且正派的人们，以便观察人们是狂肆还是守本分。没准陪你来的就是这强者中的一个，来[b5]咱们这些小人物这儿，听咱们谈话，然后反驳咱们，所以说是个反驳神（θεὸς ὤν τις ἐλεγκτικός）。

忒奥多洛：咱们这客人不是那号人，苏格拉底喂，他非常谦虚，比只想引导争执的那班人谦虚多喽。他肯定不是神，不过我觉得他倒有神的架势（θεὸς ἀνὴρ οὐδαμῶς εἶναι）；所以，我想称呼所有[216c]这样的哲人为神（θεός）。

苏格拉底：精彩精彩，亲爱的。不过，这类人（τὸ γένος）未见得比神们一类（τὸ τοῦ θεοῦ）容易认得出来。这号人在其他无知的人们面前让自己[c5]显得"千姿百态"，"串行列城"时，作为真正的、而非冒充的哲人高高地从上往下瞧着在低处中的人们的生活。有的人以为他们一文不值，有的人以为他们实在了不起；有时他们举止若治邦者，[216d]有时若智术师，不过，也有这样的人，他们觉得这号人简直就是疯的（ἔχοντες μανικῶς）。如不冒昧，我倒很愿听听咱们的贵客说说，他们那方的人[217a]对此怎么看，怎么称呼这号人。①

后现代的哲人们来了之后,咱们不是也面临苏格拉底的问题:"怎么称呼这号人?"

---

① 译文据 Helmut Meinhardt 的 *Platon*：*Der Sophist*（希—德对照注释本,注释 241 条,Stuttgart 1998）并参考柏拉图,《泰阿泰德/智术之师》,严群译,商务印书馆,1964。海德格尔对《智术师》的解构性阅读以反"形而上学传统"的方式推进了形而上学;施特劳斯弟子罗森的解读则力图恢复《智术师》的戏剧性原貌——对这段开场戏的解读,见 Stanley Rosen, *Plato's Sophist*：*The drama of original and image*, Yale Uni. Press 1983,页 61 – 69。

尼采的微言大义

[题记] 本文原刊《书屋》2000年第十期，经扩充后重刊于拙著《刺猬的温顺》（上海文艺出版社，2002），这里刊印的文本，由娄林同志据尼采新译本更新了引文和相关文献，谨致谢忱。

尼采是谁？

早就听说，二十世纪最具革命性的思想家是：马克思、弗洛依德、尼采。

何谓"革命性"？日常用法指"反传统"。据说这三位所谓后现代先知推翻了西方的传统价值，代之以新的伦理和生命方向。姑且不究这些流俗说法是否恰切，仅就这种革命性的深刻程度和实际影响而言，弗洛依德和马克思都无法望尼采项背。弗洛依德明显受过尼采影响，而且仅仅发扬了尼采思想中的一个方面。马克思尽管引发了诸多社会革命，仍然在两个方面不及尼采。首先，马克思站在启蒙思想的西方小传统中颠覆西方传统，尼采不仅颠覆苏格拉底和耶稣共同塑造的西方大传统，而且颠覆了启蒙传统。再说，马克思的思想生命力是资本主义赋予的，他作为共产主义代言人站在资本主义对立面，尼采却超逾了资本主义与社会主义的对立。不难理解，冷战之后，不是弗洛依德或马克思，而是尼采显得更具生命力。

尼采的实际影响也远甚于马克思和弗洛依德，右派分子不会喜欢马克思，左派分子却特别喜欢据说极右的尼采。尼采文章瑰美、奇诡、峻峭，没有谁说马克思是"诗人哲学家"。马克思和弗洛依德的著作仍是学究性的，个中道理需要解释才能传达给知识人大众，成为现实的精神力量。尼采文章似乎不需要经过解释，就可以直接变成知识人大众的话语。① 尼采在汉语思想文化界的接受史就是证明：尼采刚死不久就潜入王国维、鲁迅这样的"中国魂"，西人论著有谁像尼采文章那样有如此之多不同的汉语译本？② 即便马克思论著的翻译有一个政党在搞，也没能赶过尼采的风采。

然而，尼采是谁？

谁不知道尼采？不就是那个要"重估一切价值"、主张"权力意志"、提出"超人伦理"和"永恒复返"说而且敢"敌视基督"的德国"伟人"或"疯子"？不就是那个其学说被纳粹利用的德国诗人哲学家？

---

① 参 Stanley Rosen, *Nietzsche's Revolution*（《尼采的革命》），见氏著 *The Ancients and the Moderns*, Yale Uni. Press 1989，页189。

② 尼采在中国思想文化界的接受以及二十世纪头四十年尼采著作的汉译，参张辉《审美现代性批判》（北京大学出版社，1998）第五章和年表。

尼采真是如此"尼采"?

尼采自己和多数研读尼采的后人,都把《扎拉图斯特拉如是说》看做尼采最主要、最本真的文章,也的确影响最大(中译品种也最多)。然而,尼采在书中自己说话吗?不,是扎拉图斯特拉在说。尼采是扎拉图斯特拉吗?难讲。尼采可以说,书中的话都是扎拉图斯特拉,而不是尼采"如是说"。他仅仅是记录者,像柏拉图写的对话,不是柏拉图在说,而是他笔下的苏格拉底及其学生一类"角色"在说(施特劳斯语)。扎拉图斯特拉难道不会是一个角色?

出身于路德宗牧师家庭的尼采,极为饮慕路德在德语方面的历史功绩和影响力,将路德作为自己在德语上要达到的目标。然而,尼采在德语诗作方面的努力失败了。① 这并非因为,尼采之前,歌德(尼采最敬佩的德国诗人)、荷尔德林(Holderlin)、诺瓦利斯(Novalis)、毕希纳(Büchner)、克莱斯特(Kleist)在德语诗言方面撒尽才性,而是因为尼采自己作为诗人的才性天生不足。如果尼采真有盖世诗才,像里尔克(Rilke)或者特拉克尔(Trakel),要在德语诗言史上占据超人地位,并非没有可能。尼采的诗同海德格尔的诗一样,让诗人笑掉牙。尼采的散文和格言文体,至多与荷尔德林、施勒格尔(Fr. Schlegel)、诺瓦利斯平分秋色,风格不同而已。

尼采是哲人,而非文人。他的所谓"诗化"或格言文体,

---

① 青年尼采写过不少诗作,参 Nieztsche, *Werke und Briefe: Historisch-kritische Gesamtausgabe*, *Band I–II*, *Jugendschriften* 1854–1864(《尼采著作和书信:历史考订版,卷 1–2,青年作品 1854–1864》), Hans Joachim Mette 编, München 1934。

仅仅作为哲学文章，才显出其超人气象。即便这种哲学文体，也不是尼采的独创。熟悉席勒、荷尔德林、诺瓦利斯、施勒格尔的人都知道，无论哲学的所谓"诗化"还是格言体，都是德国浪漫派的成就。即便这种成就也不是德国浪漫派的独创，不过是亚里士多德之前，尤其柏拉图之前文体的复活。

如果《扎拉图斯特拉如是说》是尼采最具个体才性的文章，这种个体独特性是什么？

问题仍然是：尼采是谁？

既然《扎拉图斯特拉如是说》是一部哲学著作，作为西方的哲学著作，叙说者的名字竟然是一个非西方传统中人，既非尼采心仪的希腊哲人赫拉克利特，也不是《肃剧从音乐精神中诞生》中迷拜的希腊哲人狄俄尼索斯。扎拉图斯特拉何许人也？波斯宗教的先知。借波斯人的嘴说话，欧洲思想史上不是头一回——孟德斯鸠编造过《波斯人信札》。借波斯先知的嘴说话，也许表明尼采要站在欧洲思想传统之外的超然立场来评价欧洲精神。① 但《扎拉图斯特拉如是说》明显摹仿福音书的结构和叙事方式，分四部记叙扎拉图斯特拉的漫游、梦幻、遐想和"我实实在在告诉你们……"，寓意的言说充满寓言、比喻。② 圣经思想不是哲学：Quid ergo Athenis et Hierosolimis［雅典与耶路撒冷有何相干？］（德尔图良语）。《扎拉图

---

① 参 Stanley Rosen, *The Mask of Enlightenment: Nietzsche's Zarathustra*（《启蒙的面具：尼采的扎拉图斯特拉》），Cambridge Uni. Press1995，页7-8。

② 参 W. Wiley Richards, *The Bible and Christian tradition: Keys to understanding the allegorical subplot of Nietasche's Zarathustra*（《圣经与基督教传统：理解"扎拉图斯特拉"中寓意细节的种种法门》），New York 1990。

斯特拉如是说》还可以算哲学书？难道尼采暗中站在圣经立场反哲学，是反哲学的先知？

虽然尼采称自己的话"像铁锤"，明显学舌旧约先知书中的耶和华说："我的话岂不像火，又像能打碎盘石的大锤吗？"（《耶利米书》23：29）但尼采没有借犹太先知或者耶稣的嘴说话，他丝毫不想站到已经被基督教福音派占用了的圣经立场。扎拉图斯特拉的"如是说"摹仿福音书的叙事和教诲口气，不过是为了与耶稣基督作对，其"如是说"言必反福音书中的耶稣之言。通过扎拉图斯特拉这个角色，尼采站到了犹太-基督教这一西方思想的另一大源头的对立面，他还能算先知？

也许扎拉图斯特拉的角色是狄俄尼索斯的化身，代表悲剧诗人反哲学的传统。可是，在扎拉图斯特拉的"激情洋溢中"和他站立的"高山绝顶之上"，歌德、莎士比亚这些悲剧诗人的后代"可能会喘不过气来，但丁同扎拉图斯特拉相比，不过是个皈依者而已"（这个人：6）。悲剧诗人的精神传统也被超越了，扎拉图斯特拉的身世不比狄俄尼索斯浅。

比较文学或者跨文化学者兴奋起来：看啊，尼采多么靠近东方、热爱东方……然而，尼采说，那帮编纂《吠陀经》的教士们"连给扎拉图斯特拉脱鞋的资格都没有"。

与耶稣主要对门徒"如是说"或苏格拉底不厌其烦地与弟子交谈不同，扎拉图斯特拉的"如是说"经常对自己说。扎拉图斯特拉重新"成人"之前说的第一句话是对太阳说的。扎拉图斯特拉自视为太阳，对太阳说，就是对自己说。"这样一个人，假如他自言自语，将用什么语言？纵酒狂歌的语言"

(这个人：7)。扎拉图斯特拉的"如是说"是否是尼采的自言自语？

就算是罢。"喋喋不休地谈论自己，也可以是一种隐身（sich zu verbergen）手段"（善恶：169）。尼采在自传中明白说过，自己是"这种纵酒狂歌的发明者"（这个人：7）。尼采还说：历史上没有一个真正的哲人是"真正诚实的"（善恶：177）。倘若如此，尼采就仍然是一个哲人。只不过我们切不可轻率地把扎拉图斯特拉的"如是说"当作尼采的真言，扎拉图斯特拉这个角色是谁，并不重要。重要的是，扎拉图斯特拉的"如是说"可能是假话——偶尔夹杂几句实话。

> 真的，我劝告你们：离开我，并且抵制扎拉图斯特拉！最好因他而羞愧！也许，他欺骗了你们。（如是说：论馈赠的道德）①

扎拉图斯特拉说他也许"欺骗了"我们，是随便说说？

没有真理，只有解释？

暂时先放下扎拉图斯特拉的"如是说"可能满纸假话这一问题。扎拉图斯特拉的"如是说"究竟说的什么？是否有

---

① 中译参《扎拉图斯特拉如是说》，黄明嘉，娄林译，华东师范大学出版社，2009；下引本书译文，皆出自这个译本，只注明章节，不标示页码；楷体表示原文斜体。

可以称为扎拉图斯特拉学说的东西?

尼采自己告白,《扎拉图斯特拉如是说》的"宗旨是永恒复返思想,也就是人所能够达到的最高肯定公式"(这个人:1)。依据这一告白,洛维特以为,"永恒复返"不仅是《扎拉图斯特拉如是说》的思想主题,而且是尼采思想的基本学说。

> 无论愚蠢还是睿智,永恒复返说都是理解尼采哲学的钥匙,并且说明了尼采哲学的历史意义,因为它重新复活了早期基督教与古典异教的争执。①

海德格尔对自己昔日学生的这种说法不以为然,"尼采的扎拉图斯特拉是谁?"的演讲勾销了这一说法:"永恒复返"说的确出现在、而且主要出现在《扎拉图斯特拉如是说》中,然而,这种学说既无法说明,也无可反驳,仅仅在带出值得思议的、"面貌之谜一般的"问题。② 海德格尔虽然没有说"永恒复返"可能是大假话,至少暗示不是尼采的真言。

谜底在于"权力意志"的提法。"永恒复返"与"权力意志"具有"最为内在的关联",是重估价值思想的一体两面,似乎"永恒复返"是隐微表达(不等于假话),"权力意志"是显白表达。海德格尔断言,如果没有把握到这两种表达"最为内在的关联",并"理解为西方形而上学中的基本设问,

---

① Karl Löwith,《尼采对永恒复归说的恢复》,见氏著,《世界历史与救赎历史》,李秋零译,道风书社,1997,页270。

② Martin Heidegger, *Wer ist Nietzsches Zarathustra?*(《尼采的扎拉图斯特拉是谁?》),见氏著,*Vortrage und Aufsatze*, Pfullingen1954,页119。

我们就绝无可能把握尼采哲学,也不可能理解二十世纪和未来的世纪"。① 权力意志论是尼采的真言,亦是尼采思想的历史功绩,它颠倒了柏拉图主义的基本学说——对于存在的理解。沿着这条可以称为本体—认识论的解构之路,海德格尔开始解释尼采解构整个西方形而上学传统的"革命性"行动:尼采是西方形而上学传统的最后一人,以摧毁这一传统的方式继承了柏拉图主义的精髓。权力意志论不过是在谢林那里达到顶点的唯意志本体论的结果,因而是西方形而上学的最后表达,预示了技术统治时代的到来。②

某些后现代思想家并不理会海德格尔的形而上学谱系论,但也对尼采的"权力意志"思想入迷,以为其中隐藏着"生肌权力"(biopower)的启示。福柯钟情的既非《扎拉图斯特拉如是说》、也非《权力意志》,而是《道德的谱系》。然而,"为什么尼采要对追求起源提出挑战?"回答是:"为了揭示通体打满历史印记的身体,并揭示历史摧毁这个身体的过程。"③ "权力意志"不是柏拉图主义存在论的痕迹,而是显露身体的标记。通过"权力意志"的提法,尼采展露出生命的本原现象。德勒兹由此得到启示:凡考虑到生命的思想都分享了其对象的权力(power),因而必然会面对权力的策略。

---

① Martin Heidegger, *Nietzsche*(《尼采》),两卷,Pfullingen 1961,卷 I,页 26 – 27。

② 参格尔文,《从尼采到海德格尔:对海德格尔论尼采作品的批判性评论》(默波译),见《外国哲学资料》,第 7 辑,商务印书馆,1984,页 252。

③ 福柯,《尼采、谱系学、历史》(朱苏力译),见《学术思想评论》,4(1999),页 384 – 387。

于是，尼采的"权力意志"论成了德勒兹最后的思想。《什么是哲学》的结尾透露，尼采教德勒兹把生命定义为绝对的直接性、"无需知识的纯粹沉思"、绝对的内在性，是福柯临终都还在思考的"生肌权力"。"永恒复返"既是宇宙论的，更是"生理学说"，是"生肌权力"的生成论。① 尽管撇开了海德格尔的形而上学史的尼采解释，德勒兹的尼采解释仍然进入了现代哲学中超验论与内在论的对立，试图接续由斯宾诺莎发端、尼采彻底推进的内在论谱系。对于海德格尔而言，理解"权力意志"中的形而上学问题事关"未来的世纪"，同样，据说生肌权力的"生命"概念"作为福柯和德勒兹思想的遗产，肯定将构成未来哲学的主题"。②

对如此发微尼采的"纵酒狂歌"，将歌词阐发为"存在学说"或"生肌权力"学说，德里达给予了尼采式的摧毁：尼采文章根本没有隐含什么确定的学说，也没有什么最终含义。发微或阐发尼采学说的人都忘了尼采的说法：这个世界没有真理，只有解释（参善恶：34）。要从尼采"纵酒狂歌的语言"中找出某种学说，就像大白天打着灯笼在街市上找上帝。尼采文章总用两种，甚至多种声音说话，因为他对世界的肯定是一种思想游戏，要求风格的多声道。风格成为思想本身，没有尼采，只有 the Nietzsches［尼采们］。尼采善用短小语句，如果将这些语句与其总体风格分开，根本不可理解，而且经常自相

---

① 参 Gilles Deleuze, Active and Reactive（《动与反动》），见 David B. Allison 编, *The New Nietzsche*（《新尼采》），MIT. Press 1985，页 85 以下。

② 参 Giorgio Agamben, Absolute Immanence（《绝对的内在论》），见氏著 *Potentialities: Collected Essays in Philosophy*, Stanford Uni. Press 1999，页 220–242。

矛盾。尼采文章因此有无限制的解释可能性，哲学在他那里成了无限的解释。① 德里达不仅挑战海德格尔的尼采解释，也瓦解了福柯—德勒兹的尼采解释。这些尼采读法仍然受传统的真理问题支配，依附于某种形而上学幽灵，难怪他们看不到尼采文章的多面孔。

话虽如此，德里达的尼采解释依然得自海德格尔的尼采解释，恰如海德格尔的尼采解释方式来自尼采对传统形而上学的摧毁。把尼采看成彻底摧毁形而上学逻各斯的先驱，而不是看成形而上学的最后完成，难道不是海德格尔式解释学行动的继承、发扬？② 再说，与内在论对立的超验论谱系从康德经胡塞尔传到勒维纳斯（Levinas），海德格尔恰恰站在两个谱系的转换关节点——胡塞尔与尼采交汇的地方。

的确，尼采的文章大都不像"学术"论文，这使得人们很难从其论述形式中找到其思想主张的内在理路。即便可以归结出所谓"权力意志"、"重估价值"、"超人哲学"、"永恒复返"一类学说，实际上都依赖于重新组织尼采的话。解读尼采，解释者不得不明确摆出自己的解释框架，不能像解释其他思想家比如康德、黑格尔那样，躲在他们的思想框架中

---

① 参 Jacques Derrida, *Spurs: Nietzsche's Styles*（《教唆：尼采的种种风格》），Uni. Chicago Press 1978; Jacques Derrida, Nietzsches Autobiographie oder Politik des Eigennamens（《尼采的自传或者本名的政治》），见 *Fugen: Deutsch - Franzosisches Jahrbuch fur Text - Analytik*, 1980, 页 64 - 98。

② 参 Allan Megill, *Prophets of Extremity: Nietzsche, Heidegger, Foucault, Derrida*,（《极端的先知：尼采、海德格尔、福柯、德里达》），Uni. California Press 1985; Ernst Behler, *Derrida - Nietzsche, Nietzsche - Derrida*（《德里达—尼采、尼采—德里达》），Paderborn 1988。

作出自己的解释。海德格尔、福柯、德勒兹、德里达的尼采解释,哪个不是以自己的哲学框框为基础?洛维特可能没有看错:海德格尔的尼采解释的革命性,并不在于接着尼采摧毁西方形而上学传统,而在于不理会尼采文章自身,自己说自己的。①

勾销尼采书写的内在实质,代之以多声风格,尼采就被蒸发了。然而,真的再不可能找到尼采?尼采是谁,真的没有可能回答?即便多声风格,也非尼采的发明。柏拉图的对话充满了不同声音,能肯定苏格拉底的声音一定是柏拉图的声音?基尔克果用过一打笔名,哪一个是他自己的声音?柏拉图或基尔克果并非在多声风格或笔名书写中不在了,仍然可以肯定有可以叫做柏拉图或基尔克果的思想。角色或笔名都很可能是"隐身手段",正因为有"身"要隐,才发明了多声风格或笔名书写。尼采这个人在"风格"中隐藏自身,而不是根本没有尼采之"身"。

扎拉图斯特拉"如是说"之后,尼采本打算写自传。"自传"就是谈论自己。如果扎拉图斯特拉的"如是说"是尼采"自言自语",何需再写自传?写自传的愿望,表明尼采在"隐身手段"中说话感到憋气、不能畅言。然而,尼采放弃了写自传,代之以《善恶的彼岸》、《道德的谱系》、《偶像的黄昏》……《敌基督者》,然后才作了自述(《瞧这个人!》),然后才"惨死在思想的十字架上"(托马斯·曼语)。从《善

---

① 参 Karl Löwith,《释海德格尔〈尼采的话"上帝死了"〉所未明言的》(冯克利译),见刘小枫编,《尼采在西方》[增订本],华东师范大学出版社,2010。

恶的彼岸》开始，尼采越来越多自我引证——引证自己的作品，《瞧这个人!》更是大段抄录。德里达很可能被尼采"没有真理，只有解释"的话骗了。并非没有一个尼采，"尼采们"不过是尼采的身影——就像他一本书的书名"漫游者和他的影子"。尼采不是后现代的非逻各斯论者，他追求真理，只不过不直言真理。德里达没有去问为什么尼采不直言真理，反而以为尼采的言说证明根本没有真理，实乃典型的后现代的自以为是。

扎拉图斯特拉口中的"蟒蛇"

姑且不谈尼采公开发表的论著，尼采从来没有打算发表的书信、明信片可以证明，"永恒复返"、"权力意志"、"重估价值"的确是尼采想要说的"学说"，它们是否就是尼采想说的真理，倒一时难以确定。

在据尼采自己说宗旨为"永恒复返思想"的《扎拉图斯特拉如是说》中，"权力意志"已经出现了。在题为"论自我超越"（Von der Selbst-Überwindung）一章中，扎拉图斯特拉说道：世界上有两种权力意志，因为世上有两种人，一种是爱智者，一种是民众。爱智者身上的热情堪称"求真意志"，其实质是要"所有的存在应当顺从"自己，如此意志就是一种权力诉求："你们意欲创造一个你们可以屈尊崇拜的世界：这就是你们终极的希冀和陶醉。"民众也有自己的"权力意志"，这种权力来自他们所相信的善善恶恶的伦理。

这是尼采文本中较早明确谈到"权力意志"的段落，而且说到的是两种不同的"权力意志"。如果我们要搞清尼采所谓的"权力意志"，究竟该去把握哪一种"权力意志"？扎拉图斯特拉接下来的"如是说"马上使得这一问题变得不那么重要了。善用比喻的扎拉图斯特拉继续说："不智慧的人自然是民众——他们犹如一条河流，河上一叶轻舟向前漂流：舟上载着种种庄重而隐匿的价值评估"（如是说：论自我超越）。这段"如是说"马上使我们的关注点转到这样一个问题上：尼采为什么要谈"权力意志"，是在什么语境中谈的？

河川与小舟的比喻，让人想到"君者，舟也，庶人者，水也。水则载舟，水则覆舟"的中国政治古训（荀子在说到"庶人安政，然后君子安位"时引述了这句古训，见《荀子·王制》）。Wille zur Macht 究竟该译成"权力"还是"强力"意志的纷争可以休矣！民众为河川、爱智者为小舟，两种权力意志明明说的是统治和被统治的政治关系。值得关心的倒是，既然爱智者和民众都有权力意志，凭什么就应该是爱智者统治民众？

两种权力争夺支配权，哪一种权力应该占上风？按扎拉图斯特拉的意思，权力的高低来自价值，权力关系是以价值评价为基础的。真正的价值当然应该货真价实，求真的意志才可能获得真正的价值，因而就应该拥有更高的权力。如果问世上谁应该统治，回答当然是有求真意志的人，求真意志才能辨别价值的真伪、排列价值的高低秩序，统治的正当性就基于这种高低有序的价值秩序。谁在求真？不是君王，也非民众，只有哲人。"求真意志"是爱智者的权力意志，因此它应该支配民众的权力意志（善善恶恶）。这里的所谓哲人，看来不像是如今有专业知识的知识分子，倒像柏拉图所谓的哲人—王。

既然更高的权力来自更高的价值，而不是恰恰相反，爱智者就应该展示出自己求得的价值，为什么扎拉图斯特拉又说爱智者得把自己的"价值评估""隐匿"起来？是否因为"凡民众信以为善或恶的，无不流露出一种古老的权力意志"，爱智者的意志尽管求真，却敌不过民众信奉的价值"古老的"力量？

扎拉图斯特拉教诲了爱智者的"权力意志"就是权力者"要当主子的意志"后，马上说道：

> 你们这些价值评估者啊，你们以自己的善恶价值和言语行使你们的权力；这就是你们隐而不彰的爱和你们灵魂的光辉、战栗和激奋。
>
> 然而，从你们的评价中产生一种更强的权力，一种新的征服：因它之故，蛋和蛋壳都破碎了。（如是说：论自我超越）

扎拉图斯特拉当时大谈"求真意志"，越说越忘乎所以，几乎就要把"隐匿的"真理讲穿，兴奋得忘了这真理本来说不得，必须隐藏："你们最智慧的人啊，让我们对此谈个够吧，尽管这不大好。但沉默更糟，真理一旦被隐瞒，就会变得有毒"（如是说：论自我超越）。是否为了不让"蛋和蛋壳都破碎"，爱智者得把自己的"价值评估""隐匿"起来？"蛋和蛋壳都破碎"究竟是什么意思？

在这段扎拉图斯特拉的"如是说"中,权力意志与重估价值的确显出内在的紧密关联。尽管没有用到"永恒复返"的字眼,但河川不能自己流动,是某种更为自然的东西在使它动,这就是"永恒复返"。然而,相当明显,这段"如是说"的经脉不在海德格尔所谓形而上学"最内在的关联",而在爱智者与民众的统治关系——两种"权力意志"之间存在政治冲突。所谓"自我超越",听起来是一个道德哲学论题,实际上事关向民众隐瞒真理,"自我超越"就是哲人克服想向世人宣讲货真价实的真理的冲动。那些到尼采的"权力意志"概念中去沉思形而上学残余或者发皇身体权力的人,看来被尼采的其他话蒙骗了。

扎拉图斯特拉"如是说"之后,为什么尼采没有写自传?现在可以有把握这样讲:尼采感到还不到把"隐匿着的"真理说穿的时候。

《扎拉图斯特拉如是说》"从语言上说是真正的壮举","也许只有《善恶的彼岸》的行业工匠歌手序幕中的精湛分析能与之比肩"。[①] 果然,《善恶的彼岸》开篇讨论了爱智者的"偏见"后,接下来就谈到爱智者有这样一种"权力意志的权利":杀死道德的上帝,也就是杀死民众赖以为生的善善恶恶伦理的古老权力,永世不可让民众依自己的权力意志起来造反。末了,尼采斩钉截铁宣称:哲人的权力意志之外,"一切皆无"(善恶:36)。这无异于说,只有爱智者的"求真意志"

[①] 托马斯·曼,《从我们的体验看尼采哲学》,见刘小枫编,《现代性中的审美精神》,学林出版社,1997,页546。

才应该有绝对的、至高的主权。

紧接着,尼采讲了一句奇诡的话:

> "这是怎么回事?这不是大白话吗:上帝受到了驳斥,魔鬼却没有?"恰恰相反!相反,我的朋友们哪!真该死,谁强迫你们说大白话(popular zu reden)来着!(善恶:37)

尼采在身前未刊的笔记中曾谈到堪称伟人的三项条件:除了"有能力从自己生命的巨大平面出发修炼自己的意志力"和不怕舆论、敢于蔑视"群畜道德"外,最重要的是"不能泄露自己的天机",像《道德经》上说的,"知我者希,则我贵矣。是以圣人被褐而怀玉"。

> 假如有人识破了自己的真面目,他认为是不寻常的。当他不对自己说话时,他就要戴上面具。他宁肯说假话,而不想讲实话。因为,说假话要耗费更多的精神和意志。(意志:962)

有一回,扎拉图斯特拉与一个"来自幸福岛的人"出海航行。在船上的头两天,扎拉图斯特拉一直没有说话,船上大多是侏儒,而他是"远游者和冒险家的朋友",与侏儒哪有什么话可说。实在闷得慌,扎拉图斯特拉终于忍不住给侏儒宣讲起"永恒复返"教义,讲得起劲时,突然被心中的一阵狗吠打断:"我如是说着,声音压得越来越低,因为我害怕自己的思想和隐念。蓦然,我听见一只狗在附近吠叫。"接下来,扎拉图斯特拉做了一个怪异得可怕的白日梦,梦见自己"突然置身乱石丛中,孤独而荒凉,在最荒凉的月光里",眼见一颤抖、哽咽的年轻牧人口中垂着一条黑色蟒蛇,慢慢爬进一只雏公鸡嘴里……(如是说:论面貌和谜)

中国民间有一种"黄道秘术",据说修得这种秘术可以驱鬼和施魔(最起码可以让打你的人痛而挨打的你自己不痛)。修炼此功必须在僻静处,尤其不能听见狗叫或被女人撞见,否则前功尽弃(为何非得避女人?《书》上说了:"牝鸡不晨;牝鸡之晨,惟家之索")。修得这秘术的基本功之一,就是练习对自己知道的真相守口如瓶。扎拉图斯特拉做的那个白日梦,分明是他泄露天机后产生的恐惧——牧人口中的"蟒蛇"如果非要爬进"雏公鸡嘴里",雏公鸡不被撑死才怪!

口吐蟒蛇的"牧人"是谁?雏公鸡又指谁?

《扎拉图斯特拉如是说》是尼采一生中唯一一次明目张胆地戴上一副脸谱面具说话,不像在其他场合,用种种隐形面具。从扎拉图斯特拉的如此惊恐,可见尼采何其在意说还是不说自己的真实世界观。

早在青年时期,尼采就被真理与假话的关系问题搞得精疲力尽。《从道德之外的意义看真理和假话》这篇文章,尼采身前没有公之于世。文章头三节写得规规矩矩,言辞不带丝毫夸张、浮躁、反讽,随后十来节草率得像提纲,似乎没有耐心把这个题目再写下去。第一节中有一句话值得注意。

就个人希望保护自己反对其他人而言,他的智力一般多用来作假。但就在同时,由于无聊,也因为必要性,他又希望社会合群。他不得不和好,并从他的王国尽可能消除至少最明目张胆的"人对一切人的战争"。这一和平协议带来的影响似乎是通向获得那令人困惑的真理冲动的第一步,从此就有了"真理"一说。(笔记,页102)

扎拉图斯特拉的"如是说"显然没有解除真理与假话的紧张,尼采还处于说还是不说的两难中。等到《敌基督者》解除说还是不说的紧张,写自传的时刻到来,尼采的日子也满了。这样的结局,其实扎拉图斯特拉早就晓得:"真的,哪里有毁灭,哪里有树叶飘落,瞧,哪里就有生命的牺牲——为了权力"(如是说:论自我超越)!

尼采思想中看来有某种实实在在的紧张——真实与假话、两种权力意志或者哲人与民众的紧张,这是否才是真正需要沉思的尼采?无论发微尼采的基本学说,还是在"尼采们"之间飘飘然,都可能是尼采所谓"劣等哲学家的偏见"。是否可以也像海德格尔那样说,如果没有把握到尼采说还是不说的紧张,"我们就绝无可能把握尼采哲学,也不可能理解二十世纪和未来的世纪"?

"蒙谤忍垢而不忍白焉"

康有为直到仙逝都没有刊印《大同书》十部(合柏拉图《王制》卷数),其弟子曾在《不忍》月刊连载头两部,当时,康子仍在海外流亡。数月后康子返国,马上阻止继续刊登。康子早已演成"大同之义",为什么在世时不愿公之于世?若说康子自感还不圆满,从《不忍》月刊连载到他仙逝,有十几年时间,足以修润。当然,"大同之义"与康子一向讲的"虚君共和"改制论明显有矛盾:改制仍然要维系传统伦理,并不是达致大同境界的步骤。"虚君共和"是现世的政治法理,"大同之义"是理想的万世大法,根本是不同的政治原则。

这一矛盾会影响到公布《大同书》?有的思想史家(如萧公权)以为,这有什么值得大惊小怪?用西学对康子的影响就可以圆通。思想史大师施特劳斯告诫,面对大思想者明显的矛盾必须慎微,留心此处可能有难言之隐。朱维铮教授就有这种审慎,以为康子不公布《大同书》可能"别有缘故"。①

不过,康子最终"不能言"为万世开太平之义,究竟因为康子"秉性之奇诡"(梁启超),抑或因为他还没有为乌托邦找到历史"实例"(朱维铮)?康子自己称"言则陷天下于洪水猛兽",难道是随便说说?

公羊家有大义微言之说,大义显而易见,微言隐而难明——所谓"隐微不显之言"、"精微要妙之言"。有的公羊家也把"大义"与"微言"说成本质上一回事,微言较大义隐深而已。真的如此?非也!大义微言之别,小康大同之辩也!百姓自有百姓的生活,不能承受圣贤人的大同世,小康世已是最高的生活理想。《春秋》大义明是非、别善恶、诛暴乱,此

---

① 参朱维铮,《求索真文明:晚清学术史论》,上海古籍出版社,1996,页231-258。

"封建"大义专为小康世而设，中材之人已经可以得大凡。但"封建，势也，非孔子本意"（康有为，《万木草堂口说·王制》）。孔子的本意寓于微言，非中材以上不能知。小康世平庸之极，圣贤人会活得百无聊赖。百姓与圣贤人的生活理想扞格难通，圣贤人心知肚明，却又不得明言："民不可使知，故圣人之为治，常有苦心不能语天下之隐焉。"（《康子内外篇·阖辟篇》）

为什么不能言？"言"就是要变成社会现实。要是真搞大同世，像宋儒或毛泽东把微言转变成大义，就会"致使亿万京陔寡妇，穷巷惨凄，寒饿交迫，幽怨弥天，而以为美俗！"（《大同书》）康子说"言则陷天下于洪水猛兽"，就像扎拉图斯特拉说"蛋和蛋壳都破碎了"，绝非随便说说。"虚君共和"论乃"大义"，"大同之义"是"微言"。梁子谓康子"始终当以小康义救今世"，可能深得师心。康子虽不晓得柏拉图氏有"高贵的假话"术，却谙"道心惟微"（《古文尚书》）、"大道可安而不可说"（《管子·心术上》）等古训，懂得圣人"言不必信"（孟子），所以才"蒙谤忍垢而不忍白焉"。

"不忍白"不等于不说，微言并非不言。微言是已经说出来的话，不过隐而难明而已。公羊家坚持微言是口说，口口秘传，口传的才是真言。但口说的意思是不形诸文字吗？孔子微言在《春秋》，《春秋》已是文字，只不过后人不得望文生义，要懂得区分字面上说的和其中隐藏着的"非常异义可怪之说"。康子所谓孔子本意靠口说相传，到董子才形诸文字，并非指孔子本意通过子夏、公羊子等口传到《春秋繁露》才写成文字。"《春秋》之意，全在口说，口说莫如《公羊》，《公羊》莫如董子"(康有为,《万木草堂口说·孔子王制二》)。《春秋》、《公羊》、董氏《春秋》都是文字的东西。形诸文字的含义因此是用时人可以明白的话来写,微言意味着用时人不明白的话显白地说,所以董子之言仍然"体微难知,舍例不可通晓",与口说没有什么分别。口说与形诸文字之别,有如大同、小康之辩,两种不同的书写——隐微的和大义的书写隐含着两种不同的政治原则。所以,《礼运》说小康世,"天下为家,言礼多而言仁少",大同世"天下为公,言仁多而言礼少"(康有为《万木草堂口说·礼运》)。《礼运》与《春秋》都是文字的东西,却有"言"与"不言"、文字与口说的不同。

为什么非要分别口说与笔写?

柏拉图对话中的苏格拉底讨论过这一问题。苏格拉底也说,文章有口说和笔写两种,笔写的文章要面对民众的信仰——民众以为正义、善和美的,这样一来,写文章的爱智者就无法把自己的真正看法讲出来,除非假定民众在德性和智性上与爱智者相同。笔写的文章有说服效果,但"说服靠的是这〔大多数人认为正确的东西〕,而非真理"(《斐德若》260a)。[1] 立法者(就是爱智者)为了让民众信服,就得装出顺着民众心意说的样子,笔写的文章无异于欺骗或迷惑民众。欺骗或迷惑民众是必须的,因为"说到正确或好",立法者与民众"各有各的看法",而且"互相不一致"(《斐德若》262a5)。

---

[1] 《斐德若》译文均出自笔者本人。

做文章必得讲究修辞术，修辞术不是如今新闻学、秘书学中的文章作法一类的技巧。习修辞术，关节点并不在于学会笔写文章的文法修辞之类，而在于掌握民众的信仰和心意："想要成为言辞家就不可避免得看清楚，灵魂有多少样子［形式］"（271d4）。由于民众有各种各样的，民众认为的正义、善和美经常自相冲突，笔写文章的人就得"能够用敏锐的感觉去体察它们"。目的只有一个，让民众信服自己（《斐德若》271e）。归根结蒂，修辞术涉及国家的真理、正义和善行，属于统治"法术"之类。苏格拉底说，没有把握这一点，就没有懂得"修辞术的秘诀"。

可是，爱智者（哲人）或贤人的本分是忠诚于神明而非民众，忠诚于真理而非民众的意见。为了忠诚于神明和真理，爱智者（哲人）还有一种"用知识写在习者灵魂中的那种［言辞］，它有能力卫护自己，而且懂得对谁该说、对谁该缄默"（《斐德若》276a5）。苏格拉底说得再清楚不过：口说的文章不等于没有文字，而是"既是活生生的、又有灵魂，那由此写成文的东西正确地该说成一种映像"（《斐德若》276a5）。所谓不形诸文字（口说），不是不写下来，而是不形诸显白的文字（有如《礼运》），而是形诸隐微的文字（有如孔子造《春秋》），"唯有明白真理的人才最会看出真理的类似"，像古人说的，"观其所以微见其意者，皆圣贤相与警戒之义"（苏轼，《留侯论》）。

如此说来，爱智者（哲人）说假话、欺骗或迷惑民众竟然是一种美德？

有德性的苏格拉底可没有这样认为。爱智者的说假话不是一种美德，而是一种"药物"（φαρμάκον）："说假话对于神明毫无用处，但对于凡人，作为一种药物还是有用的。"哲人是国家的医生，医生才知道用药，病人如何用得？用药事关国家大事——国家的正义、善和美。"国家的统治者，为了国家的利益，有理由用假话来应付敌人，甚至应付公民。其余的人一概不准和它发生关系。如果一般人对统治者说假话，我们以为这就像一个病人对医生说假话"（《王制》389b-c，中译本页88）。[1] 不过，哲人还不是统治者，哲人为王的国家还没有出现过，至多是一种政治理想，何况这种理想真要成为现实，是祸是福还说不定——这正是苏格拉底（说是柏拉图也一样）最终要讨论的，绝非某些后人（如波普尔之流）以为的那样，已经有了肯定的结论。所以，哲人"高贵的假话"不仅针对民众，也针对君王（《王制》413e，中译本页127）。哲人对国家的责任是，尽量使得人民与君王和谐相处。要是"人民恨君王，君王算计人民……他们就会和国家一起走上灭亡之路，同归于尽"（《王制》417b，中译本页131）。

这都是政治的事情，尼采的说还是不说与政治有什么关系？他不是诗人哲学家、美学家吗？除了为战争中的国家服过务，尼采从来没有像马克思那样参与实际政治活动，而是专心做自己的语文学教授、写自己的书、玩女朋友、听音乐……

纳粹党报曾经明确表示欣赏尼采的思想，于是，尼采的名声在国际社会中就与纳粹恶名分不开了。五十年代以来，美国

---

[1] 柏拉图，《王制》，采郭斌和、张竹明译本，《理想国》，商务印书馆，1986，以下只随文注页码。

人考夫曼为洗清尼采身上的纳粹恶名不遗余力，除了勤奋迻译尼采笔写的文章，还致力从审美论、心理学角度诠释尼采文章，将尼采思想与政治隔离开来："权力意志"、"重估价值"、"超人哲学"不过有审美的生命哲学含义，是一种真诚的价值哲学。① 苏格拉底说，"以为可以在文字中留下一门技艺，以及反过来，接受了它便以为从文字那里会得到清清楚楚或牢牢靠靠的东西，头脑恐怕都过于简单啰"（《斐德若》275c5）。尼采当然不是前一类人，考夫曼则肯定"头脑过于简单"。

"稀罕的声音只有稀罕的耳朵才能分辨，稀罕的思想只有稀罕的思想才能解释"（尼采语）。洛维特记得，海德格尔第一次引用尼采的话"上帝死了"是在1933年的校长就职演说中。海德格尔当然早就知道尼采的这句话，为什么偏偏在这时引用？偶然的巧合吗？尼采说到过"大政治"，至少在当时，海德格尔以为"大政治"的机缘来临了。但"上帝死了"与"大政治"有什么关系？不管怎样，尼采文章中有政治的声音，美学家和文学家们听不见，没有什么好奇怪，他们"气质上、天性上不宜听"（善恶：30）"稀罕的声音"。

1936年，海德格尔开始在大学讲堂讲解尼采，持续近十年，伴随纳粹政权的兴衰。这是偶然的吗？

在战后海德格尔写给"清洗纳粹分子委员会"的交待材料中，这些尼采讲座和演讲成了他与纳粹事业摆脱干系的证据。海德格尔的说法是：他将尼采思想解释为反抗虚无主义等

---

① Walter Kaufmann, *Discovering the Mind vol. II : Nietzsche, Heidegger, and Buber*（《心灵的发现卷二：尼采、海德格尔、布伯》），New York 1980。

于自己在反抗纳粹,因为法西斯主义不过是虚无主义的政治形式;"尼采根本不能与民族社会主义运动等同起来","我在有关尼采的系列讲座中表露出了同样的精神抵抗"。① 阿伦特信了海德格尔的说法还情有可原,好些当代哲人也真信,称其"尼采讲座"为重大的政治转向,就有点让人莫名其妙。至少海德格尔自己已经说明,他对尼采哲学作出形而上学存在史的解释,本身恰恰是一种哲学的政治姿态。从文本考究,海德格尔的"尼采讲座"可能反驳了纳粹思想背后的形而上学提法,但并没有反驳纳粹的政治行动。② 也许可以这样说,海德格尔反驳的仅是现代哲人王(纳粹)的大义,而非其微言。

何为纳粹的"微言",尼采哲学与纳粹政治的关系究竟如何,问题都不简单。沃格林的如下论点不是没有道理:"纳粹思想的类型并非尼采的理智良知的感觉传染的,纳粹思想根本无法与尼采的神秘主义扯在一起,除非说这两种现象都是基督教的危机症候。"③ 这个问题太深奥、太烫手,还是暂时不说为好。

不管怎样,"重新提出尼采思想来讨论而又不触及其思想的政治方面,显然成问题。某种程度上讲,尼采的政治思想不可

---

① Hugo Ott,《海德格尔与非纳粹化运动》(刘清平译),见《开放时代》,5 (2000),页97 – 98。

② Tom Rockmore, *On Heidegger's Nazism and Philosophy*(《海德格尔的纳粹主义与哲学》), Uni. California Press 1997,页172 – 175。

③ Eric Voegelin, Nietzsche and Pascal(《尼采与帕斯卡尔》),见氏著, *History of Political Ideas Vol. VII: The new Order and last Orientation*(《政治观念史稿卷七:新秩序与最后的取向》), Uni. Missouri Press 1999,页297。中译载刘小枫编,《墙上的书写:尼采与基督教》,华夏出版社,2004,页42 – 87。

能与其思想的其他方面分开"。① 然而，如何把握尼采思想的政治实质？是否像俄国哲人弗兰克在批判虚无主义伦理学时说的，"一切运动的目标或策略归根结底都依循和取决于知识人的精神力量——他们的信仰和生活经验、评价和兴趣、理性和道德气质，因此，政治问题本身就是文化——哲学和道德问题"？② 或者像新左派那样提出所谓实践哲学的解释？据说，尼采对于权力意志的各种说法（激情、解释、反应意志）确定了探究权力的范围，而不是形而上地规定权力的基本内容。权力意志都与人的经验和行动的可理解性相关，因而，权力意志是一个批判的实践本体论概念。尼采的谱系方法差不多就是一种历史唯物论方法了，认定虚无主义为历史哲学问题，恰恰触及到虚无主义的历史本质。权力意志的概念当然有价值论的含义，然而，其中内在地包含着历史的实践，把传统上所有与行为相干的概念都从形而上学领域转到了实践哲学的价值论领域：占有价值是通过自我解释得到的，而自我解释就是人的意志的条件。③ 总而言之，在尼采那里，据说人的实践是哲学的基本问题。

尼采哲学的政治含义真的如此？

尼采原来打算写的第一本书，不是《肃剧从音乐精神中诞生》，而是《古希腊国家》。刚刚写了开头，尼采就放弃了，代之以《肃剧从音乐精神中诞生》。用今天的学科分类来说，

---

① Bruce Detwiler, *Nietzsche and the Politics of Aristocratic Radicalism*（《尼采与贵族激进主义的政治》），Uni. Chichago Press 1990，页5。

② Frank,《俄国知识人与精神偶像》），徐凤林译，学林出版社，1999，页46。

③ Mark Warren, *Nietzsche and Political Thought*（《尼采与政治思想》），MIT Press 1988，页114以下。

尼采从政治哲学转到了审美哲学。然而，放弃《古希腊国家》改为《肃剧从音乐精神中诞生》是一种学科的转变？这种转变的同时——亦即写作《肃剧从音乐精神中诞生》之时，尼采写的那篇起头相当正规而且完整的学术论文《从道德之外的意义看真理和假话》和"哲人是医生"的写作提纲与《肃剧从音乐精神中诞生》有什么关系？

尼采首先是古典语文学家。古典语文学的基本工夫是把文字上并不太难（显白）而含义艰深（隐微）的柏拉图对话的希腊语原文念得烂熟。尼采修读古典语文学时，一定对《斐德若》和《王制》中那些谈到哲人在城邦中的位置以及医生、药物、假话的段落大为震惊，不然他写那些关于真理与假话、关于哲人即医生的笔记和写作提纲做什么？前苏格拉底哲人说，哲学起源于对为何有存在感到惊异。尼采的哲学思考却似乎与柏拉图一样，起源于对"哲学是药物"、哲人是国家医生一类说法的震惊。哲学问题首先不在于沉思什么、用何种"哲学方法"想问题，而是如何处置哲人或哲学与人民的关系。哲学与人民的关系问题是第一性的，先于哲学之所思的东西。从这一意义上说，哲学首先，而且本质上是政治的。"这个世界没有真理，只有解释"，可谓对哲学本质的精辟说明：哲人沉思什么，并不头等重要，而是知道对谁说、如何说（今人倒过来问：谁在说）。

在"哲人是医生"的写作提纲中，尼采激动兮兮地记下了这样的思考：哲人耽于心智、追求真理，但人民不可能追随哲人，人民不过沉思生活，也不追求真理。尼采问："哲人与人民的关系是必然的吗？""对于自己民族的文化，一个哲人能做什么？"（笔记，页92）这样的问题在扎拉图斯特拉身上变成了如此噩梦："年轻牧人口中"吐出的"黑色蟒蛇"可以"爬进一只雏公鸡嘴里"？

> 哲学和人民。没有一个伟大的希腊哲人是人民的领袖，最多可以说恩培多克勒（在毕达戈拉斯之后）曾经有过这样的企图，但他并不打算用纯粹的哲学来领导人民，而是利用人民的一种神秘工具。其他哲人从一开始就拒斥人民（赫拉克利特）。有些人把一个高高在上的受教育集团作为他们的公众（阿那克萨戈拉）。苏格拉底最具民主和煽动倾向：结果是各种宗派的建立，因而是一个反证。在像这样一些哲人无能为力之处，更次要的哲人如何可能指望有所作为？在哲学的基础上，根本不可能建立起一种大众文化。（笔记，页97）

从柏拉图的对话中，尼采感到，"哲人的忧患"乃是"假话和思想冲突的痛苦无处不在"（笔记，页155）。岂止"忧患"，还有"危险"。苏格拉底试图让哲人在一个民主国家中活得正派，结果导致民众信仰秩序大乱，自己也落得被人民公审的下场。对希腊哲人中苏格拉底这唯一的"反证"，扎拉图斯特拉没有忘记——"蛋和蛋壳都破碎了"。

> 最智慧的人啊，你们把那些宾客置于小舟上，并饰以华丽和自豪的名号——你们和你们的统治意志啊！
> 河流载着你们的小舟前行：**它必须承载小舟**。浪花是

否飞溅,是否怒遇船身,这不足挂齿!

> 你们,最智慧的人啊,你们的危险以及善恶结局,不是这河流:而是那意志本身,即权力意志——永不枯竭的创造性的生命意志。(如是说:论自我超越)

哲人的"危险"来自高贵的沉思天性(一种特殊的权力意志)与民众的权力意志的冲突,如果哲人的求真意志非要支配国家、民族、人民的命运,必然害人又害己。苏格拉底之死是哲人的问题,而非榜样,柏拉图为这个问题思索了整整一生。既然天生我为沉思人,为了不至于害人又害己,假话人生就是无从逃避的命运。尼采的扎拉图斯特拉在"如是说"以后,口头的文章还得继续做下去。

"无辜的假话"

在尼采文章中,可以发现好些自相矛盾的说法,或者一个语词的两种甚至多重用法,比如前面提到的两种"权力意志"。如今已经清楚,这些自相矛盾或一词两意的情形,并非因为尼采是诗人哲学家,好用格言体,似乎这种文体本身不需要像"学术论文"那样要求内在理路的一致性,也并非因为,尼采的哲学头脑是热情类型——好像卢梭,而不是沉静类型——好像斯宾诺莎、康德,不能要求其思想言辞的一贯性。这些看法都可以叫做不懂事。施特劳斯指出,柏拉图的哲学采用对话文体,绝非一种文人习性或某些文艺学家所谓摹仿

"戏剧体",而是与其哲学思想的关键问题相关。① 尼采文体同样如此。抛开尼采的文体,从流行的所谓"尼采学说"来理解尼采,就会受尼采蒙骗;用所谓风格的多声道消解尼采,几近浅薄无知。尼采文体不是一种文人化修辞——像前一阵子国朝学人喜欢玩弄的随笔,而是其思想困窘、沉思处境使然。看似没有什么关联的单个格言并非"意义的孤岛",而是与某种深切的思想关怀紧扣在一起,行文的隐约、不连贯、神秘等等,都有特别含义。

如已经说过的那样,格言体不是尼采的独创。帕斯卡尔的《思想录》是优秀的格言体写作,这与其内心深处的信仰危机相关。尼采曾经极为崇拜帕斯卡尔,称他为"唯一真正的基督徒",敢于面对基督教信仰的衰微,而他的文体恰恰是心灵"伤痕累累"的体现。② 文辞故意含糊、反讽、夸张、用典、指桑骂槐、装样子、说半截话、兜圈子,好像是文人天赋的挥洒,其实是个人思想的生存性需要——需要思想面具。深度不能直接敞开,必须颠来倒去兜圈子,这是一种古老的"法术"——显白说辞,公开讲,是修辞术。尼采用谜语般的语言公开谈论过显白说辞:

> 凡深沉的一切,莫不爱面具;最深沉的东西甚至仇恨形象和比喻。……狡计中有如此多的善。我可以想象,一个有值钱和易损的东西需要藏匿起来的人,终身会像一个

---

① 参 Leo Strauss, On Plato's Republic(《论柏拉图的〈王制〉》),见氏著 *The City and Man*(《城邦与人》),Uni. Chichago Press 1964,页190。
② Eric Voegelin,《尼采与帕斯卡尔》,前揭,页261。

箍得紧紧的装满新酒的陈年酒桶笨拙地咕噜噜滚动：细腻入微的害羞使得他如此。用害羞隐藏深沉的人，在人迹罕至，甚至他的知交和最亲近的人也不可得知其所在的路上，遇到了自己的命运和棘手的决断：因为，这些人全然看不到他的性命危险以及重新赢得的性命安全。一个出于本能需要把想说的话咽回去隐瞒起来（das Reden zum Schweigen und Verschweigen braucht）、千方百计逃避推心置腹（Mitteilung）的隐匿者，想要，而且要求一副面具在朋友们心目中晃荡。（善恶：40）

尼采自己懂得如何用思想面具竖起保护的屏障，也善于识别别人戴得不那么高明的面具，将其本来面目暴露在光天化日之下。对于高明的显白说辞，尼采倒向来佩服。

现在，我们转向政治思想史家沃格林提出的这样一个问题：

人们在苦苦思索尼采的哲学意图时经常忘记，对一魔术作品的解释不应该受这种魔术欺骗——以便把这个作品解释清楚。尼采曾经以玩弄第欧根尼象征变换魔术来蒙骗人，所以，仅在文本基础上探究超人象征并确定其意义还不够，还必须确定，当有人玩弄魔术时，存在秩序中实实在在发生了什么事情。①

---

① Eric Voegelin, *Der Gottesmord: Zur Genese und Gestalt der modernen politischen Gnosis*（《谋杀上帝：现代政治灵知论的起源和形态》），Peter J. Opitz 编，München 1999，页98。

尼采既然早就晓得，哲人在世上必须靠假话度日，而且，说假话是高贵的事情，他为何显得对说假话心里不踏实？从早期文章到自传之前的重要文章（《偶像的黄昏》、《敌基督者》），没有一篇不谈论到假话。谈论假话本身成了尼采文章的一大主题。也许有人会说，《肃剧从音乐精神中诞生》是例外。但在关于真理与假话的论文中，尼采已经说过，艺术本身就是假话："艺术快乐是一种更伟大的快乐，因为它几乎总是在假的形式下讲述真理"（笔记，页121）。《肃剧从音乐精神中诞生》径直说假话，以后的文章——如已经看到的，甚至《扎拉图斯特拉如是说》这样的诗体文章，一再提起说假话的事。一边说假话，一边不断告诉人们"我在说假话"，不是很奇怪吗？如果"高贵的假话"的应然是由某种"存在秩序"决定的，尼采显得慌里慌张地说假话，是否因为"存在秩序"发生了重大事变？

海德格尔的尼采解释功不可没，他第一个深刻地把尼采哲学与柏拉图主义联系起来，而非像时人那样，仅知道讲叔本华、瓦格纳与尼采。但他特别提请注意：是柏拉图主义，不是柏拉图这个人。① 尼采与柏拉图的关系，是由形而上学存在论问题联系起来的。

罗森（Stanley Rosen）追随其师施特劳斯的柏拉图解释，在肯定海德格尔的睿见同时，力图推翻海德格尔的尼采解释：与尼采哲学本质上相干的是柏拉图这个人，而不是柏拉图主义。柏拉图的存在论形而上学是其大义之言，而非微言，尼采

---

① 参海德格尔，《尼采》，前揭，卷I，页177。

同样如此，柏拉图和尼采的所谓存在论形而上学，根本就是海德格尔的虚构。① 尼采与柏拉图的关系固然是决定性的，然而，这种关系并非因为在两者那里都没有的什么存在学说，而在于显白说辞。重要的是，要搞清尼采想隐瞒的是什么？

探破显白说辞的方法，首先是注意一些再明显不过的自相矛盾的说法。罗森注意到尼采对"虚无主义"一词有两种不同用法——高贵的和颓废的"虚无主义"，发现尼采一方面大谈世界根本是虚无，另一方面又召唤人去创造价值。充满激情地揭示创造与毁灭是一回事，等于任何创造都没有价值。在根本虚无的背景中鼓吹创造价值的人生，无论如何是悖谬的。

如果尼采的意图是要人创造新价值，他就应该隐瞒自己对基本价值的摧毁——隐瞒其高贵的虚无主义。即便说彻底摧毁价值仅是创造新价值的前提，仍然自相矛盾：既然尼采摧毁的不仅是传统价值，而是所有价值的根据，新价值又何以可能衡量？如果尼采的意图是要告诉人们他沉思到根本虚无，鼓吹创造性的人生等于在哄骗人。毕竟，尼采所谓终极混乱的说法剥夺了价值创造内在固有的可能性。终极混乱的教诲要么是真的，要么是假的。如果尼采真认为世界根本就是内在固有的混乱，的确并不与高贵的虚无主义抵触，可是，这种一致性却使得尼采教诲的一致性本身成了终极混乱的假相，因而依然是假话，尽管是健康的假话。如果终极混乱的教诲是假话，世界背后就一定有一个秩序，颓废的虚无主义就是假话。不管怎样，

---

① 参 Stanley Rosen, *The Question of Being: A Reversal of Heidegger*（《质疑存在：颠转海德格尔》），Yale Uni. Press 1993, 页 173 以下。

两种虚无主义的浑然教诲乃是一个"高贵的假话",它要隐瞒的真实是,这一世界终极上是混乱的。只有在这"高贵的假话"基础上,才可能区分高贵与颓废、积极与消极的虚无主义。隐瞒不等于从来不说出真实,因此需要两种虚无主义的教诲。

在罗森看来,尼采真心相信世界本质上内在固有地混乱,但需要说服或哄骗人们相信,自己是或能够是价值的创造者。柏拉图和尼采其实都看到,世界的本质是混乱(根本虚无)。面对这一绝对偶在,人如何活下去呢?柏拉图给出了"爱欲"的假话,尼采给出了"沉醉"的假话。尼采与柏拉图一样,既认同清醒的苏格拉底,也认同沉醉的阿尔喀比亚德(Alcibiades)。不同的是,尼采一再提醒说,自己的话有微言与大义之别,柏拉图却没有,而是坚持模糊两者的区别。因此,尼采颠转了微言与大义的关系,其教诲是"显白教诲的隐微表达":未来的哲人为自己能忘记世界没有真理这回事而沉醉。所以,尼采把哲学转换成诗,使哲学本身成了虚无主义。相反,柏拉图没有将微言转变成大义,哲学始终处于与诗的冲突和张力之中。①

罗森看到尼采显白说辞的转变,慧眼独到,具体解释却没有摆脱海德格尔的存在论尼采解释的阴影,仅仅"颠转"(正如他自己所用的语词)了而已——终极混乱论不过是存在论的另一面。他甚至换了一种方式来解释海德格尔所谓尼采诸学

---

① 参 Stanley Rosen, Remarks on Nietzsche's "Platonism"(《尼采的"柏拉图主义"评注》),见氏著 *The Quarrel Between Philosophy and Poetry* (《哲学与诗的争执》),New York 1988,页 193-204。

说"最内在的关联":"永恒复返"(等于根本虚无)是尼采的真实教诲(隐微教诲),"超人"教诲(创造价值)是显白(政治)的教诲,隐微教诲被积极、创造的(狄俄尼索斯)教诲隐瞒起来,"权力意志"教诲则处于平衡两者的位置。

可是,对于尼采(柏拉图同样如此),哲学问题首先不在于沉思什么——理式也好、根本虚无也罢,而是哲学与人民的关系。作为哲人,尼采当然有自己感兴趣的沉思主题——在斯宾诺莎和歌德那里找到共鸣的内在论也好,在帕斯卡尔那里遇到激励人和对手的禁欲式唯意志论也罢,都是哲人自己思想的事情。"哲人首先是他自己的哲人,其次是其他人的哲人。"问题是,"做一个只属于自己的哲人是不可能的,因为人类存在是互相关联的,哲人也不例外,只能是这种互相关联中的哲人"(笔记,页135)。在尼采那里,显白说辞转变的原因,仍然只能从假话所依赖的哲学之政治本质中去寻找。

尼采显得慌里慌张地说假话,究竟是什么原因?在柏拉图的苏格拉底那里,"假话"(显白说辞)是"高贵的",尼采却一再提到"无辜的假话"。"高贵的假话"变成了"无辜的假话",说假话者不再像是一个高蹈的爱智者,倒像一个小孩:

> 假话。——为什么日常生活中人们处处说真话?——肯定不是因为上帝禁止说假话。毋宁说,首先,因为说真话舒服,说假话得有发明、编造和好记性……其次因为,在一眼就明的事情上直截了当地说:我要这个、我已如此做了以及诸如此类的话,是有益的;在这类事情上,强制

和权威的方式总比狡计的方式牢靠。——可是，一个小孩在扯不清的家内纠纷中被拉扯大，说假话就是再自然不过的事了，他总会违背意愿地说自己想要的东西；他从来没有什么讲真话的感觉或者对假话本身的反感，所以全然无辜地（in aller Unschuld）说假话。（人性 I，54）

理解假话"无辜"的成因，看来是搞清尼采的微言和大义的关键。仅从字面来感觉，"无辜的假话"显得说假话者要为自己说假话辩护，"高贵的假话"却不存在自我辩护的问题，说假话的应然是没有疑问的。这个没有疑问的应然是什么呢？

柏拉图的苏格拉底在说到"高贵的假话"后，"吞吞吐吐"老半天，"没有把握是否有勇气"将说假话的正当理由光明正大讲出来。在格劳孔一再追逼下，苏格拉底（可能装出）迫不得已以其惯用手法——编故事，"欲言又止"地说了这样一个"荒唐故事"。

人天生是一样的，"一土所生，彼此都是兄弟"。但是，老天造人的时候，在不同的人身上加进了不同的金属元素。"在有的人身上加入了黄金，这些人因而是最宝贵的，是统治者"；在有的人身上加了白银，于是这些人成了统治者的辅佐。农民生性中有铁元素，工匠生性中有铜元素。如果金人生金人，铜人生铜人，也还好办，但世间的事情太偶然，"有时不免金父生银子，银父生金子，错综变化"。讲完"荒唐故事"，苏格拉底总结道：

所以，上天给统治者的命令最重要的就是要他们做后代的好护卫者，要他们极端注意在后代灵魂深处混合的究竟是哪一种金属。如果他们的孩子心灵里混入了一些废铜烂铁，绝不可稍存姑息，应当把他们放到恰如其分的位置，安置在农民工匠之间；如果农民工匠的后辈中间发现其天赋中有金有银者，就要重视，把他提升为护卫者或辅佐人。要知道，神谕曾经说过，"铜铁当道，国破家亡"。你看你有没有什么办法使他们相信这个荒唐的故事？（《王制》415a–c，中译本页128–129）

苏格拉底认为，除了哲人（爱智者）因会解神谕懂得这个道理，没有谁会相信这个故事。但故事中隐含的道理对于国家和个人都至关紧要，哲人（或贤人）的义务就是要向世人讲明究理，但又不能明说。于是苏格拉底对格劳孔说："我想就这样口头相传让它流传下去罢！"

很清楚，假话之所以"高贵"，正当理由在于人的灵魂不同，一个国家的良好公正的秩序基于人按其灵魂的高低被安排成一个等级秩序。低品灵魂应该受高品灵魂统治，美德总归出自黄金人而不是废铜烂铁。依据人民的天性（如今称为人的自然权利），不可能产生出道德的社会。这话当然不能明说，不然，人民会不高兴，甚至会起来造反——"奴隶道德"起义。

不过，人的灵魂不同，是天生的自然秩序使然，不是谁凭一己权力造出来的。灵魂或低或高，没有必要得意或自卑，况且"金父生银子，银父生金子，错综变化"，人的在世位置并非万世不变。按照自然秩序建立起来的国家,才是道德的,其道德的根据就在自然的正确。

尼采念念不忘苏格拉底—柏拉图的这一政治智慧,扎拉图斯特拉"如是说"之后他写道:

> 我们最高的见识若要未经许可地讲给那些气质上、天性上不宜听的人听时,必须——而且应该!——听起来像蠢话,某些情形下像犯罪。从前,在印度人、希腊人、波斯人、穆斯林人那里,总之,在所有相信等级制而非平等和平权的地方,都将哲人分为显白的(das Exoterische)和隐微的(das Esoterische)。两者不同并非因为,显白哲人站在外面,从外,而非从内观看、评价、衡量、判断。更为根本的原因在于,显白哲人从下往上看,隐微哲人从上往下看!从灵魂的顶峰望下来,悲剧不再是悲怆的了……品质高的人视为食品和提神汁的东西,品质相差太远或太低的人肯定视为毒药。常人的美德在一个哲人看来,不过是恶习和软弱……为世界上所有人写的书总是臭气熏天,小人的嗅觉才贴在上面。(善恶:30)

然而,当扎拉图斯特拉要说"高贵的假话"时,心态没有了坦荡,还被狗吠打断,甚至做了那个怪异得可怕的白日梦。当时的情形是,扎拉图斯特拉再也憋不住,要对侏儒讲明他的微言。事情发生之前,扎拉图斯特拉与侏儒有过一段对话,内容与苏格拉底"吞吞吐吐"老半天才对格劳孔说出来的,简直一模一样。

"站住！侏儒！"我说，"要么是你！要么是我！我们两个我是强者——：你不了解我深邃的思想！这——你无力承受！"——此刻，我感到轻松了：侏儒从我肩上跳下，这好奇的家伙！它蹲在我面前的石头上。这里恰好是个大门的通道，我们就站在这里。

"侏儒，你瞧这大门通道！"我继续说，"它有两副面貌。两条道路在此交汇：尚无人走到路的尽头。

这条长路向后：通向永恒。那条长路通往——那是另一种永恒。

这两条路彼此相反，它们恰好在此碰头：——在大门通道边上，恰好是它们交汇的地方。大门通道的名字刻于上方：'暂时'。

要是有人沿其中一条路前行——一直走下去，越走越远：侏儒，你以为这两条路永远相反吗？"

"一切笔直的东西都在骗人，"侏儒不屑地咕哝。"一切真理都是弯曲的，时间本身便是个圆环。""你这沉重的精神！"我怒喝道，"别说得这么轻慢！你这个跛脚鬼，不然我把你扔在你正蹲的地方，——以前，我把你抬得太高了！

看啊，我继续说，你看这个暂时！从这个暂时的大门通道**向后**，有一条永恒的长路：我们身后是一种永恒。

一切事物中凡**能够**奔跑的，不都已经跑过这条路了吗？一切事物中能**够**发生的事，不是已经发生过、完成过、消失了吗？……"（如是说：论面貌和谜）

没过一会儿，扎拉图斯特拉就听见令他心惊胆战的狗吠了。

奇文！不是吗？扎拉图斯特拉一开始还傻里傻气摆出贵族政制时代的身份，没想到侏儒竟然跑到他肩上去了。侏儒从扎拉图斯特拉肩上下来，不是被他的怒声吓住了，而是自己蹲在石头上更舒服。扎拉图斯特拉开始正儿八经讲哲学，侏儒却轻飘飘地说，"都是骗人的"。扎拉图斯特拉这才发觉，自己从前把侏儒"抬得太高"！

启蒙现代性带来的"存在秩序"的变动，不是赫然在目？那种可以被称为贵族制理由的自然秩序，近代以来，尤其启蒙运动以来被颠覆了。谁颠覆的？民众吗？非也！恰恰是本来因有"深邃的思想"与百姓不在同一个存在位置的哲人。哲人放弃了自己本来应该过的沉思生活，到市场上搞什么启蒙——其实是抹平人的灵魂，甚至抬高苏格拉底的人谱中灵魂低品的人。近代哲人发明的自然状态和自然权利取代了自然秩序，再按高低不同的金属来划分人的灵魂并安排社会秩序，就成了不道德，甚至反动。

这一所谓"现代性"事件导致的后果是："高贵的假话"的正当基础不复存在，政制秩序的基础彻底变了——"废铜烂铁"也可以统治，至少参与管理国家。"卑贱者最聪明"不再是胡言，而可能成为国家道德秩序的根据。

更精彩的是，侏儒竟然对扎拉图斯特拉说，"一切笔直的东西都在骗人"。这话肯定是哲人先说，哲人不说，侏儒哪会晓得？"不是你欺骗了我，而是我再不相信你，这件事震动了我。"（善恶：184）尼采敏锐地看到，"高贵的假话"在启蒙哲人那里变成了卑劣、颓废的假话。

正如尼采的"虚无主义"一词有高贵和颓废两种含义，假话也有高贵和颓废之分。哲人知道人民不过沉思生活，不追求真理，决定什么是真理的权力在自己，而非民众——所以，尼采把爱智者的权力意志定义为"求真意志"。面对民众的"权力意志"（信仰），为了社会的安定团结，讲些含糊其辞的话，说东道西，这是"高贵的假话"。"高贵的假话"并不迎合人民，而仅是不说穿真理。颓废的假话则是：哲人明明知道人民不关心真理，却违背自己的本分，讲迎合民众信仰的话，甚至卖身为人民、充当人民的代言人，把"求真"的权力交给了人民。扎拉图斯特拉与侏儒的对话表明，哲人与人民的关系发生了根本变化。本来，"哲学不是为人民准备的"，如今哲学充当人民的代言人发出"废铜烂铁"的声音："哲人已经成了集体的害虫。他消灭幸福、美德、文化，最后轮到他自己"（笔记，页96）。哲学不再是禁欲般的沉思生活，而是一种工匠式的手艺。学人、科学家终有一天理直气壮地驱逐了哲学，有什么好奇怪？

> 在另一种圣人即哲学家那里也有一整套手艺，他们只容许某些真理，那些使他们的手艺获得公众批准的真理——用康德的方式说，就是实践理性的真理。他们知道自己必须证明什么，在这方面他们是实际的，——他们彼此心照不宣，就"真理"达成协议。——"你不应说假话"——直截了当地说：您，我的哲学家先生，要谨防说真理……（偶像：一个不合时宜者的漫游，42）

青年尼采已经看出，启蒙哲人的假话颓废——堪称"坏假话"：

> 在需要真理的地方说假话……坏假话的标志：只要假话，不要人类……个人为了自己和自己的存在而牺牲人类。（笔记，页117）

"高贵的假话"之所以高贵，乃因为说假话是为了人类生活品质的高贵，颓废的假话刚刚相反。

启蒙哲学的"坏假话"从斯宾诺莎开始，到康德完成。斯宾诺莎的写作用两种语言，充满暗指，出于个人安全的考虑假引圣经，为大众设计出一种合他们胃口的道德观，迎合大众说话方式，暗中维护幸福的少数人的道德观。① 在尼采看来，"这个病态隐士的假面"（diese Maskerade eines einsiedlerischen Kranken）用数学形式的"幻术"（Hokuspokus）隐藏自己的哲学，用"自己的智慧之爱"来"粉饰和伪装"，却泄露了自己的胆怯。随着这种"坏假话"的把戏越来越精到，"老康德说出的既僵硬又道貌岸然的伪君子话（Tartufferie），把我们诱上了辩证的邪路"（善恶：5）。在从斯宾诺莎到康德的转变中起关键作用的现代假话哲人，就是大名鼎鼎、鼓吹平等、写市井文字的卢梭。尼采愤然道：法国大革命"所表演的血腥闹剧"让人好笑而已，可憎的是"卢梭式的道德"，用"平等学

---

① Yirmiyahu Yovel, *Spinoza and other Heretics：The Marrano of Reason*（《斯宾诺莎与其他异教徒：理性的名义教徒》），Princeton Uni. Press 1986，第五章。

说"诱出了所有平庸的东西。"绝不会有更毒的药了,平等学说被吹嘘得好像就是公义本身,其实却是公义的终结"(偶像:一个不合时宜者的漫游,48)。难怪尼采把卢梭视为自己最大的敌人。①

启蒙哲人"以美德般的狂热"(mit der tugendhaften Begeisterung)解除了"假象的世界",真实的生活反而不复存在。在启蒙的世界中,揭露启蒙哲人的假话成了真哲人的义务:

> 我自己一直在学习与众不同地思考、评价行骗和被骗,起码我为盲目的狂热(die blinde Wut)准备了几手揭谎招法(ein paar Rippenstosse)。这般怒火让哲学家障了眼,受了欺骗。为什么不呢?真理比假象更值钱,已经不再是一种偏见,这甚至已是世上所能有的最糟的得到证明的假设。(善恶:34)

"废铜烂铁"说被自由平等"主义"哲人铲除之后,"高贵"的假话变成颓废的假话。尼采显得要通过"全然无辜"的假话挽回生活中的某种东西——这究竟是什么呢?

瞎子修士的"怪书"

施特劳斯的"魔眼"看得很准:尼采最关心的是哲人在

---

① 参 Keith Ansell‑Pearson, *Nietzsche contra Rousseau*(《尼采反卢梭》), Cambridge Uni. Press1991。中译参宗成河等译本,华夏出版社,2005。

现代处境中的位置。只有哲人才有资格当社会的道德立法者，因为只有哲人沉思什么是美德、什么是美好（幸福）的生活、应该过的生活。但哲人不可成为统治者，否则"蛋和蛋壳都破碎了"。在国家生活中，哲人至多可以当个如今药铺里的药剂师，看看统治者的药方是否搞错、计量是否适当——就像二十世纪业内人士公认的爱智者科耶夫（Alexandre Kojève），为法兰西总统当高参，设计欧共体或起草关贸总协定之类。哲人首先应该沉思美德和美好，否则就没有资格当药铺里的药剂师。哲人沉思首先是为了自己个人的道德生命，不是为了人民（遑论国家、民族）才去沉思。启蒙之后，哲人成了首先为人民服务的人，而不是首先关心自己的德性生命；哲人已经不思"何为高贵"，而是为国家、民族、人民出谋划策，纷纷跑去引导人民起来争自由、平等、民主，忘了自己的本分是过沉思生活（科耶夫早年研究"索洛维约夫的神秘主义哲学"，当高参之前有过道德沉思）。

> 如果让当今的哲人梦想一个城邦，他肯定不会梦想柏拉图的城邦，只会梦想一个废铜烂铁城邦（二流子城邦）。（笔记，39-140）

不是吗？如今那么多的有了"制度经济学"、"分析哲学"、"文化人类学"、"社会批判理论"、合乎国际学术规范的"社会科学"专业知识的人，真以为自己就是国家医生，要引导人民甚至给国家、民族治病（殊不知不过一个现代工匠，在苏格拉底的人谱中只算铜质人）。正因为现代哲人背离了自己的沉思故乡，要么去当知识分子，还向专制者要政治地位（古代哲人从来不要，不是怕暴君、自甘屈服，而是这地位与德性沉思有何相干），要么当"纯粹"的哲学专家，把搞清哲学陈述的语病作为最崇高的思，人民才会"用酒精和麻醉剂来消除神经紧张"（笔记，页132）。尼采问，如今的哲人们还有哪个懂得"何为高贵"？尼采为"未来哲学"谱写的序曲的末章题为"何为高贵"，难道是文人式的夸张？

"现在被当作医疗卫生的许多事情在古代是道德事务"，这种事务由哲人操持，所以"古代人的日常生活有节制和审慎得多，知道如何弃绝和不去享受许多东西"（笔记，页131-132）。尼采反传统道德吗？主张个人自由主义的创造价值吗？尼采分明反的是现代启蒙道德："现代道德哲学家所谈的东西，稀奇古怪得令人难以想象！"

尼采仍然、而且一心要做哲人，过自己的沉思生活。哲人本质上是"冷漠的隐士"，但哲人的沉思又不可能做到只属于自己，"即便哲人离群索居，成了一个隐士，他也不过为其他人提供了一种教训和榜样"（笔记，页135）。哲人的本分责无旁贷要做"一些最勇敢和最抽象的心灵的教师"，所需要的假话因此是"高贵的"。启蒙以后，"存在秩序"发生了根本变动，做"心灵的教师"已经不可能，而且政治上不正确，于是——尼采如是说——哲人应该成为"憎恶流行文化的毁坏者"（笔记，页92）。

尼采坚持精神贵族原则，也就是坚持人的灵魂品质贵贱论和优秀、高贵的在精神上统治拙劣、低贱的，这当然需要某种政治的"存在秩序"的配合。尼采为斯宾诺莎沉思的内在一元论——没有彼岸的世界感到兴奋,有"吾与点也"之慨,这是两个隐士个人之间的思想事情,但尼采讨厌他迎合人民。为了守护高贵精神,尼采显得不畏社会迫害,经常直接宣称自己的贵族主义(参谱系 II,15)。但尼采很清楚,要回到古代的贵族制秩序已经不可能,问题是如何在现代之后的"未来"守护高贵。

"何为高贵"的问题在自由平等的民主社会仍然是,哲人应该如何说假话?或者依扎拉图斯特拉的经验:侏儒已经知道"一切笔直的东西都在骗人",哲人还能像从前那样说假话?

这才真正是尼采的问题,也是假话由"高贵"变成"无辜"的关键。

自由平等的民主社会不是有言论自由、思想自由吗,为什么哲人还需要说假话?启蒙运动的伟大功绩不就是限制(如果还不能说已经消灭)对思想和言论的政治迫害?难道古人比现代人思想和说话更自由?

苏格拉底所谓"口说的"文章(微言)固然有避免哲人自己遭迫害的目的,但也有不要直接打扰民众信仰的意图,以免"蛋和蛋壳都破碎了"。因此,需要把微言的含义隐藏在有意的含混说辞后面,有时不妨采用政治正确的虔敬说法和引文,但得用种种颠三倒四的说法与之保持必要的距离。这既是为了坚持自己心中的真理,对民众信仰不予苟同,也是为了不伤害民众感情,维护社会的安定团结。显白说辞的根本前提是,哲人和民众的生活理想(美德和美好的想象)绝对无法达成一致。如果以为在自由平等的民主社会,因为有了政治制度保障的言论和思想自由,哲人的显白说辞就没有必要了,前提必须是，哲人与民众的生活理想没有冲突，已经心往一处想。然而，事实是，启蒙运动的哲人背弃了"高贵"的道德理想，投靠了民众信仰，让它支配社会。如果在自由平等的民主社会，一个哲人（好像尼采那样）仍然要坚守"高贵"本份，岂不是比在贵族制社会更加危险？岂不更需要说假话——而且必须改变手法，因为旧的手法侏儒已经知道了。

尼采不接受启蒙运动的哲学叛变造成的现实，理由当然是精神贵族的价值原则：

> 对我们来说，民主运动不只是政治组织的衰败形式，而且是人的衰败和渺小化形式，是人的平庸和低俗：我们须向何方把握自己的希望呢？（善恶：203）

"无辜的假话"就是在这样的"存在秩序"中出现的。然而，尼采说：

> Es gibt eine Unschuld in der Lüge, welche das Zeichen des guten Glaubens an eine Sache ist. ［假话中有一种无辜，假话是对某事有良好信仰的标志。］（善恶：180）

此话怎讲？"无辜的假话"不是说，尼采的新假话手法是"无辜的"，而是为了"一种无辜"而说假话，所以说"假话中有一种无辜"，这种"无辜"是"良好信仰的标志"。《扎拉图斯特拉如是说》以来，尼采的显白说辞炉火纯青。一句话或一段话的下文，往往在一本书中老远的别处出现，甚至在另一本中出现。比如,这句话的下文,就出现在随后的书中。

"无辜"究竟指什么?很可能是欠负(Schuld)的反面或消脱负罪。尼采八十年代的笔记遗著的书名本来不是如今声名远扬的"权力意志",他自己原来用的是 Unschuld des Werden[生成的无辜或还生成清白]。① "还生成清白"、而非"权力意志",才是尼采真正想说的(微言)。假话要隐瞒的事情,就是这"生成的无辜"。

在被沃格林称为历史哲学杰作的《道德的谱系》第二章第八节,尼采为"无辜"作了哲学辩护,其方式是用他发明的谱系方法探讨负罪和欠负的起源:负罪和欠负最早"起源于卖主和买主的关系,债权人和债务人的关系",是人类社会出现价格制定和价值衡量的反映。

如果从政治经济的历史学角度来理解卖主和买主、债权人和债务人的关系,就根本搞错了。尼采在这里明明说,这是"人和人较量的现象"——不是财富的较量,而是人的品质(价值)的较量、道德的较量:"人把自己看成衡量价值的生物,是有价值、会衡量的生物。"基于这种对人的品质的衡量能力,"同时形成了比较、计量和估价权力的习惯"。负罪和欠负指德性品质低的人有负于德性品质高的人——前者是债权人,后者是债务人,两者在德性上是支配与被支配的关系。所谓"价格",指人的品质等级以及由此推导出来的社会等级。任何东西都有其价格,在尼采看来,"是正义的最古老、最纯

---

① Karl Löwith, Nietzsche(《尼采》), *Samtliche Schriften*(《全集》)卷 6, Stuttgart 1987,页 428。

真的道德戒律",世界上"所有德性和德行的开端"(参谱系 II, 8)。如果我们记性好,就该记得,扎拉图斯特拉宣讲"论克服自我"时,已经说到过这一"正义的最古老、最纯真的道德戒律"。

这不就是说欠负(Schuld)是应然吗?为什么尼采自相矛盾地要 Unschuld des Werden [还生成以清白] 呢?

尼采才不会自相矛盾哩,除非他要用显白说辞。在这里,在《道德的谱系》这一尼采少见的有点正儿八经"学术味道"的文章中,尼采没有自相矛盾。在此前后,尼采带着发自内心的义愤讲,"正义的最古老、最纯真的道德戒律"被教士伦理取代了!Schuld 已经不是原来(本源)意义上的"欠负",而成了教士伦理的"欠负"。正是教士伦理的"欠负"导致了自由平等的民主现代性的出现(韦伯对尼采那么感恩戴德,不就是因为尼采的如此睿见吗?):教士伦理的出现,使得贵族伦理衰微,犹太人这个"教士化的人民……敢于坚持不懈地扭转贵族的价值观念(好=高贵=有力=美丽=幸福=上帝的宠儿)"(谱系 1, 7)。针对教士伦理的欠负提出"无辜",不是再合乎"逻辑"不过吗?"假话中有一种无辜,假话是对某事有良好信仰的标志",含义不是再清楚不过吗?这"某事"就是"正义的最古老、最纯真的道德戒律"——卢梭—罗尔斯讲什么"正义论"呢,社群主义、新新左派起什么劲呢,统统不过教士伦理的子孙而已——尼采阴狠地在心底如是说。

在现代自由平等的民主时代,Unschuld des Werden [还生成清白] 就是高贵的人"牺牲自己,把自己变成赠品"。扎拉图斯特拉当时说完话,尼采马上说:"也许他欺骗了你们"

(如是说：论馈赠的道德）。

然而，教士伦理指什么？民众赖以活着的"民间信仰"或基督教道德？

倘若如此，尼采就在直接与民众作对——哲人孤身与民众对抗（尼采忘了苏格拉底的下场？）。尼采了不起，不就在于他敢于无情攻击基督教、踏谑（对不起，四川方言，因极为准确）"废铜烂铁"的畜群道德吗？尼采从《肃剧从音乐精神中诞生》起就发起的对柏拉图主义的攻击，针对的不正是基督教？《善恶的彼岸》一开始不就说：

> 这场反对柏拉图的斗争，或者，说得更明白和为了"大众"（Volk）起见，也就是反对千百年来的基督教会压迫的斗争——因为基督教就是"大众"的柏拉图主义。
> （善恶：序言）

小心，为什么尼采在这里给大众加了引号，所谓"大众"指谁？人民吗，抑或另有所指？

先想一下这样一个问题：既然基督教是民众的安慰，如果否定了基督教，人民就没有了自己的安慰，这符合贵族精神的政治智慧吗？

再说，真正的民众哪有什么"主义"？"主义"都是智识人才有的东西，民众只有自己的凡俗道德、带有深厚族类根须的宗教及其神圣法典。"对于希伯来人以至他所议论的其他民族的神圣法典，尼采比任何旁观者都怀有更深的崇敬"（施特劳斯语）。在《敌基督者》这部比较的世界宗教哲学论著（韦伯一定受惠不浅）中，尼采广泛评议了世界历史中的各种宗教，并安排了高低秩序：凡是圣典中将等级秩序与宗教信仰结合起来的，就是高级宗教（明显反黑格尔的世界宗教论）。尼采是反宗教之徒？——无稽之谈！尼采与马基雅维利、霍布斯一样，充分了解民众的宗教对于民众生活和国家何等重要、何等不可或缺。① 的确，尼采说过，宗教是假话，但那是"神圣的假话"（die heilige Lüge）："无论摩奴、柏拉图、孔子，还是犹太导师和基督教导师，都从来不怀疑他们说假话是对的"（偶像：人类中的"改善者"，5）。这话在《敌基督者》中又重复了一遍，"神圣的假话"是所有健康的宗教共有的，只不过宗教创始人从来不明说，只有柏拉图的神学用曲折的表达宣称说假话是对的。基督教比起犹太教、印度教、伊斯兰教、儒教显得不那么高明，仅仅因为其假话不如其他宗教的假话来得"神圣"（参敌基督：55-56）。

所谓"神圣"，指的不是其上帝如何"超越"，而是宗教信仰的安慰中，是否配以精神和制度的等级强制。只要这种等级制度在圣典中借上帝之口（圣人当然知道那是假话）神圣化，宗教的假话就是"无辜的"了。

> 在道德家和圣人中，没有什么比诚实更罕有了：他们说的，甚至信仰的或许都是相反的东西。因为当一种信仰比自觉的虚伪更有利、有效、令人信服之时，本能的虚伪

---

① 参 Ronald Beiner, Grant, Nietzsche and Post-Christian Theism（《格兰特、尼采与后基督教的有神论》）一文的精当分析，见 Arthur Davis 编，*George Grant and the Subversion of Modernity*, Uni. of Toronto Press 1996，尤其页 121-122。

立刻变得无辜了：这是理解大圣人的第一原理。（偶像：一个不合时宜者的漫游，42）

按此原则，基督教也并非彻底那么不神圣，要看是哪一种基督教。早期基督教沾染了罗马帝国的神气，还不那么颓废。自从德意志产生出新教，基督教就变成了"平庸的北方人"，其"颓废形式"才暴露出来。尼采对天主教有好感得多，就因它比新教"神圣"得多："新教是精神不纯和无聊的颓废形式。迄今为止，基督教就是以这种形式在平庸的北国摸熟了因循守旧之法"（意志：88，参89）。

正是针对新教，尼采宣称：

> 不管怎么说，在通往基督教天堂和"永恒极乐"的大门上应该更有理由写上"我也是被永恒的仇恨创造的"，让真理站在通往假话的大门上。（谱系I，15）

为什么尼采要肯定"神圣的假话"？为了避免人世间残酷的"人反对人的战争"。如果没有一个基于神圣权威的等级秩序，不仅社会的道德状况会出现混乱，人的动物性也会跑出来相互残杀。

尼采仇视人民群众？无稽之谈！

尼采仇恨过会讲"神圣的假话"的教士吗？没有！教士牧养人民，给人民带来此世的安慰。尼采甚至对他仇视的新教的创始人路德，也赞不绝口，充满热爱地呼喊："路德，你在哪里？"（笔记，页129）

尼采仇视的"教士们"究竟是谁?

说出来也许有点可怕——甚至乎危险……就是我们这些自由知识分子!

路德搞出来的粗鲁的新教本来是给农民的——针对农民的"神圣的假话",没想到后来变成"属灵的中间阶级"(geistiger Mittelstand)"甜蜜的道德主义",他们的上帝担保一切有一个美好的结局,担保他们平庸的幸福。"属灵的中间阶级"的基督教,才是基督教真正的掘墓人(参朝霞:92)。正是"属灵的中间阶级"使得基督教失去了假话的"神圣"性质。

从前,人们努力用唯有信仰的心智证明上帝的存在,如今,人们努力解释信仰如何能根源于上帝,这种转变只能说明根本没有神秘上帝——巴特的作为绝对异在的上帝和朋霍费尔的苦弱的上帝,难道没有从尼采思想吸取灵感?为什么巴特的《罗马书》如此热情援引尼采、朋霍费尔的《伦理学》要与尼采一同思考"假话"?这里的关键在于,基督信仰原本不是一种道德理想、道德宗教,而"现代人通过上帝的不断道德化施展了自己的理想化之力",结果"人的力量被剥夺了"(意志:1035)。

所谓"人的力量被剥夺了",并非人们通常以为的那样,指上帝的存在贬低了人,而是"小人的道德成了事物的标准,这是文化迄今最严重的衰败"(意志:200)。显然,尼采强烈攻击的这种"道德化的基督教",不是原始的基督教,道德的上帝不是新约中"超善恶"的上帝,这个上帝已经被近代哲人(智识人)杀死了:"全部近代哲学到底干了什么?……对基督教学说基本前提的一次谋杀。"(善恶:54)尼采甚至生怕别人搞错，忍不住说得更明：奴隶道德的起义是法国大革命发端的（参善恶：46），所谓"基督教的道德化"就是卢梭式的启蒙道德：

> 卢梭的自然观以为，似乎"自然"就是自由、善良、纯洁、正直、正义、田园诗意。——一言以蔽之，就是基督教道德文化。（意志：340）

我们现代知识人不都信奉这些"道德"吗？尼采所谓的"畜群道德"，不是贵族制时代意义上的民众道德，而是现代自由知识人大众的道德，"我们学人们"的道德（参善恶6章）。他很早就想过："如果劳动阶级有一天发现，他们现在可以凭教育和品德轻而易举超过我们，那我们就完了。但如果这没有发生，我们就更完了"（笔记，页129）。此话前一句是玩笑，因为尼采心里当然清楚，人民永远不可能成为哲人，哲人是特殊类型——过沉思生活的人，本质上是"隐秘的修士"。后一句却是严峻的话：平等主义造就了大量自由知识人大众。尼采所谓"犹太人这个教士化的人民"，其实是指桑骂槐。犹太人怎么会是"教士化的人民"，分明是神权秩序中的人民。"教士化的人民"分明指的是自由知识人大众，启蒙运动后出现的"人民"，拥有种种"主义"的"人民"。

人民不能过沉思生活不能算平庸，人民就是人民。人人成为哲人？荒唐啊！"思想家民族的人民住在哪里呢？"（笔记，页143）满街圣人不仅不可能，而且危险。尼采所谓的"平庸"，明明指的是哲人要成为人民这回事。

尼采面临的哲人与"人民"这一古老关系的新问题是，哲人成了"教士化"（"主义"）的人民（自由知识分子），这号人要让全体人民都成为道德化的"教士"——这就是启蒙的理想。"教士化人民"出现之后，哲人就消失了，只有学人、文人——民主知识人畜群。随后，这个"我们"畜群中间发生了长达数百年的"人反对人的战争"——"主义"之间的战争。二十世纪民主知识人遭遇的许多悲喜剧，都是知识人阶层中间"人反对人的战争"导致的——而且祸及无辜的人民，怪罪到"农民习气"、"封建余毒"，对农民和封建都实在冤枉！

民主知识人的畜群道德？如今我们不是亲眼目睹：争先恐后比谁更平庸、更痞子、更下流、更玩世不恭、更厚颜无耻的，不正是自由知识人而非人民!？农民、工人不会读尼采，自由知识人也不会把尼采的教诲像送红宝书那样送到贫下中农手中，而是留着自己用。我们这些自由知识分子自鸣得意：瞧！尼采多么讨厌群众，殊不知尼采憎恨的恰恰是他把自己也算在其中的"我们学人们"。

在没有公之于世的笔记中，尼采清楚写道：

> 无学问的下层阶级现在是我们的唯一希望。有学问、有教养的阶级，以及只理解这个阶级并且自己就属于这个阶级成员的教士们，必须一扫而光。那些仍然知道什么是真正需要的人也将意识到对他们来说什么是真正的智能。无学问阶级被现代教育的细菌感染败坏才是最大的危险。
> （笔记，页128）

扎拉图斯特拉"如是说"以后，尼采马上谱写"未来哲学"的"序曲"。尼采想念的"未来的哲人"——超人是谁？是我们如今后现代的民主知识分子？是自由主义或新左派或保守主义知识人？

"未来"不是年代的含义，而是类型的含义。① "未来"代表高贵，"现在"代表平庸。自由主义、社会主义、保守主义——所有"主义"的自由知识人，才是尼采的"超人"要克服的对象。至于真正的人民百姓，尼采倒是不大理睬，想人民之所想不是哲人的事。

这并非等于说，尼采哲学关注的仅是哲人与新人民（教士化人民）的关系，没有自己的实质性哲学主张。毋宁说，尼采的实质性教诲只有从哲人与人民之关系这第一性的哲学问题出发，才能恰切地得到理解。扼要地讲，尼采绝非肤浅的所谓保守主义者，整天高呼维护和回到传统价值。尼采清楚得很，传统的超验秩序已经无可挽回，这才是"教士化人民"带来的灾祸：

> 谁有魔眼看到整个危险，看到"人"本身在堕落，就同我们一样认识到巨大的偶然性——迄今为止，这偶然性一直在人的未来方向玩自己的游戏，没有手，甚至没有一根"上帝的指头"在玩的游戏！——谁就猜到了"现

---

① Alexander Nehamas, Who are "The Philosophers of the Future"? 《"未来的哲人们"是谁?》见 Robert C. Solimon/ Kathleen M. Higgins 编, *Reading Nietzsche*（《解读尼采》），Oxford Uni. Press 1990，页 56 – 58。

代观念"荒唐、无恶意但轻信的劫数仍然隐藏在整个基督教欧洲的道德之中,他也就遭遇到无法比拟的惊恐万分。(善恶:203)

为什么这"惊恐万分""无法比拟"?因为这是面对根本虚无——世界偶在("巨大的偶然性")产生的惊恐。为什么会恐惧?因为根本虚无——世界偶在自然地充满恶和残酷。本来,站在世界偶在——根本虚无面前的是上帝及其神权秩序,恶和残酷导致的不幸最终由上帝及其神权秩序来承负。如今,人的生存直接曝露在自然的恶和残酷面前——"蛋和蛋壳都破碎了"。这恰恰是现代自由知识人一手造成的,是"现代观念"的"荒唐、无恶意但轻信的劫数"。

"巨大的偶然性"与"人本身的堕落"一同出现,"教士化人民"拒绝了犹太—基督教的上帝和希腊宇宙理性对世界偶在的拒绝,把人带回到恶和残酷被道德秩序隔离开来之前的处境。尼采寻求的实质真理是:人的生存如今如何可能面对世界偶在。为此,尼采想出了"热爱命运",以便同偶在搏斗:"我们还要一步步同偶然这个巨人(mit dem Riesen Zufall)搏斗,迄今,依旧是荒谬和无意义统治着全人类"(如是说:论馈赠的道德)。

尼采的"超人"就是"高贵"的哲人,他不得已要像上帝那样站到自然的恶和残酷面前。这当然是过于疯狂的勇气,然而,思想如此彻底的尼采有什么别的办法?

"未来的"哲人和宗教圣人一样,说假话是无辜的。"未来的"哲人在"自己的不幸中骗人,正如其他类型的人在他们的幸福中受骗"（笔记，页115）。尼采的大义与微言现在已经清楚，但为了避免搞错，还是明说为好：尼采的"上帝死了"正是大白话（恰如他自己说过的）。微言是：现代自由知识人已经沦为真正的畜群，"必须一扫而光"。

在自由知识分子统领世界的时代，这话能明说？

像《玫瑰之名》中的瞎子修士约尔格，尼采在自己的书中涂满毒药，阴险地企图让启蒙后的文人学者们读后一个个死于非命。尼采用显白说辞把启蒙理性的"逻辑"推到极端（理性＝意志＝生命冲动），把启蒙精神的反基督教精神夸张到极致，装出比谁都更启蒙精神的样子（鲁迅就是上当受骗的显例）。尼采死后的一百年中，数也数不过来的文人学士以为，这就是尼采留给他们创造新价值的启示，去开导平庸的人民。如今，后现代们还得意地抱着尼采的"大白话"扬长而去，自以为得了秘传，殊不知手上已经沾了尼采书中的毒药。

尼采说假话是无辜的，他早就在笔记中写过："如今，哲学应是文化的毒药。"（笔记，页97）

尼采论著缩写表

（文献前的楷体书名简写为缩写标号）

人性：*Menschliches, Allzumenschliches*，《人性、太人性》，1878 – 1880；中文全译本两种，采魏育青等译本，华东师范大学出版社，2009。

朝霞：*Morgenröte*，1881，《朝霞》；中译本至少两种，采田立年译本，华东师范大学出版社，2007。

如是说：*Also Sprache Zarathustra*，1883－1884，《扎拉图斯特拉如是说》；中译本不下十种，采黄明嘉、娄林译本，华东师范大学出版社，2009。

善恶：*Jenseits von Gut und Böse*，1886，《善恶的彼岸》；中译本四种，宋祖良、谢第坤译本较善，本文主要引文由笔者自译。

谱系：*Zur Genealogie der Moral*，1887，《道德的谱系》；中译本两种，采周虹译本，北京：三联书店，1988。

偶像：*Götzen－Dammerung*，1888，《偶像的黄昏》，中译本三种，采卫茂平译本，华东师范大学出版社，2007。

敌基督：Der Antichrist，1888，《敌基督者》；中译本两种，采吴增定、李猛译本，见刘小枫编，《尼采与基督教》，香港：道风书社，2001。

这个人：*Ecco Homo*，1888，《瞧这个人！》；中译本至少4种，采张念东、凌素心译本，见《权力意志》，商务印书馆，1996。

笔记：《哲学与真理：尼采1872－1876笔记选》，上海三联书店，1993，田立年译。该书收有若干尼采生前未刊的早期论著，比如《从道德之外的意义看真理和谎言》（Über Wahrheit und Lüge im aussermoralischen Sinne，1871）、《哲人是医生》（Der Philosoph als Arzt，1873）、《最后的哲人》（Der letzte Philosoph，1872）等，但没有收入《古希腊国家》（Der griechische Staat，1871）、《荷马的竞赛》（Homers Wettkampf，

1872)。

意志：*Der Wille zur Macht*，1901，《权力意志》；中译节本多种，全译本两种：张念东、凌素心译，商务印书馆，1996；孙周兴译，《权力意志》(上下卷)，商务印书馆，2007。

引文凡据德文版有改动者，不一一注明。

市民悲剧博取谁的眼泪

—— 莱辛的悲剧通信与卢梭的因缘

十八世纪中期,启蒙思想在法国越演越烈之际,邻里的德意志文学青年正在营构自己的古典文学传统。按尼采的看法,这一古典传统的代表人物是莱辛、席勒、歌德,他们都与由温克尔曼倡导的古典主义有这样那样的联系。尼采在早年(1870-1871)的一个讲课笔记(Vorlesungsaufzeichnung)中写道:一个现代德意志人要能够欣赏古代,就有必要"非常熟悉温克尔曼、莱辛、席勒、歌德,这样我们就可以与他们一起感觉古代对现代个人意味着什么,从他们那里感觉古代对现代个人意味着什么"(KGW 2. 3, 368)。这话不仅表明,德意志古典文学与古典主义有二而一的关系,而且表明,后来的德意志人要了解古希腊罗马,得借助德意志的古典主义前辈。1872年,尼采在"论我们的教育制度的未来"的讲演中更为尖锐地提出:

人们今天可以在一种惊人的一般意义上意识到,我们的学人们已经从那一 Bildungshöhe［教化高度］——德意志人经歌德、席勒、莱辛和温克尔曼的努力已然达到的教化高度跌落和下沉……半个多世纪以来，不再有人提及、遑论有人承认这些人对于一种真正的教育制度所具有的独一无二的意义——他们是古典教化筚路蓝缕的领袖和引入秘教者（Mystagogen），只有在他们那里才能找到通向古代的真正道路。（KSA 1，页685）

如果我们知道，尼采说这番话时，德语学界已经形成实力雄厚的古典语文学界，甚至已经形成堪称独特的德意志古典语文学传统，这话听起来就无异于在公然冒犯当时的德意志古典语文学界。同年，尼采的处女作《悲剧的诞生》在莱比锡首次出版（1872年1月，全名为《悲剧诞生于音乐精神》），给予当时的德意志古典语文学界猛烈一击，尼采也随即遭到这个学界的激烈打击。不过，我关心的是：《悲剧的诞生》与尼采在关于德意志教育制度的"未来"的讲演中提到的"德意志人经歌德、席勒、莱辛和温克尔曼的努力已然达到的教化高度"有什么关系吗？尼采是不是想要通过《悲剧的诞生》重返这一高度？倘若如此，我就面临一个问题：莱辛、席勒、歌德不仅是德语古典文学的代表，也是德语启蒙思想的代表，主张进步论的启蒙思想何以可能与主张回归的古典主义谐调一致？难道回归意味着一种真正的进步？这牵扯出一个更大的思想史问题：主张重新向古人学习的尼采，何以成了现代性思想的重要推手，何以彻底摧毁古典遗产的后现代文化理论大师们会把尼采认作自己的先驱？对于身处二十世纪后期的我们，搞清这一问题恐怕不无裨益。

温克尔曼、莱辛、席勒、歌德之间的差异其实非常之大，青年尼采为什么会对他们相提并论？让我们从这个疑点起步，尝试逼近上述问题，而非许诺解答这一问题——1946年8月15日，施特劳斯在写给洛维特的信中谈到"古今之争"时说，在近代作家中，

> 代表古代一方最伟大的人物是斯威夫特和莱辛，他们明白争论的根本主题是古代精神与基督教（不要对我谈完全显白表述的《论人类的教育》或者狄尔泰的陈词滥调；要读一下《驳克洛茨》、《关于古代的通信》、《古人如何表现死神》、《拉奥孔》［将菲洛克忒德的痛苦与耶稣受难做对比］、《汉堡剧评》……），这两个人毫不怀疑古代精神，即真正的哲学是一个永恒的可能性。①

施特劳斯没有把莱辛与席勒和歌德相提并论——不仅如此，在关于马基雅维利的书中，施特劳斯揭露马基雅维利把"不应该说的"说出来时，曾引用歌德作品中的说法：本来应该懂得三缄其口的少数人如今也不再懂得约束自己，把自己的情感和所见对俗众和盘托出——要找到类似的其他同时代作家的话不难，莱辛就是一个现存例子：比如他写下的著名对话作

---

① 见施特劳斯，《回归古典政治哲学》，朱雁冰译，华夏出版社，2006，页324-25。

品《恩斯特与法尔克》。① 为什么施特劳斯在这里引用歌德而没有引用莱辛？因为歌德是启蒙精神的时代标志之一，而莱辛虽然置身启蒙精神激流勇进的时代，却最终没有被启蒙浪潮卷走。与莱辛不同，歌德在启蒙运动搞得非常热闹的顶峰时期顺应了时代潮流，所以施特劳斯说，在歌德之后，"社会性的理性、情绪和决断"已经结成一股巨大力量，毁灭"对哲学原初所指的东西的记忆"。②

施特劳斯所引歌德笔下人物的那句说法不正是在批评马基雅维利吗，怎么能说歌德顺应了启蒙的时代潮流呢？在引用这句话后，施特劳斯不是礼赞歌德，说他是重新发现或者回忆起少数人应该三缄其口这一古传道理的"最后一位伟人"吗？的确如此，但施特劳斯在这里下的注却让我们感觉到，歌德与马基雅维利似乎有某种隐秘关系。这个注释大有看头，因为其形式就让人觉得蹊跷：正文引歌德作品中的话时没有下注，句号之后礼赞歌德一番才下注，但注释并非对正文所引的话下注，而是另外引歌德的话，以至于我们不知道正文中那句少数人应该三缄其口的话究竟是否出自歌德笔下人物之口。注里的引文提到"马基雅维利式的观点"（Machiavellian view），如果与正文中的引文连起来看，似乎是在以此解释正文引文的原因。换言之，流行"马基雅维利式的观点"，是少数人也不再懂得约束自己内心真实见解的原因，从而可以说，"马基雅维

---

① 中译见莱辛，《论人类的教育》，刘小枫编，朱雁冰译，华夏出版社，2008，页 133 – 210。

② 施特劳斯，《关于马基雅维利的思考》，申彤译，译林出版社，2006，页 267。

利式的观点"是启蒙的肇因。接下来施特劳斯在注里让我们看到的是,歌德对"马基雅维利式的观点"并非持旗帜鲜明的全盘否定态度,而是有所肯定:马基雅维利式的观点毕竟让人关注"此世的历史"①——我们知道,全心全意关注"此世"的真理恰是马基雅维利的思想特色。这段歌德引文出自他对斯考特(Walter Scott)的《拿破仑》一书的评议,"此世的历史"这个提法后来因黑格尔的《此世历史讲演录》而变得非常著名,而且成为现代性普世－普适论的标识之一:人类具有一个普遍的历史目的——对此我们还可以想起黑格尔的一句名言:此世历史的精神就在拿破仑征战的马背上。我们还知道,德意志古典哲学从康德到黑格尔的发展曾经历了费希特这个中间阶段。施特劳斯引完歌德,马上就提到费希特,说歌德责备他把"不应该说的"说出来了,而且具体说到什么是不该说出来的(正文里面却未明言):"关于上帝和神圣的东西"。② 于是,从费希特到黑格尔的"此世历史精神"的发展线索就清楚了——这让我想起,施特劳斯在早年的一次学术报告中曾让费希特充当过启蒙精神成熟的标示:"一旦我们不得不与费希特一起嘲笑尼柯莱时,我们便已被启蒙。"③ 这时,施特劳斯再回头说到"马基雅维利式的观点"时,用的是"马基雅维利主义"(Machiavellianism),并提到歌德对这种"主义"的理解:"诗的创作要素中的每一斯宾诺莎主义成分,

---

① 施特劳斯,《关于马基雅维利的思考》,前揭,页267,注1。
② 施特劳斯,《关于马基雅维利的思考》,前揭,页267,注2。
③ 参见施特劳斯,"柯亨与迈蒙尼德",见施特劳斯,《犹太哲人与启蒙》,刘小枫编,张缨等译,华夏出版社,2009,页119。

在反思的要素中都成了马基雅维利主义成分"——这似乎意味着,费希特这位哲人从斯宾诺莎那里承接了马基雅维利式的观点,并在他身上变成了"马基雅维利主义"(不妨比较费希特的《告德意志人书》与《君主论》26 章)。读完这段注释,我不得不回过头来想:歌德自己呢?歌德的"诗的创作要素中"有没有"斯宾诺莎主义成分"?——绝非偶然的是,施特劳斯在这里引用的歌德的书名正是 *Maximen und Reflexionen*(《格言与反思》)。歌德的第二部诉歌集(*Elegienbuch*)中有首写给席勒的诗,他在诗中向席勒报告自己创作"赫尔曼与多罗泰"的情况,序诗第一句说:"普罗佩提乌斯曾一度打动我,这或许算得上是一种犯罪(Also das wäre Verbrechen, daβ einst Properz mich begeistert)"①——其实,歌德本来用的是"卢克莱修",后来换成了"普罗佩提乌斯"。卢克莱修是西方思想史上著名的无神论者,伊壁鸠鲁的忠实信徒和思想传播者——非常可能的是:歌德心仪卢克莱修,但他在朋友面前也隐藏了自己的内心。施特劳斯的这个注释让我隐隐约约觉得,歌德是个隐藏的马基雅维利分子,但施特劳斯以赞美他隐藏自己的方式揭示了他的这一真实身份。若非如此,那句在歌德之后"社会性的理性、情绪和决断……已经共同联合起来……"的说法,就实在不好理解。何况,施特劳斯知道,歌德其实并非重新发现或者回忆起少数人应该三缄其口这一古传道理的"最后一位伟人"——尼采后来比歌德更为公开地讲过这一

---

① 《歌德文集》第九卷(叙事诗),"赫尔曼和多罗泰",钱春绮译,人民文学出版社,1999,页103,译文有改动。

道理。

总之,在施特劳斯那里,莱辛与歌德不可同日而语。如果施特劳斯的看法没错,尼采把莱辛与歌德、席勒相提并论就大有问题——莱辛是诗人、戏剧作家,也是古典学家、哲人,对我们来说,他还是著名美学家、戏剧理论和评论家。在理论方面,莱辛正是从戏剧理论开始崭露才华的:除了二十岁刚出头时写下的"论剧院的历史和引进"(Beiträge zur Historie und Aufnahme des Theaters),最重要的文献便是1756－1757年间莱辛与两位友人——门德尔松和尼柯莱"关于悲剧的通信"。① 从这些通信中,我们可以看到莱辛如何接近亚里士多德的悲剧思想。众所周知,莱辛关于悲剧的成熟观点见于《汉堡剧评》,而《关于悲剧的通信》早于《汉堡剧评》十一年,当时莱辛还是二十出头的年轻人。但是,恰恰因为《关于悲剧的通信》记录了青年莱辛接近古典的最初经历,就为我逼近启蒙精神与古典传统的关系问题提供了契机——何况,也许并非偶然的是,尼采的现代性批判恰恰是从悲剧问题发端的。

这场"关于悲剧的通信"是德意志启蒙时代的三位年轻朋友之间就共同关心的悲剧问题展开的私下交流:乾隆二十年(1755年)下半年,莱辛离开柏林去了莱比锡,他与挚友门德尔松经常见面的交谈和论争不得不以书信方式来延续——另一位朋友尼柯莱(C. F. Nicolai)是个嗜读书嗜读得干脆当书商的年轻人,比莱辛和门德尔松小四岁,当时也在柏林,于是,就留下了我们如今看到的《关于悲剧的通信》——三位年轻

---

① 莱辛,《关于悲剧的通信》,朱雁冰译,华夏出版社,2010。

朋友谁也没想过，将来有一天会发表这些书信，讨论出于单纯的学问热忱，各位表达自己的看法都非常坦率。从思想史角度来看，莱辛的两位对话伙伴中，犹太人门德尔松（1729 - 1785）更为重要，① 因为，这两位年轻朋友自结识以后从未间断就一些重大的哲学—宗教问题展开友谊性质的论争，直到莱辛去世（1729 - 1781）——尽管这些论争在思想史上的重要意义迄今尚未得到足够关注。② 门德尔松是位奇才，家境贫寒，没条件上大学，全靠私下求教成才，十三岁就开始读迈蒙尼德的《迷途指津》这样的天书。门德尔松的父亲本指望儿子长大后做个拉比，让门德尔松从小跟从一位高级拉比习《塔木德》，长大后的门德尔松却醉心于当时的新派形而上学（斯宾诺莎、莱布尼茨、沃尔夫），后来又醉心于更为新派的法国启蒙哲人——莱辛出身于基督教家庭，与门德尔松同年生，虽然宗教信仰不同，两人却在启蒙思想的风潮中结为挚友，终生不渝——只有在哲人之间，才可能建立起这种超逾宗教信仰的友谊。据两人的共同朋友雅各比（F. H. Jakobi）后来说，在所有朋友当中，莱辛最珍惜与门德尔松的友谊（参

---

① 关于门德尔松生平，参见刘新利为门德尔松的《耶路撒冷：论宗教权利与犹太教》（刘新利译，山东大学出版社，2007）写的中译本导言。

② 关于门德尔松与莱辛的论争，参见《门德尔松全集》主编之一拉维多维奇为门德尔松的《耶路撒冷：论宗教权利与犹太教》写的德文版导言（见刘新利中译本，前揭，页 22 - 23）；尤其施特劳斯编辑《门德尔松全集》卷二时所写的"篇目提要"，见施特劳斯，《门德尔松与莱辛》，卢白羽译，华夏出版社，2012（德文原文见 Leo Strauss, *Philosophie und Gesetz - Frühe Schriften*, Heinrich Meier 编, Stuttgart 1997, 页 467 - 608）。本文引文依据卢白羽中译，页码仍注明德文版。

见施特劳斯，《门德尔松篇目提要》，前揭，页539）。

从最初的书信往来可以看出，这场关于悲剧的书信讨论有两个起因，首先是1755年12月26日门德尔松在给莱辛的信中提出的问题："若没有在剧中混入同情（Mitleid）的话，宽厚大度（die Groβmüt）会让我们挤出眼泪吗"——这一问题不是如今所谓文艺理论的接受美学问题。德文 die Groβmüt 来自拉丁文 magnanimitas，拉丁文则来自亚里士多德《尼各马可伦理学》卷四所讨论到的 μεγαλοψυχία。翻开《尼各马可伦理学》可以看到，从第三卷开始，亚里士多德探讨了人身上一系列具体的性情德性，这些德性显出一种由低向高延伸的等级。从连续的序列来看，"宽厚大度"出现在中间位置，若考虑到亚里士多德在卷一已经对俗众德性与治邦者德性作出了划分，那么，magnanimitas 出现的位置差不多在治邦者德性的开端——如亚里士多德所说，这种德性就名称来看与"大"（περὶ μεγάλα）和"高"（περὶ ποῖα）相关（1123a35），与崇高（καλοκἀγαθίας）相连，有这种德性的人首先在乎的是荣誉或耻辱（1124a2 – 10）。不过，μεγαλοψυχία 究竟该如何翻译，非常棘手。把 μεγαλοψυχία 译作 die Groβmüt［宽厚大度］明显带有基督教色彩，由此可见当时对亚里士多德的接受受到基督教背景的规定。如果因这个复合语词原文包含"灵魂/心灵"这个希腊词而译作"伟大的灵魂"，据说就错了，因为这里的意思绝非"灵魂的伟大"——耶格尔（W. Jaeger）译作 der Groβgesinnte，现代德语译为 die Hochsinnigkeit。不仅如此，尽管这种德性看起来很崇高，却不能用 μεγαλόψυχος 来形容比如苏格拉底这样的人。事实上，亚里士多德在讨论这种德性时，好些地方语带反讽，从而可以说是一种含混的德性。① 门德尔松的提问化用的是莱辛翻译的古罗马剧作家普劳图斯（Plautus）的剧作《囚徒》中的一句："啊，你们众神，这是一些多么宽厚大度的灵魂（das für großmütige Seelen）呵！他们使我潸然泪下"——这话似乎意味着这个"我"能够理解众神的灵魂，与众神一起感同身受，以至于可以说，这个"我"的灵魂接近众神宽厚大度的灵魂。但"我们"或现代市民能理解众神吗？当时，莱辛刚完成自己的一部施教剧（Lehrstück）性质的剧作《萨拉小姐》（Miβ Sara Sampson），此剧开创了德语"市民悲剧（bürgerliches Trauerspiel）"的先河——1755 年初，莱辛在柏林附近的波茨坦用七个星期一气呵成，同年七月在法兰克福成功上演，莱辛从此赢得剧作家声誉，尽管他后来再没写过严格意义上的市民悲剧。② 如果联系到这部探讨富有 die Großmut 的人在道德行为中的困境的剧作，门德尔松的问题就很可能意味着：现代市民可以作为悲剧中的主人公吗，会博得我们的眼泪吗？同情（Mitleid）是什么东西呢？由此看来，悲剧通信的直接导因是莱辛的市民悲剧实践。

从最初的书信往来看，这场关于悲剧的讨论的第二个起因甚至主要的起因是：莱辛在 1756 年 7 月 20 日写给尼柯莱一封短信——这离门德尔松给莱辛的信已经过了半年。信中说自己"关于市民悲剧"已经"写过一大堆茫无头绪的的想法"，可

---

① 关于这个语词的研究，参见 Franz Dirlmeier 在其德译笺注本中长达四页的讨论，见 Aristoteles, *Nikomachische Ethik*, Darmstadt 1956，页 370–373。

② 参见莱辛，《莱辛剧作七种》，李健鸣译，华夏出版社，2007，页 122 题解。

供正在写悲剧研究论文的尼柯莱参考。1756 年 8 月 31 日尼柯莱回了莱辛一封长信,也谈了一大堆自己的茫无头绪的想法,并把市民悲剧问题与亚里士多德《论诗术》中的著名说法联系起来。

> 我只从一个新的方面思考关于悲剧的学说,不想将那些毫无新意的东西写进论文。我主要试图批驳人们经常重复的亚里士多德原则:悲剧的目的在净化情感或净化道德。这个原则虽然不是错的,但至少并不全面,而且它对当下德国悲剧如此低劣也难辞其咎。(1756 年 8 月 31 日,朱雁冰译文)

那个时候,亚里士多德《论诗术》的德译本出版才不到三年,译者是汉诺威的神学家和古典语文学者库尔提乌斯(Michael Conrad Curtius,1724 – 1802)。这个带详细注释和专论的德译本(*Aristoteles' Dichtung*,Hannover 1753)首先不是成了古学研究凭靠的文本,而是成了当时的戏剧写作和批评的依据——译本刚出版,莱辛就在报纸上发表了积极的评论(1753 年 8 月 23 日,见十三卷全集版卷二,页 532 以下)。尼柯莱觉得,亚里士多德的净化说有问题,用来指导当今的戏剧写作并不妥当,但他对净化说的理解依据的却是库尔提乌斯的解释,这种解释明显受到当时正在兴起的新派美学理论的影响:净化所涉及的情感并非仅仅是同情和恐惧,而是所有类型的情感。① 这无异于说，净化其实指的是一种节制情感的理智作用——"关于悲剧的通信"由此开始，这样看来，讨论势必引出如何恰切理解亚里士多德《论诗术》的争纷。

除了前述两个直接起因外，这场关于悲剧的书信讨论还有一个间接的起因，或者说还有一个重要却又容易被忽略的思想背景。莱辛离开柏林去莱比锡前，门德尔松告诉莱辛，他正在翻译的卢梭的《论人类不平等的起源和基础》即将竣工，他觉得这位"盖世大智（Weltweise）"的书中有个看法颇为"古怪"（seltsame Meinung，参见施特劳斯，《门德尔松篇目提要》，前揭，页473）。卢梭的这部大著在1755年刚一面世，莱辛就在柏林的报纸上撰文介绍（1755年7月10日），并预告门德尔松的德文译本即将问世——由此可见两位德意志青年对法国启蒙思想的动向何等关注：

> 译者兼备眼力与品味。大多数人只拿翻译当作展示语言功底的地方。但我们确信，译者将在这一领域内展示出他的眼力与品味。（转引自施特劳斯，同上，页473）

几个月后，也就是1756年初，门德尔松的德译本就问世了，距离原著出版还不到一年时间，可见门德尔松的翻译速度之快、热情之高——受过犹太教传统教育的门德尔松明知新派的法国启蒙思想与犹太教传统不和，却抑制不住自己的倾慕之

---

① 关于当时美学兴起的背景及其与形而上学的关系，参见维塞尔，《席勒美学与近代哲学》，毛萍等译，学林出版社，2005。

情。与译本一同发表的还有一封"致莱比锡的莱辛硕士先生的公开信",这封信把两位年轻的哲学爱好者私下关心和讨论的问题公之于众——当然,在发表前,门德尔松已经把信寄给莱辛。门德尔松在信中说,他在卢梭的大著中发现了一个"怪论":人一旦成为社会的(sellig wurde),就变坏了(ist b？se geworden);自然的人才是质朴纯真的人。在门德尔松看来,否定人的社会性无异于否定人的伦理性。他在公开信中向莱辛表示,自己对卢梭的这一怪论不仅不赞同,还感到愤怒。门德尔松打心眼里敬佩卢梭,对他的崇拜几近狂热,但卢梭关于人的社会性的观点,门德尔松实在难以接受:

> 对卢梭的作品,只有很少一部分我持不同见解。令我最为愤怒的是,一种哲学的治国术宣称万事皆要按理性来办。咱们这里就是如此。要是卢梭没剥夺伦理人的全部道德感(All Moralität)该有多好! 我对道德感实在怀有过多好感。(转引自施特劳斯,同上,页473)

门德尔松在信中还抱怨卢梭犯了"所有怪才"都会犯的毛病:揭示一条简朴的真理时,不是"赤裸地讲出究竟是什么"(diese Washeit nacket vortragen)或"足够谨慎地讲出真理",而是夸张地搞出一套"稀奇古怪的体系"(ganze seltsame Systeme)。在门德尔松看来,为了使得自然人与动物区别开来,卢梭才不得不提出自然人的"可完善性"(perfectibilité)观念,以便承认人从自然状态走向伦理生活、亦即成为社会人的可能性。既然如此,门德尔松质问卢梭,

"他还有什么权利抱怨社会性状态呢?"——卢梭自己不也狂热希望"能在我们的世界、在日内瓦共和国里实现"伦理生活吗(转引自施特劳斯,同上,页473)。门德尔松当时非常年轻,对很多事情还理解不了,比如,为何卢梭不"赤裸裸地"讲出真理,而要夸张地搞出一套"稀奇古怪的体系"。如青年施特劳斯(1931年)看到的:"门德尔松没有认识到,卢梭为何要质疑如此这般的社会性,又为何要宣扬野蛮状态、非社会性的生活"(同上,页474)。施特劳斯分析说,其实,卢梭自己说得很清楚,他的目的是要批判那些堪称现代式的激情(Leidenschaft):"只有在社会性的基础上,才会出现互相攀比、追逐地位和特权以及虚荣的现象"(同上,页474)。很清楚,卢梭的所谓"激情"指的是现代资产者上升时期的人性样态,所谓人的"社会性"就是这类"激情"的温床。在施特劳斯看来,卢梭据以批判这类"激情"的根据是"追求自由、自足的意志(Wille zur Freiheit, zur Autarkie)":"卢梭反对把理智视为人的特征;人的特征乃在于其自由"(同上,页474)。

卢梭所说的"激情"在当时法国的戏剧作品中已经得到展露,甚至可以说在青年莱辛的市民悲剧中也有展露。青年莱辛早就追慕法国的新戏剧,仅1749这一年,就写下了喜剧《犹太人》(Die Juden)、《自由精神》(Der Freigeist)等三部剧作;1755年写成的市民悲剧,可以说是更为贴近现实的教化剧。莱辛当时也是卢梭的倾慕者,尤其对卢梭关于同情的解释非常感兴趣,因此,他尽管对卢梭的思想也有所保留,但与门德尔松在如何看待卢梭的启蒙思想时出现了思想分歧,这一分歧成为随后两人一系列分歧的起点。古希腊古典时期的悲剧就具有教化城邦民的政治作用,以戏剧施教绝非启蒙哲人的发明——欧里庇得斯的剧作已经具有后来所谓"市民悲剧"的性质。但在启蒙运动时期,通过剧院施教却遭到启蒙哲人卢梭的攻击——卢梭对启蒙哲人倡议在日内瓦建立剧院提出异议,认为这必然会败坏日内瓦公民的德性。不过,卢梭著名的就剧院施教问题致达朗贝的公开信发表于1758,也就是在三位德意志朋友的这场"关于悲剧的讨论"之后,两相对比,可见三位德意志青年还涉世未深,而此时的卢梭已经是老道的写手。① 无论如何,在这场关于悲剧的书信讨论之初,门德尔松与莱辛关于卢梭的分歧,与卢梭有关戏剧施教的观点无关,而是与卢梭关于人性的"可完善性"的观念及其道德教化的可能性问题相关,以至于可以说,卢梭的人性论是这场悲剧讨论的深刻背景。②

既然这场关于悲剧的书信讨论实际上围绕着尼柯莱提出的市民悲剧与亚里士多德的悲剧净化说的关系展开,与卢梭关于人性的"可完善性"的观念扯得上关系吗?如果我们知道亚里士多德的《论诗术》绝非今天意义上的文艺理论,而是政治哲学论说,就不难理解两者有关系。当时著名的德国学者和

---

① 参见黄群,"卢梭的面具",见刘小枫编,《古典诗文绎读西学卷现代编》(上),华夏出版社,2009,页591–626。

② Max Kommerell 的 *Lessing und Aristoteles: Untersuchung über die Theorie der Tragödie* (《莱辛与亚里士多德:悲剧理论研究》) 是研究莱辛的悲剧理论的权威著作,1940初版,1984第五订正版(Frankfurt am Main)。让人费解的是,此书对卢梭只字未提。最新的《莱辛全集》中撰写《关于悲剧的通信》成文史的编者提到,关注卢梭关于人性的"可完善性"观念与这场讨论的关系的研究者极少。

作家戈特舍德（Johann Christoph Gottsched，1700 – 1766）就曾从亚里士多德《论诗术》十三章推衍出一个著名的等级规定：贵族人物遭遇的不幸才堪称悲剧性命运（参见莱辛，《关于悲剧的通信》相关注释）。市民悲剧的出现显然打破了这一等级规定：一个普通市民的遭遇也可以被视为悲剧性命运。"若没有在剧中混入同情的话，会让我们挤出眼泪吗"——门德尔松的这一问题可能有两个含义：要么问题涉及的是新兴市民与传统人品等级的差距，要么问题涉及"宽厚大度"是否可以被用来描绘市民悲剧的主角。总之，这与其说是个所谓戏剧美学问题，不如说是个政治哲学问题，因为问题涉及剧作家、剧中人物和观众的灵魂差异，从而实际上是在质疑莱辛所倾慕的卢梭关于同情的论说。亚里士多德的《论诗术》授课讲义基于高的和低的灵魂能力的区分，换言之，"论诗术"是面向具有高的灵魂能力的听者讲述的——这对今天的我们来说非常费解，但我们从这场关于悲剧的通信中可以看到，对于启蒙时代的德意志青年才俊来说，要搞懂亚里士多德同样艰难。不过，与市民戏剧的施教作用联系起来，我们至少可以明白：是否所有人都可教，始终是个问题——在启蒙哲人提出普遍人性观之后，更是个问题。就此而言，卢梭关于人性的"可完善性"及其道德教化的可能性的观念就与门德尔松在通信中一开始提出的那个问题有本质上的内在关联。毕竟，无论老道的卢梭也好，还是尚且幼稚的三位德意志青年也好，他们都同时身处火红的启蒙时代。在这样的时代，启蒙哲人提出了人类的普遍教化问题，这意味着戏剧教化要起的是普遍的教化作用——如此主张无异于抹去了人的灵魂能力的高低之分。

卢梭的启蒙人性论所引发的分歧，在这场围绕亚里士多德的悲剧论说所展开的讨论中溶化掉了，以至于我们从讨论中很难见到卢梭问题的踪影——不过，三位德意志青年都看到，亚里士多德悲剧论说中提出的情感问题实际上涉及人性中的认识能力问题，因此，如果我们把卢梭问题带进来，兴许我们能够更好、更透彻地理解门德尔松和莱辛在讨论中所表达的看法。比如，三位朋友分歧的焦点在于：何谓戏剧的同情或剧院中产生的感同身受，是恐惧（Schrecken）还是惊赞（die Bewungderung）。既然问题涉及的是悲剧的道德教化作用的范围，我们可以把这个问题理解为实质上涉及的是人的灵魂能力的高低区分，不然，我们很难理解，在讨论亚里士多德的净化说时，为什么会牵扯到什么"高人（hoher Mensch）"以及俗众的问题。悲剧的道德教化究竟针对的是普遍人性还是特别的灵魂性情？普遍人性的提法可以成立吗？在门德尔松看来，倘若悲剧的道德教化针对的是特别的灵魂性情，悲剧就只能是哲学对话式的情感教科书，所谓戏剧产生或激发的"同情"应该具有的是特殊的灵魂教化作用。在莱辛看来，悲剧的道德教化目的具有两面性质：既针对特殊的灵魂类型，也针对普通人性——"既教化有头脑的人，也教化傻瓜"（1756 年 11 月 28 日致门德尔松的信）——毕竟，常人灵魂的 vertu naturelle［自然美德］同样需要得到保护（参见 1756 年 11 月 29 日给尼柯莱的信）。总之，这场讨论看起来纠缠的是对亚里士多德悲剧论说中一些关键术语的理解，争议的来源却是卢梭对人性的重新解释所引发的困惑。

在这场讨论中，唯有莱辛坚持要按亚里士多德自己的意思来理解和解释《论诗术》——随着讨论的深入，莱辛发现，两位朋友关于亚里士多德悲剧论说的看法都成问题。莱辛几乎是以这样一句话主动宣告退出了讨论："我无法想象，一个人不读《修辞学》第二卷和《尼各马可伦理学》全书就能够理解这位哲人的《论诗术》"（1757年4月2日的信）。这不仅意味着，要理解《论诗术》就得更为广泛地涉猎亚里士多德，就本文关注的问题而言，更为重要的是，莱辛的这一要求无异于绷紧了亚里士多德与卢梭之间的张力：古今之争的张力。十一年以后（1768），莱辛才将自己学习亚里士多德的心得写进了《汉堡剧评》——如施特劳斯所说，《汉堡剧评》挑明了古今之争的问题。在《汉堡剧评》中我们看到，莱辛很少提到卢梭，却大谈亚里士多德，同时，莱辛已经从推崇法国戏剧转向了推崇莎士比亚。

回到本文开头尼采的说法：尼采对德国古典教育的针砭意味着什么呢？《悲剧的诞生》回到了莱辛达到的高度吗？在尼采关于悲剧的论说中，我们见不到亚里士多德关于悲剧的论说，取而代之的是柏拉图—苏格拉底问题。由此我们兴许可以说，尼采比莱辛更为透彻，因为，在亚里士多德关于诗术的论说背后的确有苏格拉底问题。可是，莱辛忽略了苏格拉底问题吗？就在关于悲剧的这场书信讨论之后的三年，莱辛计划写一部五幕剧《阿尔喀比亚德》（现存提纲，另有《阿尔喀比亚德在波斯》写作大纲），写作意图指向的恰是苏格拉底问题。由此看来，至少在莱辛那里，亚里士多德的悲剧论说与苏格拉底问题仍然有内在关联。于是，问题成了如何看待苏格拉底问题——《关于悲剧的通信》收录的第一封信是门德尔松写给莱辛的,这封信让我们看到,两人分别时正在讨论的问题是:笑从何而来——半年多后,他们转而讨论悲剧。在《汉堡剧评》中,莱辛不仅讨论悲剧,也讨论喜剧,如柏拉图在《会饮》最后所记叙的:苏格拉底说,真正的诗人兼能悲剧和喜剧。

青年尼采的悲剧论说其实相当现代,他从批判康德的立场出发看待苏格拉底问题,反倒让康德的眼界限制了他对苏格拉底的理解,以至于他没有真正看到(遑论回到)莱辛所达到的高度。正因为如此,他才会把莱辛与歌德、席勒相提并论,甚至没有看到席勒已经在用康德的头脑想问题,大谈"审美教育",[1] 而莱辛却没有追赶当时时髦的美学。看来,对于康德不应该批判,而是应该忽略不计——倘若如此,我们的确值得认真看待莱辛的思想经验。

---

[1] 参见维塞尔,《席勒美学与近代哲学》,第四章,前揭。

重新绷紧琴弦的两端

柏拉图的作品塑造了一个并非历史的、而是诗化的苏格拉底形象，与这位诗化形象几乎形影不离的，还有另一伟人——荷马，其形象倒可能是历史的。说柏拉图的作品围绕苏格拉底这个人的言行打转，也许还不太确切。种种迹象表明，柏拉图的作品也围绕着荷马的精神遗产打转。要是像我国经学的做法那样，将柏拉图作品中明里暗里引到和提到荷马的地方辑出来，一定相当可观。

为什么柏拉图在塑造苏格拉底这一诗化形象时，总让他与荷马这一历史形象形影相随？

柏拉图生活在孔子所谓"礼崩乐坏"的时代。我们似乎都知道，孔子所谓"礼乐"是什么。柏拉图时代已经既崩又坏的"礼乐"是什么呢？可以说就是荷马史诗所代表的精神秩序。从希腊化时期到当今，凡习古典学问的都晓得，柏拉图对荷马念念于兹，以至于两者的关系始终是个谜——思想之谜。尼采早年用功最深的，就是荷马和柏拉图——在巴塞尔教书的十年中，几乎每隔一学期就开一次关于柏拉图的课，计划写作的《古希腊国家》一书，第一章就是"荷马的竞赛"。若将其早年未刊文稿中的"荷马与古典语文学"和"苏格拉底与悲剧"两篇长文对起来看，荷马与柏拉图有如一张琴弓的两端，尼采似乎把自己变成了由这两端绷紧的琴弦，由此才得以在西方精神这部大七弦琴上拉奏出一曲曲醉歌。

对于古典语文学来说，不仅柏拉图与苏格拉底的关系始终是个思想之谜，与荷马的关系同样如此。

伯纳德特得天独厚，一进入古典语文学，就选择了同时研究柏拉图和荷马——硕士论文考订柏拉图的《忒阿格斯》的真伪，博士论文研读的是《伊利亚特》，从而有可能接近这一思想之谜。完成博士论文后，至少从发表的论著来看，伯纳德特有好几十年将主要精力放在了柏拉图身上，似乎没有再碰荷马。通过晚年出版的《弓弦与七弦琴》① 人们才知道，其实伯纳德特一直在对荷马下功夫，并没有用博士论文告别荷马。

伯纳德特一生解经几十年，先逐一经解柏拉图的几乎所有主要作品（《法义》除外）和其他古希腊古典时期的纪事、悲剧，然后再来解读荷马，然后又回到柏拉图一生中最后的、也是篇幅最大的作品《法义》。如此辉煌的经解成就令人赞叹不

---

① 原误译作"弓弦与竖琴"，这个误译来自笔者翻译的柏拉图《会饮》中的误译。感谢一位未具名的好心读者来信提醒，"竖琴"当为"七弦琴"。英文 lyre 解作"七弦琴、小竖琴"，《希英大辞典》对 λύρας 的解释很简单：一种用龟甲壳做成的弦乐器，并未区分七弦琴和竖琴。《希德辞典》的解释比较细致：Leier［七弦古琴］，传说由赫尔墨斯发明送给阿波罗，最早是四弦，比基塔拉琴［κιϑάρα］的音板要厚重，被视为最有男子气的弦乐器。从柏拉图作品中的用法（《阿尔喀比亚德前篇》107 a；《法义》VII, 809 c）可以看到：学习七弦琴是古希腊早期贵族教育的基本功课之一，后来甚至代指抒情诗。

用说了，其经解路线似乎也经过精心设计，有条不紊。倘若如此，就值得想一下，为什么伯纳德特要按如此顺序来解经？

荷马作品和柏拉图作品都过于博大精深，如果要搞清楚柏拉图与荷马的思想关系，非得先分别吃透两者不可。这样来解释伯纳德特的经解顺序，合情合理，却几乎说明不了什么。问题仍然在于，无论要吃透荷马史诗还是柏拉图对话，都不容易。柏拉图在荷马之后，要吃透柏拉图的作品已经难乎其难，遑论荷马。

伯纳德特疏解柏拉图对话的作品很多，其疏解《王制》的专著有这样一个书名："苏格拉底的第二次远航。"如果我们熟悉柏拉图的作品，就知道"第二次远航"本是柏拉图的苏格拉底在《斐多》中讲述自己的思想经历时的自况说法。当时，苏格拉底与两个爱好自然哲学的青年的一场论辩刚刚结束，师生双方都对讨论不满意。这时，苏格拉底现身说法，讲起自己的思想经历来。他的自述也许可以这样来概括：爱好哲思的人当然得要走出洞穴，但走出洞穴后若老盯住太阳看，会把眼睛看瞎。"第二次远航"是苏格拉底用来说明自己离弃自然哲学、重新转向洞穴——转向政治－道德哲学的比喻。苏格拉底的这一转向，对于西方思想史来说具有决定性的意义，柏拉图作品的出发点，可以说很大程度上基于这一转向——把苏格拉底的转向经历的自述安排在其临终场合，很可能也别有用意。

柏拉图让自己笔下的苏格拉底用"第二次远航"来比喻转向——这比喻的源头就是荷马笔下的英雄奥德修斯。柏拉图作品结构精巧、用心深远，仅从下面这一点便可略见一斑：

《斐多》的中间部分是大段的哲学思辨，开头和结尾却大谈神话（诗）——在开头，苏格拉底甚至说到自己其实老早就在作诗了。临终喝毒药前，苏格拉底果然作了一首有关人的各种灵魂在地下涌动的诗篇。冥府之旅本是荷马笔下的重大主题，但在苏格拉底的临终诗作中，对大地之旅的诗化描述不动声色地取代了对冥府之旅的诗化描述——苏格拉底的灵魂漫游之歌称为"大地之歌"更恰当。总之，无论开头、中间还是结尾处，《斐多》这些涉及神话（诗）的地方，似乎无不明里暗里在与荷马较劲。

为什么伯纳德特要把《斐多》中苏格拉底的自况辞挪来作为他疏解《王制》的书名？《王制》最为明显地标识出柏拉图的苏格拉底的转向——从而，洞穴说的重点与其说在于爱好哲思的人走出洞穴的时刻，不如说在其回到洞穴的时刻，因此，将《王制》视为柏拉图作品的真正基点不为过。但这恐怕仍然不足以解释，为什么要用"第二次远航"来题名《王制》义疏。

要是我们留意《王制》的结构，也许不难发现：虽然《王制》篇幅远大于《斐多》，从整体结构来看，两者显得有某种结构上的照应：与《斐多》一样，《王制》也头尾说诗（卷二、三及卷十），中间是论辩，而且都以苏格拉底作诗结尾，两场对话的地点也都不在雅典（不妨比作一个像在海南岛、一个像在香港）——当然，中间的论辩讨论的像是完全不同的事情，《斐多》论辩的是所谓"纯哲学"，《王制》论辩的是政治的哲学，尽管如此，在论辩的高潮时分，教育都是中心话题。

当然，《斐多》与《王制》还有一个很大不同：在头尾说到诗（神话）的时候，《王制》中的苏格拉底对荷马作了明目张胆的攻击（第十卷中的攻击尤其暗含玄机），在《斐多》中，苏格拉底对诗人荷马的态度——用个不好听的说法——要阴司倒阳得多。

柏拉图笔下的苏格拉底和荷马这两个主要人物站立得太近，让人觉得柏拉图似乎企图用苏格拉底形象取代荷马的身影，其代价是：柏拉图自己得由哲人化身为诗人——要说"诗化哲学"，柏拉图看来才堪称真正的鼻祖。如此取代恐怕还不仅仅因为时代已经"礼崩乐坏"，更有人民信赖的法义与哲人凭靠的智慧之间剪不断的不和关系。毕竟，苏格拉底在雅典受到的指控是"渎神罪"，这个所谓被"渎"之神，不能说与荷马的诗化"神学"一点关系没有——《弓弦与七弦琴》在"开端"部分就点出某种"神义论"，绝非偶然。由此看来，政治神学与政治哲学的紧张，并非西方近、现代才有的事情。

伯纳德特为自己的这部疏解《奥德赛》的论著加了副题，如果直硬地翻译就是："《奥德赛》的柏拉图式解读"；如果悉心体味，意思似当译作"从柏拉图解读《奥德赛》"。

于是就回到了前面的问题：为什么要通过柏拉图——而非现代的种种什么"理论"——来解读荷马？

这问题让笔者想起廖平在批评宋学时说到的事情——其大意是：要进入古代大圣贤的作品，需要借助在时代和心性上贴近古代大圣贤的理解；宋儒离传解经，无异于抹去了通向古代圣典的思想心迹。现代学科发明的各种理论声称可以搞清楚古代经典的蛛丝马迹——这可能是真的。但有一点肯定不是真的：无论把玩文物式的还是后现代式的史学、古文字学、考古学可以让我们明白古圣贤的笔下心迹。廖平主张回到前汉经传，以便领会孔子所作之经。伯纳德特通过柏拉图进入荷马，看起来就像把柏拉图作品当作了荷马史诗的传——类比总不会完全恰切，但如此经传类比用来表达这样的意思还是有可能的：通过柏拉图才能更好——更为贴近圣人心迹地理解荷马，反过来，通过荷马，也可以更好地理解柏拉图。解过《奥德赛》之后，伯纳德特才来疏解柏拉图的《法义》，看来也是大有道理的安排。

为什么伯纳德特要给这部解读《奥德赛》的书题名为"弓弦与七弦琴"，笔者不敢贸然乱解，仅打算提到一则文献供读者思考。柏拉图《会饮》中那位代行"酒令"的医生厄里克希马库斯在礼赞了医祖——荷马笔下的医师阿斯克勒皮俄斯（Asclepius，《伊利亚特》卷四，行219，449）后，又说到音乐同样受爱欲引导。作为印证，他引用了赫拉克利特的一句话：

这"一"自身不协和 [τὸ ἓν διαφερόμενον αὑτὸ] 却与自己协和 [αὑτῷ ξυμφέρεσθαι] 有如弓弦和七弦琴的和乐。（柏拉图，《会饮》187a）

"弓弦与七弦琴"的比喻，来自赫拉克利特（《残篇》，51）："他们不懂，为何差异与自身说得不一致；内绷的协和简直就像弓弦与七弦琴"——意思似乎是说：七弦琴上奏出的协音靠的是琴弓与每根有差异的不同固定音调的琴弦之间绷紧的张力。要解释这琴弓与琴弦的比喻，已经是个大题目，因为这就得搞懂拉克利特说"人们不懂"的东西。在《善恶的彼岸》序言中，尼采用弓来比喻欧洲精神的紧张状态，但这弓不是用来拉琴，而是用来射箭——射猎一个精神上的大目标，还说这张本来绷紧的弓已经被现代民主政治搞松弛了。懂得荷马的尼采没有回到荷马，但通过狄俄尼索斯与阿波罗的对立，重新提出了诗人与哲人的关系问题。伯纳德特通过回到荷马来重新摆正这一问题，肯定不仅仅是出于古典文学的专业兴趣。

伯纳德特学术出身于古典语文学专业，在芝加哥大学社会思想委员会师从古希腊文学大师 David Grene，却被在政治系教书的施特劳斯吸引，转而同时受业于其门下。在施特劳斯的弟子中，伯纳德特的古典语文学功夫可能得算最好，懂得因材施教的施特劳斯大概同他谈过一些没有与其他学生谈到的事情（施特劳斯写给伯纳德特的信现存 170 封）。这是伯纳德特的福分，但他没有据为私有，而是化作具体的学问传给我们。

施特劳斯花费了几十年功夫来穿透近现代哲学的传统偏见，第一部疏解古希腊政治哲学经典的著述（《论僭政》）出版时（1948），施特劳斯已经接近知天命之年。此后，他还花费了差不多十年时间来消解近现代哲学的传统偏见。等到这一历史性工作基本完成转而倾注心力经解时，施特劳斯的健康已经越来越差。临逝前不久，施特劳斯曾对布鲁姆说过，要是健康允许，他还有许多事情想做。从施特劳斯晚年所做的来看，也许可以推知，他想做的无非是悉心疏解古典哲学的经典作品。

伯纳德特有幸还不到弱冠之年就遇到施特劳斯，又有大概相当于尼采的古典语文学功夫，本可成为不晓得哪类所谓"原创性"的"大家"，然其一生学术似乎仅仅是做施特劳斯想做而没有来得及做的事情。当然不能说，伯纳德特的经解可以代替施特劳斯的经解。毋宁说，凭其学识，如果要写什么可广泛用作大学教材的"古希腊思想史"、"荷马概论"或"古希腊文化通论"一类科研成果，对于伯纳德特肯定都不过举手之劳。但他没有在这方面抛洒时间，而是尽其天分和勤奋径直走在施特劳斯开辟的"今文"经学之路上。伯纳德特很清楚，老师不是偶像，而是榜样，重要的是循老师提示的路径进入古学经典，与古代先贤一起"会饮"，对后现代的事情置若罔闻。

有一件事情长期让笔者感到一筹莫展：如果心仪古典作品的话，该如何才能使自己的生活处境与这些作品建立起活生生的联系？现代史学的搞法即便很小心，也容易把古典作品变成历史标本，现代的各种文化研究或文化哲学要么在这标本上用手术刀乱划一气，要么让这标本穿上后现代服装——《易经》穿系统论服、孟子穿人民民主论服、庄子穿存在主义服——满世界跑（笔者就见过有西洋学人让欧里庇得斯穿存在主义服满世界跑）。要是鄙人天生就讨厌这一切，该怎么办？施特劳斯把古代的伟大圣贤（绝非仅仅柏拉图，还有色诺芬、修昔底德、阿里斯托芬）活生生地领回到当今生活世界，让我们看到，原来他们就在我们的"会饮"中，只不过我们一直不让他们说话而已。

上个世纪六十年代,《奥德赛》就有了杨宪益先生的散文体译本,前些年又有了王焕生先生的诗体译本。可是,面对翻译过来的原典,我们仍然无从读起:为什么还要读荷马?如何读?如果不是学古希腊文学专业的,多半读不下去,买来《奥德赛》摆在书橱,算有了一部经典而已。伯纳德特的《奥德赛》疏解没有用自己的专业来让我们头痛和乏味,甚至没有把读《奥德赛》变成西方古典文学专业的事情,而是让我们带着自己的精神困惑进入奥德修斯的精神之旅,到头来我们非亲自悉心阅读《奥德赛》不可。

司马迁属什么"家"

谁都晓得,司马迁是史家。

什么样的"史家"?读陈桐生著《史记与诗经》,不由得不想这个问题。

仅看书名,还以为陈著要讲司马迁如何从《诗经》中"实录"史料。如今的古典学问,大多不过像钱穆史学,"实录"、爬梳史料。陈著虽有"实录",却重在辨析司马迁如何赓续孔子存"王道哲学"的命脉。

从史学史角度看,司马迁与孔子的关系是明摆着的:孔子作《春秋》乃赓续《诗》、《书》,"《诗》亡然后《春秋》作"(《孟子·离娄下》);"《书》亡而入于《春秋》,皆天时人事,不知其然而然也。……马迁绍法《春秋》,而删润典谟,以入纪传"(章学诚,《文史通义·书教上》)。问题是,倘若孔子"作"《春秋》是有王心的人的"作"法,马迁"绍法"孔子不也成了有王心的人?

古代的史家是有王心的人?

治中国古代哲学的,少有不引征司马迁,但很少有人专讲什么"司马迁哲学"——这提法听起来就别扭。不过，翻开如今中国哲学史、思想史的种种标准或准教科书，又无不见到说司马迁的思想或哲学。

怎样一个思想或哲学法？

据说，司马迁虽师从董子公羊学，"却能保持清醒头脑，不受偏见左右，而是从史实出发，实事求是"。① 于是，司马迁的伟大思想就是"实录"精神。但孟子明明说孔子"作"《春秋》只是表面上（"事"、"文"）与"晋之《乘》，楚之《梼杌》"一样，"义则丘窃取之"。如果不从史"窃取""义"，司马迁何以堪称"绍法"孔子？

权威的《中国思想通史》说，马迁"实录"精神要精致得多，而且给他安排了这样一个了不起的思想史位置：司马迁正值"中国封建制社会法典化的划期时代"，那个时候，"中国的奥古斯丁"董仲舒综合"庸俗哲学"（按指公羊学）和宗教（按指五行灾异说）建立了"合法思想"，中国思想史从此进入了中世纪，司马迁却能朴素"唯物主义"地站在中世纪之外，"据理恃智"，坚持"百家的异论殊方的传统"。② 但司马迁自己不是说，"理不可据，智不可恃。无造福先，无触祸始。委之自然，终归一矣"（《全汉文：悲士不遇赋》）。据说，这话是在"积威约之势"下不得不说的"隐约"之言，实际上，司马迁"激于义理"，敢反"合法思想"。

什么样的"义理"？

---

① 张岂之主编，《中国思想史》（国家教委审定教材），西北大学出版社，1993，页128。

② 侯外庐等著，《中国思想通史》卷二，人民出版社，1992，页132–133。

马迁信人不信天,"从人类经济生活方面寻求"社会历史发展的原因,① 甚至肯定"利欲"、批判"仁义"②。就这样,马迁成了"进步"思想家。

种种奠立当今大学中国思想史教育的"主流"论述对司马迁史学的礼赞,如今可能已经让人忍俊不禁。不过,尽管不再时兴"唯物主义"、"思想进步"之类的说辞,国朝学界的古学研究并没有走出"五四新文化"教条。"唯物主义"变成了"民主主义"、"自由主义"甚至"后殖民主义",文化人类学、历史社会学或者文化研究的种种"观"代替了"唯物史观"。人们热衷追究中国古典思想中种种现代"主义"的蛛丝马迹,再不然就把思想史还原为社会史,寻找某种思想、某种学问在历史社会中的所谓具体"位置"——跟从艾尔曼找寻清代公羊学复兴的"家族"基础。

陈著《史记与诗经》说司马迁思想,笔法不同,怎能不让人欣喜?全书260页,凡九章。第一章辨司马迁习哪家《诗》说旧案,三至七章辨具体《诗》说("四始"说、"风雅正变"说、"《商颂》为宋诗"说、"圣人无父感天而生"说)与《史记》的关系,末两章分别讨论《诗经》与司马迁"原始察终,见盛观衰"原则的关系和司马迁本人对《诗经》的论说。

第二章讲司马迁与孔子的关系,篇幅最长(六十余页),显然乃全书关节。作者首先花了大量篇幅讨论:有没有孔子

---

① 任继愈主编,《中国哲学发展史》(秦汉卷),人民出版社,1985,页311。

② 祝瑞开,《两汉思想史》,上海古籍出版社,1989,页142以下。

"删《诗》"这回事情？倘若有，如何个"删"法？

孔子是否"删《诗》"，乃经学史上一大公案。皮锡瑞《经学通论》说《诗经》，最后一条即辩《史记·孔子世家》的孔子"删《诗》"说（"论孔子删《诗》是去其重，三百五篇已难尽通，不必更求三百五篇之外"）。《史记与诗经》所探讨的问题，可以说承接的是皮锡瑞对这一经学史问题的总结。

这就把一个大问题推到国朝学界面前：中国古典学问的论题意识究竟当来自现代的种种"主义"或不断推陈出新的文化论说，抑或源于我国古学传统的学问问题本身？

孔子是否"删《诗》"，与孔子是否作《十翼》、《春秋》、《书序》等问题连在一起，涉及对孔子的历史形象的认证：孔子究竟是素王、还是整理旧故的学究老儒。否认孔子"删《诗》"、作《十翼》、《春秋》、《书序》，在古人和今人中（前有朱熹、刘克庄，后有钱穆、冯友兰）都不乏其人。孔子的"删"、"作"，是司马迁第一个提出的，"难道司马迁要与后代的学人开玩笑？"（页47）

问得好！

在中国学问史上，司马迁第一个给孔子"作""传"。记载孔子言行的其实很多，比起不著文字的苏格拉底，有案可查多了。关于苏格拉底的材料，仅有阿里斯托芬、柏拉图、色诺芬的文学性（而非史实性）描述。第欧根尼·拉尔修——"第三代犬儒派的代表"——所作的传，如今查明也是文学笔法，不可全当实证史料用。对于找寻"历史的苏格拉底"，西方的业界人士早就说过，越找越沉入历史的冥暗。相反，记载孔子言论的"史料",实在太多且芜杂。① 于是,国朝史家甚至可以"编"成孔子行年,也就不足为怪了,虽然这"历史的孔子"仍然可能是百年来国朝实证史学的造像而已。

还原出"历史的孔子",司马迁的《孔子世家》就可以废了?

即便还原出所谓"历史真实的孔子",仍然与司马迁笔下的孔子不相干。《史记与诗经》承认,如果将《论语》中的孔子面目与司马迁笔下的孔子比较,可以发现,司马迁将孔子"述而不作"改成了"删"述。司马迁是否篡改了"史料"呢?在司马迁笔下,孔子确乎不再像个"失意知识分子",而是"制一王之法以俟后圣"的立法者,以至被尊为"素王"(页60)。但《论语》中的孔子就真的"历史地"真实?不错,司马迁将孔子说成素王,是当时一派儒家(公羊家)之言,但当时说孔子的,哪个不属某家?初代儒家已经"儒分为八"或别为"孔门四科",哪派的记叙是"真的孔子"?

追究所谓"历史的孔子",依赖的仍然是古典文献(作品)。既然所有的古典文献(作品)都出于某家之说,今人又何以能据此重构出"历史真实的孔子"?

为了满足现代实证史学查清"历史的孔子"的"专业"需要,今人在阅读古典作品时,就不会再去留意古代的某家某派如何言述孔子,以及为什么某家某派要如此言述孔子。

陈著没有跟着实证史学的时风跑。

《史记与诗经》花了相当篇幅探究公羊家如何理解孔子,

---

① 孙星衍等辑、郭沂校补,《孔子集语校补》,齐鲁书社,1998。

以便理解司马迁为什么要如此为孔子立传。孔子并非诸侯王，司马迁列孔子入只有诸侯王才配享用的"世家"，并在十二诸侯世家中插入"孔子生"条，司马迁笔法的寓意很清楚：孔子为"素王"（页82）。

如何成为素王？

不过用一只秃笔删述六经。《太史公自序》将《史记》的学术目的概括为"厥协六经异传，整齐百家杂语"，乃继承孔子删述六经的事业，"将经学和诸子之学整合为一个体系，作为现实政治的指导"（页87）。作者虽然没有直说，结论难免是：《史记》是继孔子之后的又一次"删述"，马迁"作"《史记》也是要当"素王"。《史记与诗经》将看《史记》的眼光带回到今文经学。

"史记与经学"不是新题目，但过去《史记》主要被用作今古文双方攻讦对方的材料。作者则要"从经学角度揭示《史记》的文化学术渊源"，把《史记》变成经学研究中的一题，不仅要突破经学派别论争的窠臼，还要"深切理解司马迁以文化道统为己任的伟大心灵"。①

司马迁出于、却不囿于公羊家，何况其思想并不亦步亦趋其先师董子。但这不等于说，司马迁不再是公羊家中人。毋宁说，司马迁是公羊家中最有心按"口传"继承孔子的人。倘若孔子生在司马迁时代，面对那么多"百家杂语"，大概也会立志"厥协"异传、"整齐"杂语。公羊家在司马迁那里，不

---

① 陈桐生，《史记与今古文经学》，陕西人民教育出版社，1995，页31–32。

是守一经之学（董仲舒、何休），而是据公羊子"口传"的孔子删述史籍的笔法。《史记》与《诗经》的关系问题，要害正在于此。司马迁的《孔子世家》分明是他悉心体会孔子使命的表达，有如"史家"色诺芬"编"的苏格拉底的种种对话。

《史记》并非一般所谓"史书"，而是素王书。

司马迁自谓作《史记》乃"绍法"《春秋》，既然孔子《春秋》"续《诗》"，《史记》渊源当回溯为《春秋》—《诗》。后世的某些大史家（如章学诚）不理会司马迁意图，偏说司马迁是要续定国史，以"《书》亡而入于《春秋》"的说法抛弃了孟子的"《诗》亡然后《春秋》作"的说法，构造出《史记》—《春秋》—《尚书》的三段论式史学史回溯说。如今，章氏的说法发展成了这样的现代史学史理论：《尚书》的"以史为鉴"经孔子的"以史为法"到司马迁成了"以史立言"。如此史学史说，无异于说司马迁放弃了"以史立法"的孔子笔法。

《春秋》续《诗》抑或续《书》，真的那么要紧？

素王搞古诗和古史，不搞哲学。按公羊家说，《春秋》乃孔子当素王书，所庚续者《诗》也。

> 总言孔子事，则云"翻定六经，制作六艺"，其并称之文，则多以"作"、"修"加《春秋》，于《诗》、《书》、《礼》、《乐》，言"删"、"正"。（廖平，《知圣篇》）

这里说的还只是孔子的笔法，问题仍然在于，孔子"删"《诗》与"作"《春秋》是什么关系？

《诗》而非《书》才是政教制度（礼制）的基础——"经学四教，以《诗》为宗"（廖平，《知圣篇》）。史书的出现，因应礼法秩序的颠覆，续《诗》而非续《书》，意味着"续"乃重新立法（"以春秋当新王"）。

> 《春秋》未作以前之"诗"，皆国史也；人知夫子之删《诗》，不知其定史。人知夫子之作《春秋》，不知其为续《诗》。（钱谦益，《有学集》卷十八，《胡致果诗序》）

孔子"作"《春秋》"续《诗》"，"续"的是礼教秩序，因而是素王行为。

既然孔子以春秋笔法续《诗》意在"立法"而非"立言"，司马迁"绍法"《春秋》，其意亦当在"立法"，而非"立言"。《史记》笔法意在"立法"抑或"立言"，事关认定司马迁属于哪"家"。

关于《史记》的八书，向来讼说纷纭。《史记与诗经》不否认，《尚书·尧典》提供了《史记》"八书"原型，但"八书"之说本为《尚书·尧典》与公羊家结合的产物，"关键在于汉家改制"。① 这表明，《史记》的八书乃赓续孔子的"以史立法"。孔子"作"《春秋》以后，出现了一系列《春秋》（按孟子说法），"春秋"不再仅指史书，"含义已经由史书而

---

① 陈桐生，《中国史官文化与〈史记〉》，汕头大学出版社，1993，页166–167。

过渡到指代那些专讲治国大道的政论著作"（《史记与诗经》，页59）。如果说，孔子"作"《春秋》重在创新，"删《诗》"就是述旧，创新和述旧形式不同，在继承王道传统这个大方向上，则殊途同归。《春秋》是制定一王之法，删《诗》则是为一王之法中的制礼作乐树立典范，从中正可见出孔子弘扬王道的一片良苦用心"（页90）。孔子删述六艺，把习传的史书变成具有政教法权的经，与此背道而驰的是，现代实证史学要么跟随章学诚，要么跟随胡适，将经学还原为史学，"经"要么成了上古史料，要么真的成了"断烂朝报"，删述六艺"当一王之法"的精神从此失踪。

司马迁为孔子立传，透露了他对孔子承"先哲王"的理解。司马迁删述史籍的笔法，当从孔子"垂空文，以断礼义，当一王之法"来理解。既然司马迁立志效法孔子，"厥协六经异传，整齐百家杂语"就是继孔子立一王之法的又一次立法之举，"以三统论和五德说的模式论载历史"（页85）。如果仅仅把《史记》当现代意义上的史书来读，无异于掩埋《史记》笔法所寓"立法"之心——国朝史学一方面费力挖掘地下竹简，一方面辛勤掩埋地上世传古书的"良苦用心"。

司马迁既然效法孔子式的"先哲王"（素王），当堪称中国政治思想史上的大家。

这就怪了——怎么没见当今思想史大家萧公权的《中国政治思想史》提到司马迁？大师的眼睛会不会被某种现代的"主义"史学搞迷糊了？就像其师萨拜因的眼睛看不见修昔底德在雅典民主时代"作"《战争志》，庚续荷马的特洛伊战争史，同样意在"立法"而非"立言"，因而是政治思想家？

清代有位隐名学人托名江藩写过一本《经解入门》的小书，其中第51节"平日读经课程"中有这样一句话：

> 《春秋》乃圣人治世大权，微文隐义本非同家人言语（《史记》明言之），三传并立旨趣各异。公羊家师说虽多末流，颇涉传会……

仅仅才一百年，我们连自家的学术常识也抛弃了。

古典诗学书目三十种

［修订版］

说　明

　　主导我们近三十年，尤其近十五年教育改革的观念是"现代化"。由于我们对"现代化"并没有清楚的认识，在"现代化"观念主导下，改革必然出现方向性和战略性失误。比如，通过大学扩招追求大学教育的实用化和大众化，我国的大学教育几近于变成职业教育，大学教育的品质名存实亡，以至于有人甚至说，晚近的文教改革已经成为中国教育史上最大的"历史败笔"。

　　大学教育的实用化和大众化取向必然会毁掉大学，欧美大学早在上个世纪就觉察到这一点，并积极采取措施挽救大学的教育品质——"核心经典课程"制度就是行之有效的措施之一。这项措施规定，大学本科生必须在教师讲读带领下阅读规定数量的"大书"（历代经典）。没有读过几本"大书"，不算受过"大学教育"。从前的大学，本科生入学就念"大书"，如今甚至不少文科硕士生、博士生也没有念过几本"大书"。

实施核心经典课程制度，绝非所谓"制度创新"，而是"制度复旧"——在文教领域，我们需要的不是创新，而是复旧。

然而，在如今的文教体制和观念支配下，文教复旧又恰恰需要"制度创新"。施行"核心经典课程"有多种方式，比如依托通识教育，亦即针对综合性大学的自然科学（理工农医）和社会科学（经济学、法学、社会学、管理学）的本科生施行有限度的"核心经典课程教育"。由于理工科和社会科学各专业实用性、技术性强，专业学业需要花费大量时间，只能施行有限度的"核心经典课程"（通常为两个学年，每学期2个学分），初读10部经典（中西各5部）。我国部分重点高校已经开始尝试建立"通识教育"制度，明显的困难在于：如今的大学招生人数太多，能开设经典讲读类型的"核心经典课程"的师资严重不足，以至于"通识教育"沦为"花絮教育"（美术鉴赏、音乐鉴赏之类）。显然，若施行这一方案，需要国家教育部门给与制度性支持。

更为重要的是第二种方式：针对文科各院系的本科生设立文史哲三科共享的"核心经典课程"——如今文史哲各科已非常专业化（中文有9个二级学科、哲学有8个二级学科），通史、概论一类课程不是提高而是降低了本科生的文科通识素质。针对文史哲本科生的"核心经典课程"要求本科生必须修满两个学年（每学期3个学分）的核心经典课程，细致阅读10部经典（中西各5部）。不过，这一方案同样有师资不足的难题，也有制度上的牵制：开设文史哲"核心经典课程"的教师属于哪个学院？临时组合很难维持，施行这一方案，显然需要教务部门统一协调。

"核心经典课程"最见成效的方式是在综合性大学开设博雅教育性质的本科班,亦即兴办打破文史哲划分、以讲授核心经典课程为主的四年制本科,不以传技授业为任,重在习传古人教诲,领会经典精神,使之润化为成就端正、刚健、温厚之政治品格。名牌大学若要葆有自己的"名牌",必须造就自己的"博雅本科",这是美国高等教育的成功经验之一。施行这一方案明的关键在于是否有一位英明的校长。优良的制度建设从古至今端赖于英明的人物,英明的人物从古至今都可遇而不可求。

如果博雅学院难以实现,在现有的某一文科学院(比如文学院或哲学院)建制内开设"博雅班"就是切实可行的替代方案。因为,无论兴办博雅学院还是博雅班,实质性的问题在于课程设置。博雅班必须采用"教学特区"做法,除规定性课程(政治课、英语、乐理)外,自行设计两类课程:

基础课程 = 古典语文(古汉语、古希腊语、古典拉丁语,每周6学时);古典语文的教学须与研读古典文本结合起来,例如,古汉语的教学不是采用《古代汉语》为教本,而是以《诗经》、《左传》、《楚辞》、《史记》、《文选》为教本。

核心课程 = 这类课型为讲座性质(每周4学时左右),讲解从古代到现代的中西方经典大书,三年内总量当在15 – 20部之间。

从博雅班四年本科毕业的毕业生通古汉语、古希腊语、古典拉丁语,相当熟悉至少中西方的二十部古典要著,无论直接就业还是攻读人文学科(文、史、哲)或社学科学(经济、法律、政治学、社会学)各专业的研究生,都会有很好的通识基础。当然，大学本科不可能都搞成博雅班性质，因为，如今大多数本科仍然必须是实用技术性质的。

博雅班的构想需从本科做起，硕士或博士阶段明显太晚。笔者多年来梦想以"古典诗学班"的形式实现博雅班的构想，迄今仍然难有实现的机会。这里草拟的经典阅读书目以有兴趣的自学者为对象（中西各十五种，每种配以辅翼性书目三种），选择版本时尤其考虑到习读的方便和起步的简易。西学书目不难确定，因为可供选择的汉译文献不多；国学书目很难选，应该读而且能够读到的书实在不少，但毕竟得有个限制（承蒙张文江兄和赵林兄提出宝贵意见，谨致谢忱）。辅翼性书目旨在拓展和深化，兼顾经典文本和学识背景、老派学述和新派学述。

国学十五种

一《经解入门》（[托名]江藩，周春健校注，华东师范大学出版社，2010）

1. 顾荩臣，《经史子集概论》，华东师范大学出版社，2008
2. 余嘉锡，《古书通例》，中华书局，2007
3. 吕思勉，《文字学四种》，上海教育出版社，1985

二《诗经》（向熹译注，高等教育出版社，2009）

1. 王先谦，《诗三家义集疏》，中华书局，1987
2. 陈子展，《诗三百解题》，复旦大学出版社，2001

3. 屈守元,《韩诗外传笺疏》,巴蜀书社,1996

三《春秋胡氏傳》（［宋］胡安国,钱伟疆点校,浙江古籍出版社,2010；辅助本《左传直解》,朱宏达、李南晖,浙江文艺出版社,2000）

1. 吴闿生,《左传微》,黄山书社,1995
2. 傅隶朴,《春秋三传比义》,中国友谊出版公司,1984
3. 张高评,《春秋书法与左传学史》,上海古籍出版社,2005

四《论语注》（康有为,中华书局,1986；辅助本《论语直解》,张为中直解,浙江文艺出版社,1997）

1. 孙希旦,《礼记集解》,1998/1995（辅助本《礼记译解》,王文锦,中华书局,2001）
2. 汪荣宝,《法言义疏》,中华书局,1987
3. 潘雨廷,《易学史发微》,复旦大学出版社,2001

五《孟子讲义》（姚永概,黄山书社,1999；辅助本《孟子直解》,潘新国、余文军直解,浙江文艺出版社,2000）

1. 《荀子直解》,王云路、史光辉直解,浙江文艺出版社,2000
2. 简朝亮,《孝经集注述疏》,周春健校注,华东师范大学出版社,2010
3. 黄俊杰,《中国孟学诠释史论》,社会科学文献出版社,2004

六《屈赋通笺》（刘永济,人民文学出版社,2007；或姜亮夫,《重订屈原赋校注》,天津古籍出版社,1987；辅助本

《楚辞直解》，董楚平、俞志慧直解，浙江文艺出版社，1997）

1. 钱宗武、杜纯梓，《尚书新笺与上古文明》，北京大学出版社，2004
2. 王洲明、徐超 校注，《贾谊集》，人民文学出版社，1996
3. 逯钦立编注，《陶渊明集》，中华书局，1979

七《韩非子校注》（周勋初校注，凤凰出版社，2009；辅助本：周勋初，《韩非子札记》，凤凰出版社，2012）

1. 钟泰，《庄子发微》，上海古籍出版社，2001（辅助本：崔大华，《庄子歧解》，中华书局，2012）
2. 刘文典，《淮南鸿烈集解》，殷光熹点校，安徽大学/云南大学出版社，1998
3. 张舜徽，《周秦道论发微》，中华书局，1983

八《春秋繁露校释》（锺肇鹏等校释，河北人民出版社，2005年）

1. 段熙仲，《春秋公羊学讲疏》，南京师范大学出版社，2002
2. 陈苏镇，《汉代政治与春秋学》，中国广播电视出版社，2001
3. 王利器，《新语校注》，中华书局，1986/2008

九《史记》［评注本］（韩兆琦编撰，岳麓书社，2004，辅助本《史记选》，王伯祥选注，人民文学出版社，1982）

1. 张舜徽，《汉书艺文志通释》，华东师范大学出版社，2004

2. 张尔田，《史微》，上海书店，2007
3. 陈桐生，《史记与诗经》，人民文学出版社，1997

十 《文心雕龙义疏》（吴林伯撰，武汉大学出版社，2002）

1. 高步瀛，《文选李注义疏》，中华书局，1982
2. 骆鸿凯，《文选学》，中华书局，1989
3. 曹胜高，《汉赋与汉代制度》，北京大学出版社，2006

十一 葛洪，《抱扑子外篇》（杨明照校注，中华书局，1998/2003）

1. 徐震堮，《世说新语校笺》，中华书局，1984
2. 俞理明，《太平经正读》，巴蜀书社，2001年（辅助本：潘雨廷，《道教史发微》，复旦大学出版社，2012）
3. 吕澂，《中国佛学源流略讲》，中华书局，2004

十二 《杜诗镜铨》（杨伦，上海古籍出版社，1980/2007）

1. 童第周选注，《韩愈文选》，人民文学出版社，1980
2. 邓中龙，《李商隐诗译注》，岳麓书社，2000
3. 黄永年，《六至九世纪中国政治史》，上海书店，2004

十三 《资治通鉴皇家读本》（张居正讲评，上海古籍出版社，2006年）

1. 高海夫主编，《临川文钞》，三秦出版社，1998
2. 曾枣庄主编，《苏文汇评》，四川文艺出版社，2000
3. 卢国龙，《宋儒微言》，华夏出版社，2001

十四 《文史通义校注》（叶瑛校注，中华书局，1994）

1. 张舜徽，《四库提要叙讲疏》，云南人民出版社，2005
2. 黄汝成，《日知录集释》，栾保群、吕宗力校点，上海古籍出版社，2007
3. 《龚自珍乙亥杂诗注》，刘逸生注，人民文学出版社，2007

十五 皮锡瑞，《经学通论》［注释本］（周春健校注，华夏出版社，2011）

1. 王国维，《人间词话新注》，滕咸惠校注，齐鲁书社，1986/2001
2. 章太炎，《訄书详注》，徐复校注，上海古籍出版社，2000
2. 蒙默编，《廖平/蒙文通集》，河北教育出版社，1996（辅助本：朱维铮，《求索真文明：晚清学术史论》，上海人民出版社，1996）

西学十五种

一 荷马，《奥德赛》（王焕生译，人民文学出版社，2001）

1. 西格尔，《荷马史诗中的英雄和歌手》，杜佳等译，生活·读书·新知三联书店，2013
2. 德·拉孔波，《赫西俄德：神话之艺》，吴雅凌译，华夏出版社，2004
3. 汉米尔顿，《幽暗的诱惑：品达、晦涩与古典传统》，

娄林译，华夏出版社，2011

二《神圣的罪业：〈安提戈涅〉义证》（伯纳德特著，张新樟译，华夏出版社，2006）

1. 吴小峰编/译，《希罗多德的王霸之辨》，华夏出版社，2011
2. 布克哈特，《希腊人和希腊文明》，王大庆译，上海人民出版社，2008
3. 戴维斯，《古代悲剧与现代科学的起源》，郭振华、曹聪译，华夏出版社，2011

三 修昔底德，《伯罗奔半岛战争志》（李世祥译，华夏出版社，2014）

1. 格雷纳，《古希腊政治理论》，戴智恒译，华夏出版社，2012
2. 迈耶，《古希腊政治起源》，王师译，华东师范大学出版社，2012
3. 施特劳斯，《苏格拉底与阿里斯托芬》，李小均译，华夏出版社，2011

四 柏拉图，《理想国》（王扬译，华夏出版社，2012）

1. 施特劳斯，《论柏拉图的〈会饮〉》，邱立波译，华夏出版社，2010
2. 郝岚，《政治哲学的悖论》，戚仁译，华夏出版社，2012
3. 费勃，《哲人的无知》，王师译，华夏出版社，2009

五《色诺芬的苏格拉底》（施特劳斯著，高诺英译，华东

师范大学出版社，2010）

1. 施特劳斯，《论僭政》［重订本］，彭磊译，华夏出版社，2014
2. 纳尔茨/托尔德希拉斯编，《色诺芬与苏格拉底》，冬一译，华东师范大学出版社，2014
3. 施特劳斯，《色诺芬的苏格拉底言辞》，杜佳译，华东师范大学出版社，2010

六 亚里士多德，《尼各马可伦理学》（廖申白译，商务印书馆，2001）

1. 伯格，《亚里士多德与苏格拉底的对话》，柯小刚译，华夏出版社，2012
2. 戴维斯，《哲学的政治》，郭振华译，华夏出版社，2012
3. 戴维斯，《哲学之诗》，陈明珠译，华夏出版社，2012

七 维吉尔，《埃涅阿斯纪》（杨周翰译，人民文学出版社，2000）

1. 王承教编/译，《埃涅阿斯纪章义》，华夏出版社，2011
2. 刘小枫编，《撒路斯特与政治史学》，曾维术等译，华夏出版社，2011
3. 列维，《塔西佗的教诲》，肖剑译，华夏出版社，2011

八 《创世记：传说与译注》（冯象，江苏人民出版社，2004）

1. 施特劳斯/沃格林，《信仰与政治哲学》，谢华育/张新樟译，华东师范大学出版社，2007

2. 施特劳斯，《迫害与写作艺术》，刘锋译，华夏出版社，2011
3. 陈会亮编/译，《哈列维的卡扎尔人书》，华夏出版社，2014

九 《面向终末的美德：罗马书讲疏》（佩特森著，谷裕译，华东师范大学出版社，2009）

1. 俄里根，《什么是福音：约翰福音讲疏》，柳博赟译，华夏出版社，2010
2. 巴特，《罗马书释义》，魏育青译，上海三联书店，2005
3. 佩特森，《约翰启示录与政治神学》，谷裕译，华东师范大学出版社，2014

十 奥古斯丁，《上帝之城》（吴飞译，上海人民出版社，2009）

1. 沃格林，《政治观念史稿卷二：中世纪到阿奎那》，叶颖译，华东师范大学出版社，2009
2. 施特劳斯，《霍布斯的宗教批判》，杨丽等译，黄瑞成校，华夏出版社，2012
3. 施米特，《政治的概念》，刘宗坤等译，上海三联书店，2004

十一 但丁，《神曲》（田德望译本，人民文学出版社，2004）

1. 霍金斯，《但丁的圣约书》，朱振宇，华夏出版社，2011

2. 沃格林，《政治观念史稿卷三：中世纪晚期》，段保良译，华东师范大学出版社，2009
3. 邱立波编/译，《科耶夫的新拉丁帝国》，华夏出版社，2008

十二 培根，《论古人的智慧》（李春长译，华夏出版社，2006）

1. 施特劳斯，《关于马基雅维里的思考》，申彤译，译林出版社，2004
2. 魏因伯格，《科学、信仰与政治》，张新樟译，生活·读书·新知三联书店，2008
3. 罗晓颖编，《菜园哲人伊壁鸠鲁》，华夏出版社，2009

十三，《莎士比亚全集》（朱生豪/方重译本，人民文学出版社，2001）

1. 罗峰编/译，《哈姆雷特与马基雅维利》，华夏出版社，2010
2. 彭磊编，《莎士比亚与政治哲学》，马涛红译，华夏出版社，2011
3. 阿鲁里斯等编，《莎士比亚的政治盛典》，赵蓉译，华夏出版社，2011

十四 莱辛，《论人类的教育》（朱雁冰译，华夏出版社，2008）

1. 夏多布里昂，《论古今革命》，伊林译，华夏出版社，2014
2. 利茨玛，《自我之书》，莫光华译，华东师范大学出版

社，2006

3. 刘小枫，《设计共和》，华夏出版社，2012

十五 尼采《扎拉图斯特拉如是说》（黄明嘉/娄林译，华东师范大学出版社，2009）

1. 朗佩特，《尼采与现时代》，李致远等译，华夏出版社，2009
2. 朗佩特，《尼采的教诲》，娄林译，华东师范大学出版社，2013
3. 奥弗洛赫蒂编，《尼采与古典传统》，田立年译，华东师范大学出版社，2007

古典语文

1. 陆宗达，《说文解字通论》，北京出版社，1981（辅助本：徐复、宋文民，《说文五百四十部首正解》，江苏古籍出版社，2003）
2. 刘小枫编修，《凯若斯：古希腊文述要》，华东师范大学出版社，2014
3. 刘小枫编修，《雅努斯：古典拉丁文述要》，华东师范大学出版社，2015

通识读本

刘小枫选编，《古典诗文绎读：西学卷·古代编》，邱立波/李世祥等译，北京：华夏出版社，2008

刘小枫选编，《古典诗文绎读：西学卷·现代编》，李小均/赵蓉等译，北京：华夏出版社，2009

刘小枫/赵林选编，《古典诗文绎读：国学卷》，华东师范

大学出版社，2015

工具书

《古汉语文史知识详解辞典》，马文熙、张归璧等编，中华书局，1996

《古希腊语汉语辞典》，罗念生、水健馥编，商务印书馆，2006

《拉丁语汉语辞典》，谢大任主编，商务印书馆，1988

《牛津古典词典》，崔嵬主译，华东师范大学出版社，2014

天不丧斯文

[访谈录]

[题记] 自 2002 年着手"经典与解释"编译计划以来，迄今（2009 年）已出版成品逾一百五十种，《经典与解释》辑刊也编到第三十二辑。两年前，《中华读书报》记者陈洁约谈"经典与解释"编译计划，访谈纪要原刊《南方周末》2007 年 5 月 24 日（经本人审订），这里是未经删节本。

纪要刊出后，"经典与解释"编译计划很快得到有识之士的关切，纪要中谈到的一些困境已有所改观：徐征先生的"正则基金"自 2007 年底以来开始提供资助，大为减轻了资料经费和编辑、审校经费方面的负担；2009 年春，中山大学成立古典学研究中心、设立"逸仙讲座"教席、专设博士生名额，开始为古典学研究提供制度性支持。

能谈谈"经典与解释"两大系列的缘起吗?谁倡议、组稿,具体如何运转起来的?

你问的涉及三个所谓关键词:翻译、经典、解释,得分别来说。

说起"翻译",就要从自己的读书经历说起。八十年代我在大学念书时,学习条件非常艰苦,尤其是很难找到相关研究文献。1982年进北大后,我做的是现代德国美学,就跟搞现代外国哲学的同学混,对海德格尔入迷。海德格尔的书不是一般地不好懂,道理明白不了,许多语词也把握不了,不知道如何译,怎么做论文?一天,我在哲学系资料室突然发现,六十年代的《哲学译丛》上有些翻译过来的研究海德格尔的文章,多是"资产阶级学者"写的,也有"无产阶级学者"即苏联学者写的,都大有帮助。文革前的《哲学译丛》是被扫进资料室搞资料的老一辈学者主持编译的,他们大多毕业于四五十年代,好些在国外留过学,选题颇有眼光,译文大多也精彩。当时找不到人可以请教,也没有国人的学术著作可以参考,这些译文成了我实际的老师,领我进入海德格尔的语词世界——我当时就发了个愿:今后自己也要注重翻译研究文献,为后来的读书人作积累。

所以,我在念硕士研究生二年级(1983年)时就开始组织翻译:第一本组译的译文集是介绍人本心理学的(《人的价值和潜能》,华夏出版社,1986),没有资助、没有科研经费,全凭一股子青春热情,连复印原文都是我这个穷学生自己掏钱——看看主编林方先生写的前言,就知道组译情况了。组译的第二本译文集,是受当时的北大中文系教授胡经之先生委托，选编、组译西方文论的现代卷部分（《西方文艺理论名著选编》下卷，北京大学出版社，1985）——后来成了教材，不断重印，新选译的三十万字的选题、组译，都由我一个人操办。我和甘阳是同学，但跟他不一个专业，也不在同一个系，他是外哲所的人。外哲所是北大校级单位——那个时候，搞外哲的牛得很呵，我们一听说谁是"搞外哲的"，就好像他是"七十四师"的。在搞外哲的眼里，学美学的连杂牌军都算不上……甘阳后来把我拉进他搞的"文化：中国与世界"编委会，不过因为他看我有自找苦吃的毛病，于是充分"利用"而已……

从小就如此？

天性如此，加上母亲从小严格管教——刚满十二岁那天，就要我去洗大被子，说是到了劳动升级的年龄，因为父亲十二岁就离乡进民族资本家的丝绸厂当童工……那个时候，没洗衣机也没洗衣粉，得一点儿一点儿抹上肥皂用手搓呵搓……如今想起来就苦。刚开始抹肥皂时，觉得好绝望……何时才是尽头！只好不去想尽头，埋头搓就是……这样就养成了只管埋头干活的习惯。家里的被子其实仍然是母亲和姐姐洗，强制我洗几次，不过为了磨炼我的耐性。果然，上高中时，一次班主任派我们四个男同学去把战备教室的所有玻璃窗擦干净，其中有两位是年级干部，还有一个是红卫兵连长什么的。两个小时后老师突然来检查，发现只有我一个人在那里擦呵擦……其他的都溜了。第二天，老师在全班早读毛主席语录后表扬我，我很不好意思，因为我不过习惯了傻乎乎埋头做事情而已——如今有人表扬我做了些事情，我也不好意思……命该如此罢了。

怎样从对翻译有热情一路走到组织翻译"经典",好像是从 2000 年开始运转的?

做翻译的都会认为自己译的东西重要得不得了。本科 3 年级时,我迷上心理分析学,后来组译"人本心理学文集"就是这种兴趣的结果,当时认为最重要:心理问题解决了,一切问题就都解决了……接下来组译西方现代文论,是接受的任务,所以选了些其实根本就不是文艺理论的东西。硕士快毕业时,我开始组译海德格尔的论诗文选和德国美学文选,当时认为这才最重要。"文化:中国与世界"编委会的翻译计划,甘阳是设计师,我补了点儿现当代神学方面的选题而已——当时认为这最重要……对什么是真正值得翻译过来的东西,我一直在摸索。触觉在变化,有些东西即便现在对我不重要了,也算学术积累,别人兴许觉得有用——比如那部人本心理学文集或德国美学文选什么的……

一直在摸索……摸索什么呢,为什么不专一于某"家"、某"派"或某个"专业"?

摸索西方学术的底蕴何在。为什么要摸索西方学术的底蕴?因为,我感到晚清以来中国学人面临的问题没完……从神学进入西学,是一个门径而已,但当时以为是全部根底。八十年代末,本来我有机会去芝加哥大学宗教学系读博士,却非去欧洲不可——西方学问嘛,除了在欧洲学,还能在哪里学?当时留学有句名言:你写一百零一封申请信就成功了。我给法国、德国、瑞士的大学发了第 37 封信时,巴塞尔大学神学系的秘书看上我,帮我找到奖学金……上帝通过她眷顾我上了巴塞尔大学。到了那里,我慢慢感到,最能学到西学功夫的其实是"神学思想史"或者说"教义史"专业，于是自己在这方面花工夫较多，尤其早期希腊教父、中世纪经院派和19世纪的新教神学。最让我兴奋的还是古希腊语和古典拉丁语课程——尤其古希腊语，先强化学习了一年……用外语学外语很辛苦（每天三堂课，每周两次测验），期末考试闭卷翻译柏拉图，要命得很。后来又上古希腊语文选课两年，始终兴趣盎然……按规定古希腊语必修，但古典拉丁语可免，我没让自己免，因为喜欢……圣经希伯来语不能免，但不喜欢，学过不用很快就忘得干干净净。读到古希腊和古罗马作品的原文，我才切实感到西方学问的根底究竟在哪里——要说"经典与解释"（黄皮书）的缘起，就是这个时候起的念头：西方真正值得翻译的东西得从头做起，为此首先得编古希腊语和古典拉丁语教材。

但你1993年回到香港时做的是"基督教历代学术文库"……

快毕业时，香港中文大学的中国文化研究所找我去做事。那个时候，国内学界气氛很闷，也许香港可以做点事情，就去了。但在中文大学这样的体制单位，个人发挥的余地不大，有个基督教中心也邀请我做事，可以发挥个人的想法，我就去了，人家是基督教中心，我提出的翻译计划当然是这方面的。"历代基督教思想学术文库"的设计本身已经打破教派划分，注重古代基督教经典，我取的名称也表明注重思想史脉络。一个教派性机构能够接受这样的设计，不容易啊。翻译西方传统经典从翻译基督教历代经典起步，是机遇使然。5年后（1999年）设计第二个5年翻译计划时，我向古希腊—罗马经典方面推移，遇到抵触：咱们是基督教中心，为什么要翻译西塞罗——毕竟，人家本来就不是纯粹的学术性机构，我把它变得太学术，如今人家不干了……我试着转移到内地，碰上华夏出版社的陈希米，但不知道她那里是否真能做成，就先搞个"西方思想家：经典与解释"系列试试。

后来你到中山大学另起炉灶，短短4年，做的事情几乎等于在香港十年做的总和。

在香港时，合作的人大多不清楚做学术究竟是为了什么，做一件事得费力解释半天，而且往往徒劳，累得很，别人还反倒说你"专制"……学术不"专制"地搞，还能"民主"地搞？基金会来了个新上司，他就觉得应该"民主"地搞，甚至觉得"历代基督教思想学术文库"太学术，也不是他们要做的事情，应该做漫画读物……我只好离开，以免拖累别人……当然，剩下的选题还要拖累别人好多年。在内地做事情顺心得多，尽管经费不足……想当年做"现代西方学术文库"时多愉快！沈昌文、董秀玉两位先生对我们这帮年轻人充分信赖。我第一次见到两位先生是在汤一介、乐黛云先生家，他们四位在谈事情，我突然闯进去，乐先生介绍我后，沈昌文、董秀玉两位先生对我客气得不行……人家是前辈呵，我当时刚满三十，嫩小伙一个……在后来多年的合作中，我深深体会到，他们对中国学术的未来有使命感、责任感……这样的出版社老板实在难得。

到了中山大学可以放手打出"经典与解释"的招牌？

"经典与解释"是哲学系陈少明教授早就设立的一个科研

课题，我参与进来扩展为以翻译为主而已……大约2000年的时候，哲学系的冯达文先生和陈少明教授找我，希望与他们合作，我当时提出，这个项目值得扩展。离开香港时，几个大学希望我去，我到中山大学哲学系，原因之一就是这里可以做"经典与解释"——唯一后悔的是回来晚了些，倘若早两年离开香港……

从这几年的出版势头来看，"经典与解释"已成规模，书店里成了品牌，您有怎样的规划？

两个系列，一个是专题性质的丛书《经典与解释》，以某个专题为中心辑译文献，可以看出我对六十年代老《哲学译丛》的情结——八十年代以后，当年做译丛的老先生们都恢复大教授的职位，不再搞编译，《哲学译丛》越来越没看头、没保留价值了。我想继承老《哲学译丛》传统，但定期做很累人，人家有一个编辑部呵，我一个人怎么招呼得过来？于是想到以专题方式来做，主要提供有分量的研究文章——好些有分量的西方学术文献是论文，而非专著，这是我当年读老《哲学译丛》的体会：一篇文章就可能改变自己的整个思考和问学方向，比如舍斯托夫那篇纪念胡塞尔的文章……皮罗的"海德格尔与有限性思想"等等。

再就是黄皮书系列的"经典与解释"，涉及西方历代的经典及其解释，目的在于赓续晚清以来中国学人认识西方学术传统的未竟大业。这个系列包含多个子系列，已经推出的有"柏拉图注疏集"、"色诺芬注疏集"、"卢梭注疏集"、"莱辛集"、"尼采注疏集"，即将推出的还有"马克思与西方古典传统"、"古希腊悲剧注疏"、"阿里斯托芬集"、"荷马注疏集"、

"维吉尔集"、"希伯来圣经历代注疏"、"新约圣经历代注疏"……先设立项目,慢慢做,子系列可以或应当设立的还不少,得有个轻重缓急,还要看是否有人力资源——五十年代初,在毛泽东、周恩来亲自关怀下,政府组织专家拟定过翻译西学经典的庞大计划(五百多种)。老一辈革命家经历过清末民初西方文明冲击的大震荡,不仅会带兵打仗,建国后搞工业、造原子弹,心中也有中华文明的历史命运这根弦,深知要传承我们的文明传统,如今得认识西方文明传统……晚清时期的文明关切得到延续,与"五四"的新派精神不同。

你如何评价商务的"汉译名著"系列,"经典与解释"翻译计划与"汉译名著"有何不同?

刚才说了,"汉译名著"是新中国建国初期搞的,后来的好几代学人,包括现在的读书人都还在受惠。但毕竟五十年过去了,"汉译名著"计划需要更新、扩展……但没人搞。如今商务印书馆也在追赶后现代学术,"汉译名著"几乎没什么推进,连重印旧籍好像也没兴趣。学界和出版界对现当代学术感兴趣太自然不过,没什么不好,但西方的古典毕竟是人家的根底,咱们这么大一个文明古国,倘若没一家出版社自觉承担古典的东西,也不像话吧?

巴黎高等人文研究院的中国研究部主任 Thoraval 博士前不久告诉我,八十年代他任法国驻华使馆文化参赞时,曾向中国社科院的头头建议,中国应该成立专门研究和翻译西方古典经书的机构——他说,西方各主要大国都有研究中国古典经书的机构,大学中也有这方面的专职教授,中国这样一个大国,有如此悠久的文明传统,竟然没有研究西方古典经书的专门机构，实在不相称……人家日本、韩国都有专门研究古希腊、古罗马和希伯来文明的机构呵。

杜博士的建议过去快二十年了，咱们的大学里仍然找不出一个以研究荷马为业的教授，找不出一个以研究柏拉图为业的教授——咱们西学的根底在哪里？……研究西方古学的人力，以前分布在哲学系西哲专业、历史系世界史专业和中文系外国文学专业，外语系有一点点。八十年代时，哲学系西哲专业中还有几个研究古希腊哲学的（比如人大的苗力田先生），老一辈去后，现在研究这方面的学者不是增多反而减少了。世界史专业在我国大学的历史系中向来是弱项，且基本上不搞西方古典史书，而是搞现代式的古代社会史或文化史研究。中文系搞外国文学的通常不通外国文字。至于外国文学界，古希腊—罗马文学从来就没地盘，据说社科院外文所按地域来划分研究领域，古希腊—罗马文学归在"中北欧文学研究室"，简直莫名其妙……八十年代初搞研究生建制时，罗念生先生还健在，"文革"前一年从莫斯科大学念古典语文学专业回来的王焕生先生正年富力强，如今王先生已经退休喽，无论罗先生还是王先生，在外文所竟然连硕士研究生都没带过一届……谁关心过？老一辈革命家的文明担当意识就是不同，周恩来当年亲自过问朱光潜先生的翻译工作……在大讲"阶级斗争"的六十年代，毛泽东还指示要搞个资产阶级的"外国哲学研究所"，亲点洪谦任所长。

甚至 Thoraval 博士都替咱们心急，说西方学界研究中国古学已有两百多年历史，对中国的文明传统有自己的一套解释。倘若中国学界自己不做古希腊—罗马的古典学研究，中国学界永远不可能获得对西方文明独立自主的解释权——这番话让我听起来心惊肉跳，好像我们不花力气搞西方古学研究却花好多钱搞西方汉学，用人家西方人的解释取代我们自家的解释，自掘自家文明的坟墓……

人家说的是实话，九十年代以来，我国大学在规模、专业等方面翻了多少倍？翻出了一个古典学专业吗？日本学者迄今还窃笑：中国那么大，连一个西方古典学专业都没有……嘿嘿嘿一阵子鬼笑……去年我在台湾讲学，听说那边的教育部已经决定选一所大学抢先扶植一个古典学系，据说选中了辅仁大学。

翻译的重点是所谓"两希"（古希腊—希伯来）经典？

应该说是西方古典传统，断代断在十九世纪末，以尼采为限，是大传统概念，但以古希腊、古罗马、早期犹太教为主，基督教经典形成以前的东西，在西方才算严格意义上的原初古典传统。基督教传统是在这个原初古典传统的织体中形成的，又与此构成张力。近代以来，西方学术显得要回到原初的古典传统，这就是所谓文艺复兴的古典主义运动，于是形成新的古典传统……启蒙运动以后是另一回事了。不过，我更多把"古典传统"看做一种心性传统，在西方实际上代不乏人。因此，对西方的古典传统，更重要的是关注个人的经典作品……正如说到中国的古典传统就得数人头：孔、孟、荀、董、史迁……笼统提"两希"或"西方传统"过于大而化之，落实到人头才具体。

译者有具体选择标准吗？

原则上讲，译者应该同时或首先是研究者，做什么研究就翻译什么。目前还不能完全做到这一点，但一直在朝这个方向努力，至少在翻译原典方面，已经基本上如此……主要靠博士研究生和博士毕业的年轻大学教师……我做组译工作差不多已经二十五年，从来不"抓壮丁"。业内人士都知道，翻译是辛苦活，稿费也不算高，何况如今翻译学术经典还不算"科研成果"，在我们这里做翻译，都得凭自己的学术志趣和热情……

大型系列丛书出版一般都有庞大资金支持，你的情况如何？

没有……好些朋友说，为什么不申请"国家社科基金"或教育部的科研基金？其实，我连续申请过三次，都没中榜——评审专家一看是"古典"，既不现代也不后现代、更不"前沿"，就没戏，后来我就懒得再申请。中山大学给我一点儿经费，按校内文科科研人力分布的人头给，"经典与解释"项目并没有任何特别关照。我只有一个研究生帮做"经典与解释"编务，月付三百元（约定工作时间每周两个半天）——事情多……我们搞西方经典的注疏体翻译，以清代学人做古籍注疏为榜样，得充分吸收西方学界的成果，有时为了找某个西方的笺注本真的很费劲……幸好有研究生们热情帮忙。

有人说我编书发了大财……出版社给我的主编费每千字3元，做满一千万字可以赚到三万元，一千万字什么概念？要做学术的话，无论编译者还是出版社，都别去想盈利这件事。对编译者来说，这是纯粹个人的性情和热情，对出版社来说，则是在做公益事业……你说还有对文明的承担？就不要提那么高啦。如今有的古籍出版社出古籍经典，一套动辄几千元，还不零卖，当成赚实钱，态度就不端正。我在香港时，有朋友见我主编的书销路还不错，建议我设法变成盈利的事业。我不止一次拒绝过诸如此类的建议，拒绝的理由其实境界很低：搞学术出版绝不可能盈利，要推进学术事业，就得肯花钱。我国的学术做得最好的是马克思主义研究，但你没法想象这个专业每年获得的经费有多少……在香港时，曾有个基金会找过我，要做基督教学术，却又不肯花钱，一门心思要赚钱，我觉得实在好笑。

我们的"经典与解释"没给出版社一点儿资助，人家也要保本才行呵……找企业家赞助？恐怕很难……对文明有承担的恐怕还是真正的共产党人。革命老前辈汪道涵就是个书迷，家里的书重重叠叠把书架都压弯了，晚年还搞了个"东方编译所"，可见是个有心人——听朋友说，他喜欢看我编的书……企业家可能对搞足球队更有热情。

看来是要有一股子艰苦奋斗的精神……

前两年我在病中听"两弹一星"纪录片的录音，发现当初制造"两弹一星"的科研人员，绝大多数是本科毕业生，没多少博士、教授。他们边干边学、边学边干，精神实在可嘉。翻译古希腊诗歌，并接替罗念生先生编完《古希腊语—汉语词典》的水建馥先生，既非博士，也非教授，长期在出版社当编辑。翻译古希腊—罗马经典史书成就斐然的王以铸先生，抗战时期大学没念完，后来一直是出版社编辑，全凭自己的热情，用业余时间。杨宪益老先生翻译古希腊罗马文学经典也是用业余时间……真正有热情、埋头苦干的人，一直都有哇，这些前辈就是我们的榜样！我号召我这个专业（古典诗学专业）的研究生们向这些前辈们学习，把个人的问学热情与中国学术的未来联系起来……当然，谁兴趣变了，要脱离革命队伍，随时可以转业……

据说你喜欢古典音乐，还说读经典要像演奏家读谱？

有人问 Richter 是否每天练琴十小时，他说自己每天早上起来读谱至少三个小时……古典音乐的演奏者得透彻传达古典作品的心声，而古典作曲家的心声仅记录在乐谱符号中，悉心读谱就是要尽力理解作曲家的心声，依循曲式、旋律进行、和声织体和各种表意记号去接近作曲家在这部作品中所要传达的东西。解释经典也如此，要依循写作样式、篇章结构、叙述织体和各种修辞记号去接近经典作品所要传达的东西，而非凭着自己所谓的才气发挥一通。我的意思是，解释经典不要离谱……车尔尼有一本《钢琴每日练习四十课》（作品337号），都是些十来小节的短句，要求每句一次练二十遍……有一天我突然想到，何不把经典作品中那些让自己刻骨铭心的短小段落每天练上二十遍？这样试试以后，我发现自己对整个乐曲的理解大大加深……阅读古典作品同样是这个道理。

有人说你从海德格尔、施特劳斯走回柏拉图，越来越保守……

初中毕业那年（1971年），有一天，我带着《宋词一百首》上到长江对面的南山，躺在林子里读。五月的太阳懒洋洋的，读着竟然睡着了，还做了个梦，梦见有个身着白色长衫的白胡子老头儿从半空踩着软梯下到南山，摸着我的头说：崽儿，你命苦呵，一辈子得做无用的事……这话我一直记在心里，老想躲无用的事，专找没人做的事做，以为那就是有用的。当年推介西方神学，就是因为觉得这个学问在西方那么重要，却没人做……推介西方神学并非一定与个人信念有关——信耶稣基督的上帝不一定非搞神学不可。推介西方古典学问，也是看到学界没什么人做才做，与"激进"、"保守"有什么相干？不止一个西方的大学者说过，柏拉图是马克思的先驱哩，保什么守……

后来我才发现，那白胡子老头儿的谶语没错：我做的都是无用的事。什么叫"无用的"学问？没经济效用、没社会功用、没原创发明的实用……但"无用的"学问才是基础性的。在任何一个文明国家，教育和学术的基础都是古典学问……古汉语能用来写广告、签合同、给领导起草报告？但你把中学语文课本里的中国古诗文课文全拿掉试试，把我们学界文史哲中的古代"专业"统统取消试试，我们的教育和学术会多么平面、单薄、轻飘？西方学界把他们文史哲中的古典"专业"统统取消，他们的学术会是什么样子？反过来看，咱们学界和高等教育界中的西学领域没西方古学，咱们的西学看起来像不像根山中竹笋？西方大学中的汉学系，即便念中国现当代文学专业的，也得修古汉语——咱们大学里念英国文学、法国文学、德语文学的研究生（还别说本科生），修过古典拉丁语？到北大外语学院、北外、上外这些咱们外国文学的最高学府去打听一下，有教授拉丁语的专职教师和必修课程没有？……大学教育的根本在于教养、教化，现在完全成了学技术……技术当然得学，但缺乏教养的技术人也不好听吧——如今政府提倡办高等职业教育，非常英明，早十五年搞，大学就不会沦为职业技高了。要守住大学的教养教育，就得靠中西方的经典……做"经典与解释"与任何政治取向不相干，仅仅为了中国的学术和大学教育有更为厚重的底蕴……没必要每个大学都搞古典学系，但我们一个没有，也丢人哦……英国有个出版社名称就叫"古典出版社"（Bristol Classical Press），出版的古希腊—罗马作品笺注本（Classic Commentaries on Latin and Greek Texts）非常地道，据说已经近上千种，而且平装本印行，不贵……

有人批评您越来越成为西学的"二道贩子"，您做"经典与解释"，不是更印证这一指责？

批评？我怎么听起来是过高的夸奖？要成为真正的学术上的"二道贩子"，谈何容易！孔子是二道贩子，"倒卖"古经；柏拉图是二道贩子，"倒卖"苏格拉底；西塞罗是二道贩子，"倒卖"柏拉图；朱熹是二道贩子，"倒卖"四书……"夫子步亦步，夫子趋亦趋"。一次在北京讲学，有人问：如今社会问题那么多，你作为一个知识分子，整天埋头搞古典，内心安不安？当时我的回答是：孔子生活的时代也不容易吧，比我们当今的处境可能还惨，礼坏乐崩呵……我以前学知识分子，躁动不安得很，如今学孔子整理古书，不学"有思想"的知识分子，内心反倒安顿下来……

翻译是"为他人做嫁衣裳"的工作，于学术建设意义重大，却不算个人学术成果，您是富于独创性的学者，为何花大力组织这费力不讨好的事？

"为他人做嫁衣裳"？……不对吧，为自己做还差不多。我大学四年级开始正儿八经做翻译，做了五六年，挑各种有独特文风的大家短文来译，磨炼自己的语文能力……为了把握舍斯托夫，我翻译他的书，后来出版社把我的译稿弄丢了……

做学术翻译得益的首先是译者自己——毕竟，你翻译的文本的作者无论如何比你高得多，因此是在跟着高人往上走，写文章则可能是凭着自己的性子往下走。你要念透一个文本，最好的方式就是翻译。当然，做学术翻译也就很危险，比写文章容易出错，被别人揪住……其实翻译出错很难免，有人甚至已经挑出"马恩全集"中出的错，据说诸多专家集体点校的"二十四史"也有错……从事翻译重要的是敬业态度，对自己和学术界负责。反过来，挑翻译的错也应该基于敬业态度，对差劲的翻译应该严词批评——即便对居心叵测的批评，译者也应该取其益，坦然对待，有则改之，无则加勉。毕竟，无论居心如何，人家挑出来的错如果实在，就属于你译者的，至于居心如何，是别人身上的东西，可以不计；要是遇到恶劣言辞，可以当作磨炼自己心性的机会。苏格拉底早就说过，既然我们已经着手严肃的事情，就要坚持下去，文人雅士们的俏皮话、挖苦话我们是必定会听到的，不要怕……古人云："言，心声也；书，心画也。声画形，君子小人见矣。"对译者来说，重要的是得知自己出错，知错则改，自己学有所长，至于挑错人是怎样的德性，见识一下也有好处。

我也不是你说的"富于独创性的学者"……不瞒你说，

在我们这个行当,"富于独创性的学者"其实是骂人话,说谁有"独创性"等于说他在胡说八道……至于说"花大力组织",这倒确实,只要想做事情,哪有不费力的?——我在学着做古典的"二道贩子",重要的是进什么货……要说"费力不讨好",不讨谁的好?需要讨谁的好?

你们的出版速度让好些出版社妒忌……是否只在华夏和华东师大两处出版?

编辑出版主要由两个编辑工作室承担:一个是华夏出版社由陈希米主持的学术编辑室,一个是上海六点文化公司倪为国主持的编辑室。组译的事情我搞了二十年,深感出版社的有心编辑是我国学术发展的大功臣……在八九十年代学术出版不景气的年代,要不是董秀玉、黄筑荣、倪为国、许医农竭尽全力支持,那些年里我编的东西没可能出版。陈希米主持的编辑室才四五个人,几年来勤勤恳恳地做,凭的还不是对学术的热情……

几家出版社共同搞一套大型丛书,中外都不乏先例:德国著名的"大学文科基础丛书"有上百种,由四家名牌出版社联袂推出,一个封面、出版社名则分署。八十年代的"外国文学研究资料丛刊"由外国文学、中国社科、上海译文三家联袂出版,一个封面——就大型丛书而言,这是个好办法。如今倒是不断有出版社希望参与我们的计划,但我一个人招呼不过来,无法扩展。目前最需要的是提高审校和编辑的质量……首要的困难是审校力量不足……马列经典的出版据说校读达二十遍之多,要是经费充足,我倒希望多多请人审校,多一双眼睛就少几分失误……

有人觉得我们的丛书出得太快，担心质量不保。这种担心的好意不仅值得感谢，还值得敬重，尽管它基于一个误断：出得太快是因为翻译得太快。其实，出得快还有一个可能，那就是参与的人多了起来……比如，三年前有二十个人参与翻译，如今有八十个人参与翻译。从已经出版的译本可以看到，重复的译者并不多见。热心古典学问的人其实一直都有，只不过他们以前翻译故书找不到出版社出版，干脆不动笔……八十年代中期开始，我就全国遍地找译者，一直找到现在，成功和失败的经历都有……

"经典与解释"中有的译本是重新翻译，是否出于对译本或译文的考虑？是否所有的书都从最根本的语言译出？

什么叫"最根本的语言"？你指所谓"原文"吧？翻译当然要讲究通晓原文，但就古典文本而言，更重要的是讲究版本。柏拉图的原文在哪里？西塞罗的原文在哪里？抄件是原文？根据抄件翻译？就好像洋人问，翻译司马迁的《史记》是按原文翻译的吗？《史记》的原文在哪里？业内人士问的是：凭靠什么校勘本为底本？——我们的"经典与解释"的所谓"解释"，首先指的是：翻译和解读经典要讲究依据校勘、注释本，这是做古学最起码的规矩。今人翻译西方的古代经典，把版本问题交待清楚的不多，有的版本根本就没选对，还不如前辈学者重视版本和注疏……看看周作人先生译的欧里庇得斯剧作所下的注释。要是今天的译本在版本考究、注释甚至文笔方面比前辈的还差，就让人遗憾了……

我带的研究生都是做古典文本的，一人抱一经，起步就要学古希腊语和古典拉丁语，随之要搞清楚文本的校勘和注疏方面的情况……查明文献其实不难，难的是找到好的校勘和注疏本，咱们的国家图书馆不重视收这方面的书呵——我有个学生做阿里斯托芬，查了一下国内文献，在国家图书馆和北大图书馆这两个国家级的收藏西学文献最大的图书馆里，阿里斯托芬的相关文献加起来共180个条目（国图80，北大100），而香港大学就有291个条目……唉，中国的学术呵……

"经典与解释"包含国学方面的内容吗，或者有当代学人的著述？

我们不久就要推出"中国传统：经典与解释"系列，由六点文化公司出版。国学经典的集释和注疏，清代学人做了不少，近百年来也有些进展，但还需要继续推进……还有好些重要的古典文本没有集释和注疏，清人并非把重要的古典文本的集注或注疏搞完了。何况，晚清和民国时期的好些重要的集释、注疏，还没有点校、整理出来，前辈们的好些成果亟待挽救——可惜，就像翻译西方经典不算学术成果一样，在国学方面，校勘、注释前人的经典注疏，也不算科研成果，愿意来做这方面工作的不多，除非有真正的学术热情，比如我最近看到的栾保群、吕宗力校点的清人黄汝成集释的《日知录》……

如今我国管教育和科研的部门规定的"科研成果"核算莫名其妙到了极点——你要是看到如今的博士论文评议书，不笑死就气死：没有专门供文科用的评议表格，上面的评议项目是理工科格式：什么创新性、实验数据、预期的实用效果……我们填的申报科研项目表也这样——实在扯淡……研究柏拉图要什么创新？把柏拉图的某个文本复述清楚已经很了不起啦，有什么实验数据？需要什么实用效果……莫名其妙！当今人文学界严重遭受两大虫灾：什么与国际接轨的"学术规范"呵，再就是"文辞显于世，乡党慕循其迹"……

百年来，我们的国学经典解释基本上是在追西方这样那样的时髦"主义"，八十年代以来，美国的意识形态论争话题居然也不时成为我们史学研究的问题意识……如何使得传统经典在当今重新说话，是我们的经典解释的老大难问题……不过，这事急不得，"五四"以来的经验教训就是急了点儿——先拨乱反正：搞注疏、翻译，才算真正的"研究"……当代学人的研究，只要切合我们"经典与解释"的宗旨，踏踏实实解读、注疏经典，就在我们的出版范围。我的博士生做论文都是注一经，甚至一经中的一卷……这样才能学到扎实的学问功夫……真正教学生的不是我，而是某部经典本身以及前人们的注疏，我教的不过是一点点语文知识而已。古之博士，"明于古今，通达国体，今校官无博士之才，弟子何所效法"？如果我这里每年有五个博士生，十年就会有五十部经典教出来五十个博士，搞出五十部西方经典的注疏本——不过，主管教育的部门今年又出台新招：有国家科研项目的才可以招博士，我没国家项目，今后也就没法招啦，只好回到单干的老路……

您的学术其实一以贯之，对那些不能理解您的人来说，"经典与解释"能帮助他们理解您和您的思想吗？

对理解我想做的事情肯定有帮助——当年在香港时，想以翻译基督教历代经典为起点向整个西方传统扩展，如今已经大致摊开整个西方传统，基督教经典亦含括其中……我刚离开香港时，有人就四处散布谣言，说我不做基督教研究了……现在可以看到，"经典与解释"在翻译基督教历代经典方面有更深人的推进：《旧约》和《新约》的历代注疏是基督教历代经典的底蕴，由于西方现代哲学的影响，过去人们老关注所谓基督教哲学，忽略了西方历代思想大家的解经——即便是写了《神学大全》的托马斯·阿奎那，也有好多重要的东西在他的解经书里面……保罗的《罗马书》，西方思想史上不少大家写过义疏……经学是根底，中西方皆然。在哪里跌倒，就从哪里爬起来，要重整中国学术，如今就得从治经做起。

二十多年来我做的事情主要是编书，选编的文集远远多于我写的东西，我写的书也基本上是述评——说到底，我并没有什么"自己的思想"，倒是一直在努力跟着前人想，因此根本就没有是否理解"我的思想"这回事情；需要我不断认真想的是：究竟跟着哪个前人想才正确……所以，我觉得对我的种种批评都有道理，这些批评归纳起来大致有八条：学好变，义刻薄，好扇风，无己见，拾牙慧，乏体系，昧玄学，误子弟。如果不要读我写的书，只读我编的书，就会免受这八条之害。

你最近出版的一个文集名为《拣尽寒枝》，书名让人觉得你感到很孤寂，不是吗？

"寒枝"是什么意思？"前记"里说得很清楚：这本文集是自己读书二十年的点滴经验教训，"寒枝"指书本，转了那么多所谓"领域"，关心的问题始终没变。现在的出版社都要求书名有英译，我托朋友请教叶嘉莹先生怎么翻译"拣尽寒枝"，她说没法英译，现有的英译都是不知所谓。怎么办？我忽然想起贺拉斯的一句诗，觉得很合适，就用上了，也是截的前半句，意思是：无论气候、环境如何变，性情和心没变。什么性情、什么心没变？书呆子性情没变，与中国学术同呼吸共命运的心没变——在经典与解释的世界，整天与历史上的伟大心灵交往，孤寂从何说起？

您个人最得意的著作是什么？

这话是问作家、文人的：你有什么"得意之作"啊？作家、文人写的东西才叫"作"，做学问的人做的东西叫"述"、"编"、"译"、"疏"……没什么好得意的。古人已经区分写文章与治经，治经是学问，写文章不是——作家随时可以到一个山间别墅去写作，做学问的可不行，因为得带上一大堆资料，"书到用时方恨少"，你知道要带哪些呢？……搞学问把经典说的东西转述清楚，已经不容易了。要是今后我写小说了，再问这个问题不迟。

好吧，最后一个问题：您对"经典与解释"计划的期待是什么？

与我十二岁搓洗被子时的期待一样……

图书在版编目（CIP）数据

重启古典诗学/刘小枫著. —北京：华夏出版社，2013.9
（刘小枫集）
ISBN 978-7-5080-7487-0

Ⅰ.①重… Ⅱ.①刘… Ⅲ.①哲学－文集 Ⅳ.①B-53

中国版本图书馆CIP数据核字（2013）第036113号

重启古典诗学

著　　者	刘小枫
责任编辑	孙　颖
责任印制	刘　洋
出版发行	华夏出版社
经　　销	新华书店
印　　刷	三河市万龙印装有限公司
装　　订	三河市万龙印装有限公司
版　　次	2013年9月北京第1版　2013年12月北京第1次印刷
开　　本	880×1230　1/32
印　　张	11.75
字　　数	233千字
定　　价	45.00元

华夏出版社　地址：北京市东直门外香河园北里4号　邮编：100028
　　　　　　　网址：www.hxph.com.cn　电话：(010)64663331(转)
若发现本版图书有印装质量问题，请与我社营销中心联系调换。

西方传统：经典与解释
古今丛编

恐惧与战栗
[丹麦]基尔克果 著

墙上的书写——尼采与基督教（修订增补本）
[德]洛维特／沃格林 等著

古希腊文学常谈
[英]多佛 等著

穆佐书简
[奥]里尔克 著

撒路斯特与政治史学
刘小枫 编

民主的本性——托克维尔的政治哲学
[法]马南 著

希罗多德的王霸之辨
吴小锋 编/译

梅尔维尔的政治哲学——《切雷诺》及其解读
李小均 编/译

第二代智术师——罗马帝国早期的文化现象
安德森 著

英雄诗系笺释
[古希腊]荷马 著

统治的热望
——修昔底德笔下的阿尔喀比亚德和帝国政治
[美]福特 著

席勒美学的哲学背景
[美]维塞尔 著

雅典谐剧与逻各斯
——《云》中的修辞、谐剧性及语言暴力
[美]奥里根 著

莱园哲人伊壁鸠鲁
罗晓颖 选编

果戈里与鬼
[俄]梅列日科夫斯基 著

托尔斯泰与陀思妥耶夫斯基（第一卷）
[俄]梅列日科夫斯基 著

托尔斯泰与陀思妥耶夫斯基（第二卷）
[俄]梅列日科夫斯基 著

自传性反思
[德]沃格林 著

黑格尔与普世秩序
[美]希克斯 等著

新的方式与制度
——马基雅维利的《论李维》研究
[美]曼斯菲尔德 著

论埃及神学与哲学——伊希斯与俄赛里斯
[古希腊]普鲁塔克 著

凯撒的剑与笔
李世祥 编／译

纪念苏格拉底——哈曼文选
刘新利 选编

科耶夫的新拉丁帝国
[法]科耶夫 等著

夜颂中的革命和宗教——诺瓦利斯选集卷一
[德]诺瓦利斯 著

大革命与诗话小说——诺瓦利斯选集卷二
[德]诺瓦利斯 著

《利维坦》附录
[英]霍布斯 著

巨人与侏儒
[美]布鲁姆 著

或此或彼（上、下）
[丹麦]基尔克果 著

海德格尔与有限性思想（重订版）
刘小枫 选编

海德格尔式的现代神学
刘小枫 选编

走向古典诗学之路
——相遇与反思：与伯纳德特聚谈
[美]伯格 编

论宗教大法官的传说
[俄]罗赞诺夫 著

上帝国的信息
[德]拉加茨 著

双重束缚
[美]基拉尔 著

俄耳甫斯教祷歌
吴雅凌 编译

俄耳甫斯教辑语
吴雅凌 编译

黑格尔的观念论
[美]皮平 著

古今之争中的核心问题
[德]迈尔 著

浪漫派风格——施莱格尔批评文集
[德]施莱格尔 著

神圣的罪业
[美]伯纳德特 著

论永恒的智慧
[德]苏索 著

宗教经验种种
[美]詹姆斯 著

尼采反卢梭
[美]凯斯·安塞尔-皮尔逊 著

施米特对自由主义的批判
[美]约翰·麦考米克 著

舍勒思想评述
[美]弗林斯 著

诗与哲学之争
[美]罗森 著

基督教理论与现代
[德]特洛尔奇 著

亚历山大的克雷蒙
[意]塞尔瓦托·利拉 著

伊壁鸠鲁主义的政治哲学
[意]詹姆斯·尼古拉斯 著

神圣与世俗
[罗]伊利亚德 著

中世纪的心灵之旅——波纳文图拉神学著作选
[意]圣·波纳文图拉 著

弓弦与竖琴——从柏拉图解读《奥德赛》
[美]伯纳德特 著

论古人的智慧
[英]培根 著

希伯莱圣经历代注疏

希腊化世界中的犹太人
[英]威尔逊 著

第一亚当和第二亚当
[德]朋霍费尔 著

卢梭注疏集

政治制度论
[法]卢梭 著

哲学的自传——卢梭的《孤独漫步者的遐思》
[法]卢梭 著

文学与道德杂篇
[法]卢梭 著

设计论证——卢梭的《社会契约论》
[美]吉尔丁 著

卢梭的自然状态
[美]普拉特纳 等著

卢梭的榜样人生——作为政治哲学的《忏悔录》
[美]凯利 著

柏拉图注疏集

理想国
[古希腊]柏拉图 著

谁来教育老师——《普罗塔戈拉》发微
刘小枫 编

立法者的神学——柏拉图《法义》卷十绎读
林志猛 编

柏拉图对话中的神
[德]薇依 著

厄庇诺米斯
[古希腊]柏拉图 著

柏拉图的《厄庇诺米斯》
程志敏 选编

论柏拉图对话
[德]施莱尔马赫 著

柏拉图《美诺》疏证
[美]克莱因 著

神话诗人柏拉图
张文涛 选编

人应该如何生活
[美]布鲁姆 著

阿尔喀比亚德
[古希腊]柏拉图 著

叙拉古的雅典异乡人——柏拉图《书简七》探幽
彭磊 选编

阿威罗伊论《王制》
[阿拉伯]阿威罗伊 著

《王制》要义
刘小枫 选编

柏拉图的《会饮》
[古希腊]柏拉图 等著

苏格拉底的申辩
[古希腊]柏拉图 著

苏格拉底与政治共同体
[美]尼科尔斯 著

政制与美德——柏拉图《法义》疏解
[美]潘戈 著

《法义》导读
[法]卡斯代尔·布舒奇 著

论真理的本质
[德]海德格尔 著

哲人的无知
[德]费勃 著

米诺斯
[古希腊]柏拉图 著

亚里士多德注疏集

《政治学》疏证
[意]托马斯·阿奎那 著

尼各马可伦理学义疏
——亚里士多德与苏格拉底的对话
[美]伯格 著

哲学之诗——亚里士多德《诗学》解诂
[美]戴维斯 著

对亚里士多德的现象学解释
[德]海德格尔 著

城邦与自然——亚里士多德与现代性
刘小枫 编

论诗术中篇义疏
[阿拉伯]阿威罗伊 著

哲学的政治——亚里士多德《政治学》疏证
[美]戴维斯 著

莱辛注疏集

汉堡剧评
[德]莱辛 著

关于悲剧的通信
[德]莱辛 著

《智者纳坦》研究版
[德]莱辛 等著

启蒙运动的内在问题——莱辛思想再释
[美]维塞尔 著

莱辛剧作七种
[德]莱辛 著

历史与启示——莱辛神学文选
[德]莱辛 著

论人类的教育——莱辛政治哲学文选
[德]莱辛 著

色诺芬注疏集

居鲁士的教育
[古希腊]色诺芬 著

驯服欲望——施特劳斯笔下的色诺芬撰述
[法]科耶夫 等著

论僭政——色诺芬《希耶罗》义疏
[美]施特劳斯 著

色诺芬的《会饮》
[古希腊]色诺芬 著

施特劳斯集

霍布斯的宗教批判
[美]列奥·施特劳斯 著

斯宾诺莎的宗教批判
[美]列奥·施特劳斯 著

门德尔松与莱辛
[美]列奥·施特劳斯 著

哲学与律法——论迈蒙尼德及其先驱
[美]列奥·施特劳斯 著

迫害与写作艺术
[美]列奥·施特劳斯 著

柏拉图式政治哲学研究
[美]列奥·施特劳斯 著

阅读施特劳斯
[美]斯密什 著

《会饮》讲疏
[美]列奥·施特劳斯 著

柏拉图《法义》的论辩与情节
[美]列奥·施特劳斯 著

什么是政治哲学
[美]列奥·施特劳斯 著

古典政治理性主义的重生
[美]列奥·施特劳斯 著

施特劳斯与流亡政治学
[美]谢帕德 著

犹太哲人与启蒙
　　——施特劳斯演讲与论文集：卷一
　[美]列奥·施特劳斯 著

苏格拉底问题与现代性
　　——施特劳斯演讲与论文集：卷二
　[美]列奥·施特劳斯 著

回归古典政治哲学——施特劳斯通信集
　[美]列奥·施特劳斯 著

隐匿的对话——施米特与施特劳斯
　[德]迈尔 著

苏格拉底与阿里斯托芬
　[美]列奥·施特劳斯 著

尼采注疏集

尼采眼中的苏格拉底
　[美]丹豪瑟 著

尼采的使命——《善恶的彼岸》绎读
　[美]朗佩特 著

尼采与现时代——解读培根、笛卡尔与尼采
　[美]朗佩特 著

动物与超人之间的绳索
　[德]A. 彼珀 著

维吉尔注疏集

《埃涅阿斯纪》章义
　王承教 选编

维吉尔的帝国
　阿德勒 著

品达注疏集

幽暗的诱惑——品达、晦涩与古典传统
　[美]汉密尔顿 著

新约历代经解

属灵的寓意
　[古罗马]俄里根 著

赫西俄德集

神谱笺释
　吴雅凌 撰

赫西俄德：神话之艺
　[法]居代·德·拉孔波 等著

赫拉克勒斯之盾笺释
　罗逍然 译笺

莎士比亚绎读

莎士比亚笔下的爱与友谊
　[美]布鲁姆 著

莎士比亚戏剧与政治哲学
　彭磊 选编

莎士比亚的政治盛典
　[美]阿鲁里斯/苏利文 编

丹麦王子与马基雅维利
　罗峰 选编

古希腊诗歌丛编

阿尔戈英雄纪
　[古希腊]阿波罗尼俄斯 著

阿里斯托芬集

《阿卡奈人》笺释
　[古希腊]阿里斯托芬 著

但丁集

但丁的圣约书
　[美]霍金斯 著

美国宪政与古典传统

美国1787年宪法讲疏
　[美]aders塔普罗 著

修昔底德集

修昔底德笔下的演说
　[美]斯塔特 著

古希腊政治理论
　格雷纳 著

塔西佗集

塔西佗的政治史学
　曾维术 编

古典学丛编

古典语文学常谈
　克拉夫特 著

古希腊肃剧注疏集

希腊肃剧与政治哲学
　阿伦斯多夫 著

中国传统：经典与解释
Classici et Commentarii
华夏薪传
刘小枫 陈少明 ◎ 主编

中国传统：经典与解释

从公羊学论《春秋》的性质
阮芝生 撰

药地炮庄·总论
[明]方以智 著

松阳讲义
[清]陆陇其 著

起凤书院答问
[清]姚永朴 撰

青原志略
[明]方以智 原编

冬炼三时传旧火——港台学人论方以智
邢益海 编

药地炮庄
[明]方以智 著

周礼疑义辨证
陈衍 撰

经学通论
[清]皮锡瑞 著

韩愈志
钱基博 著

论语辑释
陈大齐 著

《庄子·天下篇》注疏四种
张丰乾 编

荀子的辩说
陈文洁 著

古学经子—— 十一朝学术史述林
王锦民 著

经学以自治——王闿运春秋学思想研究
刘少虎 著

《铎书》校注
孙尚扬 肖清和 等校注

大学素质教育读本

古典诗文绎读 西学卷·古代编（上、下）
古典诗文绎读 西学卷·现代编（上、下）

经典与解释辑刊（刘小枫 陈少明 主编）

1 柏拉图的哲学戏剧
2 经典与解释的张力
3 康德与启蒙
4 荷尔德林的新神话
5 古典传统与自由教育
6 卢梭的苏格拉底主义
7 赫尔墨斯的计谋
8 苏格拉底问题
9 美德可教吗
10 马基雅维利的喜剧
11 回想托克维尔
12 阅读的德性
13 色诺芬的品味
14 政治哲学中的摩西
15 诗学解诂
16 柏拉图的真伪
17 修昔底德的春秋笔法
18 血气与政治
19 索福克勒斯与雅典启蒙
20 犹太教中的柏拉图门徒
21 莎士比亚笔下的王者
22 政治哲学中的莎士比亚
23 政治生活的限度与满足
24 雅典民主的谐剧
25 维柯与古今之争
26 霍布斯的修辞
27 埃斯库罗斯的神义论
28 施莱尔马赫的柏拉图
29 奥林匹亚的荣耀
30 笛卡尔的精灵

31 柏拉图与天人政治
32 海德格尔的政治时刻
33 荷马笔下的伦理
34 格劳秀斯与国际正义
35 西塞罗的苏格拉底
36 基尔克果的哲学与政治
37 《理想国》的内与外
38 诗艺与政治
39 律法与政治哲学
40 古今之间的但丁

雅努斯：古典拉丁语文读本
古典拉丁语文学述要
危微精一：政治法学原理九讲
琴瑟友之：钢琴与古典乐色十讲

刘小枫集

诗化哲学 [重订本]
拯救与逍遥 [修订本]
走向十字架上的真
这一代人的怕和爱 [增订本]
现代性与现代中国：现代性社会理论绪论
沉重的肉身
圣灵降临的叙事 [增订本]
罪与欠
西学断章
现代人及其敌人
儒教与民族国家
拣尽寒枝
施特劳斯的路标
重启古典诗学
共和与经纶
设计共和
卢梭与我们
好智之罪：普罗米修斯神话通释
民主与爱欲：柏拉图《会饮》绎读
民主与教化：柏拉图《普罗塔戈拉》绎读
巫阳招魂：《诗术》绎读

编修 [博雅读本]

凯若斯：古希腊语文读本 [全二册]
古希腊语文学述要

■ 刘小枫集

诗化哲学［重订本］

拯救与逍遥［修订本］

走向十字架上的真

这一代人的怕和爱［增订本］

现代性与现代中国：现代性社会理论绪论

沉重的肉身

圣灵降临的叙事［增订本］

罪与欠

西学断章

现代人及其敌人

儒教与民族国家

拣尽寒枝

施特劳斯的路标

重启古典诗学

共和与经纶

设计共和

卢梭与我们

好智之罪：普罗米修斯神话通释

民主与爱欲：柏拉图《会饮》绎读

民主与教化：柏拉图《普罗塔戈拉》绎读

巫阳招魂：《诗术》绎读

编修［博雅读本］

凯若斯：古希腊语文［全二册］

古希腊语文学述要

雅努斯：古典拉丁语文

古典拉丁语文学述要

危微精一：政治法学原理九讲

琴瑟友之：钢琴与古典乐色十讲